初中英语
有效教学的研究

张 煜 著

北方文藝出版社
哈尔滨

图书在版编目（CIP）数据

初中英语有效教学的研究 / 张煜著 . -- 哈尔滨：北方文艺出版社，2022.7

ISBN 978-7-5317-5662-0

Ⅰ . ①初… Ⅱ . ①张… Ⅲ . ①英语课 - 教学研究 - 初中 Ⅳ . ① G633.412

中国版本图书馆 CIP 数据核字 (2022) 第 113276 号

初中英语有效教学的研究

CHUZHONG YINGYU YOUXIAO JIAOXUE DE YANJIU

作　者 / 张　煜

责任编辑 / 张　璐

封面设计 / 新晋文化

出版发行 / 北方文艺出版社

邮　编 / 150008

发行电话 /（0451）86825533

经　销 / 新华书店

地　址 / 哈尔滨市南岗区宣庆小区 1 号楼

网　址 / www.bfwy.com

印　刷 / 三河市元兴印务有限公司

开　本 / 710mm × 1000mm　1/ 16

字　数 / 240 千

印　张 / 16.25

版　次 / 2022 年 7 月第 1 版

印　次 / 2024 年 1 月第 2 次印刷

书　号 / ISBN　978-7-5317-5662-0

定　价 / 50.00 元

前 言

当今时代，是新课程改革不断深入的新时代，其对初中英语教育教学工作提出了更多的新要求，探索出更多有效的初中英语教学方法。它既是时代给予一线初中英语教师的神圣使命，又是一线初中英语教师必须完成的重要任务。本书对初中英语的教育教学工作进行了进一步的探索和分析，旨在提出初中英语教学的有效性，构建有效的初中英语课堂，为初中教育事业的发展和进步贡献力量。有效教学在任何时候都是学校教学活动的基本追求，是教学研究和教学实践的永恒话题。随着课程改革的不断推进与深入，学生的有效学习成为有效教学研究和实践的一个十分重要的领域，引起越来越多学者的关注。有效教学包括教师有效地“教”与学生有效地“学”两个方面。从本质上讲，所谓有效地“教”，是指能够促进学生有效地“学”的“教”。有效教学的研究和实践表明：有效教学在本质上取决于教师能够依据的课程目标，帮助学生有效地建构知识体系，形成学习能力。从某种程度上来说，学生是否能够有效地投入学习活动，是实现有效教学的前提，学生的有效学习是有效教学的根本目的。

本书由“英语教学知识”与“英语教学技能”，以及“英语教学模式”三部分组成。首先，讲述了初中英语教学的策略、要素及语言；其次，探讨了初中英语课堂的有效教学技能、教学模式与管理；最后，叙述了学生的有效学习、教师的专业知识拓展及教学评价等内容。

本书在编写过程中参阅了相关的文献资料，在此谨向这些作者表示衷心的感谢。由于笔者水平有限，书中内容难免存在不妥、疏漏之处，敬请广大读者批评指正，以便进一步修订和完善本书。

目录

第一章　初中英语教学策略

自从新的课程理念改革进入教学过程，初中英语教学也自然而然地进入一个新的阶段，所以在教学策略上应该与以往的教学有所不同。教学策略是教学方法的指导，好的教学方法可以促进教学策略的形成。本章从教学策略的内涵及思路框架入手，阐述初中英语教学的大体思路和方法。

第一节　初中英语教学策略的内涵

教学策略是指在教学过程中，为完成特定的目标，依据教学的主客观条件，特别是学生的实际情况，对所选用的教学顺序、教学活动程序、教学组织形式、教学方法和教学媒体等因素的总体考虑。也就是说，教学策略是指在教学各个环节中所使用的指导思想和方法。

教学策略是为实际教学服务的，是为了达到一定的教学目标和教学效果，教学目标是整个教学过程的出发点。教学策略的选择行为不是主观随意的，而是指向一定的教学目标的。自己做出的选择行为在具体的情景中会遭遇各种预测不到的偶然事件，为了达到特定的教学目标，教师个体需要对自己的选择行为进行反省，继而再次做出选择，直到达到教学目标。因此，任何教学策略都指向特定的问题情境、特定的教学内容及特定的教学目标，规定着师生的教学行为。放诸四海而皆准的教学策略是不存在的。只有在具体的条件下，在特定的范畴中，教学策略才能发挥出它的价值。当完成了既定的任务，解决了想解决的问题时，一项策略才达到了应用的目的，同时与其相应的手段、技巧则不再有效，这时就必须探索新的策略。

教学策略具有结构功能的整合性、策略制定的可操作性、应用实施的灵活性、教学策略的调控性、策略制定的层次性等主要特点。

教学过程是一个各要素之间相互联系、相互作用的整体，其中任何一个子过程都会牵涉到其他过程。因此，在选择和制定教学策略时，必须统观教学的全过程，综合考虑其中的各要素。在此基础上，全面安排教学进程和师生相互作用的方式，并在实施过程中及时地进行反馈、调整。

任何教学策略都是针对教学目标的每一具体要求而制定的，具有与之相对应的方法、技术和实施程序。从这个角度上来说，教学策略就是为达到教学目标而采取的具体的实施计划或实施方案。教学策略需要转化为教师与学生的具体行动。这就要求教学策略必须具有可操作性。没有可操作性的教学策略是没有实际价值的，任何教学策略都应该是针对教学目标中的具体要求而形成的，具备相对应的方法和技巧。

教学策略不是万能的，不存在一个能适应任何情况的教学策略。同时，教学策略与教学问题之间的关系也不是绝对的对应关系。同一策略可以解决不同的问题，不同的策略也可以解决相同的问题，这说明教学策略具有灵活性。教学策略的灵活性还表现在教学策略的运用要随着问题情境、目标、内容和教学对象的变化而变化。在教学过程中，不同的教学策略面对同一个学习群体会产生不同的效果，即便是采用相同的教学策略教同样的内容，对不同的学生也会产生不同的教学效果。

由于教学活动元认知过程的参与，教学策略具有可调控的特性。认知表现为主体能够根据活动的要求，选择适当的解决问题的方法，监控认知活动的进程，不断取得并分析反馈信息，及时调控自己的认知过程，维持和修正解决问题的方法和手段。教学活动的元认知就是教师对自身教学活动的自觉意识和自觉调节，教师能够根据对教学进程及其各种要素的认识反思，及时把握教学过程中的各种信息，反馈和调整教学的进程及师生相互作用的方式，推进教学进程的开展，向教学目标迈进。

教学具有不同的层次，如学科、单元、主题、话题等。不同的教学层次就有不同的达到教学目的的手段和方法，也就有不同的教学策略。不同层次的教学策略具有不同的适用条件和范围，具有不同的功能。另外，在不同层次的教学策略之间，尤其相邻层次的教学策略之间是相互联系的，高一层次的教学策略可以分解为低一层次的教学策略，并指导和规范低一层次的教学策略。

明确了教学设计和教学策略的概念，那么教学设计与教学策略二者之间又有着怎样的关系呢?

要想实现教学目标必然要对教学策略进行设计和选择，但实现整个教学目标的总体方案则属于教学设计的范畴。可见，教学策略是教学设计的重要组成部分，教学策略既有观念驱动功能，又有实践操作功能，是将教学观念、教学模式转化为教学行为的桥梁。教学设计和教学策略各有自身的内涵，两者在具体内容或编写环节上有交叉或重叠部分。教学设计是教学活动开展前的准备工作，是对整个教学活动的计划和安排。教学设计的结果或教学设计的文字表达形式是教学活动的方案。而教学策略自然要在教学准备阶段进行设计、谋划，形成一定的教学活动方案。但教学策略不仅是教学方案，还要在具体的教学活动中展开，在进行教学设计时必然要考虑教学策略的制定、选择和运用。而教学策略在选择与运用时，又必须全盘考虑教学的整体设计。教学设计一旦完成就已经定型了，它可以是对整节课或整个单元的设计，也可以是对整个科目的设计。教学设计包括的范围比较广，而教学策略的运用范围和时空界限则比较窄，一般主要集中在某一课时、某一内容的范围内，并且具有较强的灵活性。

教学策略的内涵是：在特定的教学任务中，为了提高教学的实效性，在某种教学观念、理念和原则的指导下，根据教学条件的特点，对教学任务的诸要素进行系统的谋划，以及根据谋划在执行过程中所采用的具体措施。

无数英语教学事例告诉人们，在英语学习上并无捷径可走，但有方法可寻。

科学的方法可以使学生的英语学习达到事半功倍的效果，而这就需要在教学上有所突破。除了教师本身过硬的专业知识能力外，还要从学习者的身心状态、教学素材的收集准备、教学方法及教学艺术的使用等方面进行实质性的运用，这就是初中英语教学策略内涵的最佳体现。

一、兴趣是学好英语的前提

古人云："知之者不如好之者，好之者不如乐之者。"兴趣是最好的老师，它能唤起学生的好奇心和迫切的求知欲。兴趣爱好比智力和技能更能促进学生勤奋学习，它是学好英语的首要条件。因为，只有"Love what you do"，才会"Get what you love"。但对于初中教师来说，如何在英语教学中培养和发展学生的兴趣呢？让学生体验成功是教师进行兴趣培养的重要策略。心理学家告诉人们，一个人只要体验一次成功的喜悦，便会激起无休止的追求意念和力量。教师要经常研究学生的学习心理，观察学生的学习行为，在教育教学中不断激发和维护学生的学习兴趣，采用科学、有效的教学手段，保证学生学有所得、学有所乐，变"要我学"为"我要学"，将最大的热情投入英语学习之中，从而最大限度地提高教育教学质量。教师要充分利用学生的成功愿望，在课堂教学中争取让每个学生都能得到成功的体验，使每个学生在不断获得成功的过程中产生快感，产生获得更大成功的愿望。

二、模仿是学好英语的基础

举一个例子，如果一个英语学习者发音不好，即使以后的英语功底很深，他也有可能对自己的英语水平做出不公正的判断。更糟的是，这会给今后的英语听力带来一定的困难。所以，在学习的早期要不惜一切代价刻苦模仿，掌握好每一个音素，千万不要认为发音标准与否是一个无所谓事情，这个关攻不下，就会导致其在以后的学习中遇到困难。有位成功人士谈及他学英语的秘诀时说："我没有什么特别之处，外国人怎么说，我就怎么说，外国人怎么写，我就怎么写。"世界闻名的英语专家 L. G. 亚历山大（L. G. Alexander）也为英语学习下了这样的定义：语言是一种表演技巧，我们在思考语言的时候，不是考虑我们对它了解多少，而是考虑我们能把它表演得多好，我们能把它用得多好。说到底，学习英语就是模仿那种腔调和那种味儿。人们常说，Well begun is half done（良好的开端便是成功的一半），学英语一定要有一个好的开端。当然，这对教师来说也是一个极大的挑战。只有教师说得标准，使学生听着舒服，才会让学生有更多模仿的欲望。所以，教师也要不断提高自己的专业水平。

随着现代社会的迅速发展，科技水平日益增长，信息技术也越来越普及，计算机在教育领域正起着越来越重要的作用。一些多媒体的应用，可以让学生更深刻地体会甚至感受到动态的文件，更真实地刺激学生的多种感官，让他们感受更真切，理解更深刻，模仿得更有特点、更有真实性，从而得到更多的乐趣，进而提高对英语的学习兴趣。

三、氛围是学好英语的途径

曾经有人向外国人请教："What's the best way of learning English?"（学习英语的最佳方法是什么？）。外国人随口便说："Go to the United States or marry an American."（到美国去或与一个美国人结婚），如果不可能做到就 Watch American movies（看美国电影）。中国不是有一句老话叫"秀才不出门，便知天下事"吗？在家看一部电影就好比在美国生活了一天。这些话就是告诉人们，学习语言离不开环境，但是学生在学校接触真实英语的机会非常有限，他们语言学习的主要环境就是课堂，所以学生绝不能吝啬口语训练的时间，不能为了完成教学任务而随意砍掉教材中提供的丰富的口语练习，要安排足够的时间让学生进行语言实践，充分利用教材的优势，组织并设计好"Group discussion"和"Interview"等各种口语活动，创设一个近似自然的语言环境，用于与日常生活相关的小对话，如起居、节假日、生日聚会、拜访、打电话、看病、购物、游泳、体育活动等，使学生有身临其境的感觉，在乐趣中学习，在娱乐中获益。学生要想在课堂上有良好的表现，课前就势必要去积极准备，把生活引入课堂，再把课堂上所学到的知识延伸到生活。这样，学生就无时无刻不在感受英语，锻炼英语，突破口语屏障。

第二节　初中英语教学策略与有效教学

有效教学理念源于20世纪上半叶西方的教学科学化运动，特别是在受美国实用主义哲学和行为主义心理学影响的教学效能核定运动之后，这一概念频繁地出现在英语教育文献中，引起了世界各国同人的关注。

一、中西方学者对有效教学的解释

西方学者对有效教学的解释主要可以归纳为以下三种基本取向。

（一）目标取向的定义

例如，有的学者认为，有效教学是指教师通过一系列的变量促进学生取得高水平成就的教学。有效教师总是着眼于教学目标的取得。也有的学者认为，有效教学就是引导学生积极参与智力学习的教学，就是能够激发学生学习欲望，促进学生积极掌握知识，以及团队工作和解决问题的技能，提高批判性思维能力和建立终身学习态度的教学。还有学者认为，有效教学就是指学生在教师的指导下成功达到了预定的学习目标的教学。从本质上讲，有两个因素制约着有效教学：其一，教师必须明确促进什么样的学习；其二，教师必须安排和提供给学生获得这种学习经验的机会。不难看出，着眼于目标的定义，重点强调的是预期的教学目标的达成。换句话说，判断有效教学的标准是教学目标达到的程度。

（二）技能取向的定义

例如，乔治·布朗（George Brown）等人对有效教学的界定更多地从教学的复杂性和教师教学技能的角度进行。他们认为，对有效教学的理解应从两方面进行：其一，有效教学是复杂智力的要求和社会性挑战的工作；其二，有效教学是由一系列可获得的、可改进的和可发展的教学技能来完成的。他们进一步指出，有效教学是一种智力的要求，它需要教师对所教学的学科内容有广泛而深刻地把握。教师想要有效地开展教学，就必须具备良好的思维能力、解决问题的能力、对所教主题选择与分析的能力、对是否运用了恰当的教学策略的反思能力、选择优化的教学策略和合理的教学材料的能力，以及组织和建构自己的观点、信息和任务的能力等。所有这些都不是在真空中发生的，而是真实教学情境的要求。他们还认为，有效教学是一种社会性的挑战，因为它不仅发生在一定的组织机构之中，还是在对传统教学目的和教学价值观的挑战中发生的。最主要的一点是，有效教学需要教师充分地了解学生的知识背景，能与学生进行清晰的交流与沟通，能够刺激学生积极的学习与思考，进而提出有价值的或有挑战性的问题。

（三）成就取向的定义

随着20世纪80年代末，英国、美国等政府和民众对提高学生学术成绩的强烈呼声，通过有效教学提高学生学习成绩的研究也进一步增加。美国国会要求各州都将提高学生的学术成绩放在重要的位置，并要尽量做到不让任何一个孩子的学习成绩落后。在英国，目前通过有效数学教学提高学生数学成绩的标准已被放在了国家的重要议事日程上。这就促使研究者更多地将目光放在有效教学与学生成绩关系的研究上。

我国学者从20世纪90年代开始研究有效教学。目前，国内典型的研究是把课堂的有效教学分为基础性与发展性两个维度。基础性包括是否能把握教学内容的定位，个别差异教师的表述（包括言语概念式表述、案例领悟式表述和图式结构式表述）是否清晰，是否有效地使用教育资源。发展性包括是否能灵活运用、选择和编制教学计划，是否运用启发式教学使学生积极投入课堂教学中（如开放性提问、适当的幽默、鼓励冒险精神等），课堂教学是否体现了互动和开放的要求，教师是否尊重学生、唤起学生的自律意识，是否允许学生个体专长的课外开放，是否具有科学思维和创造性。

在崔允漷《有效教学：理念与策略》一文中，提出有效教学的核心就是教学的效益。有效教学是指通过教师在一段时间的教学之后，学生所获得的具体的进步或发展，即学生有无进步或发展是教学有没有效益的唯一指标。教学有没有效益，并不是指教师有没有教授完学习内容或教得认不认真，而是指学生有没有学到什么或学生学得好不好。如果学生不想学或学了没有收获，即使教师教得很辛苦，也是无效教学。同样，如果学生学得很辛苦，但没有得到应有的发展，也是无效或低效教学。综合以上观点，有效教学应包括以下内容：在教学实践中，通过一段时间的教学后，教师帮助学生完成了教学任务，学生获得了预期的、应有的进步和发展。在教学评价上，评价标准只有一个，那就是学生是否取得了预期的、应有的、具体的进步和发展。“预期的”是指学生所期望的、教师在教案中设计好的、符合课程标准和素质教育要求的目标和任务。“应有的”是指学生力所能及的、应该达到的“进步和发展”的目标。每个学生的基础和能力水平不同，在同一节课中获得的“进步和发展”也不尽相同，只要是取得了自己应有的“进步和发展”，就算是有效教学。“具体的”是指学生在每个学科上获得的“进步和发展”。

二、初中英语有效教学的内涵

对于初中英语有效教学内涵的理解是建立在初中英语教学目标、初中英语课堂教学的特点和初中学生学习英语的特点之上的。

《义务教育英语课程标准（2011 年版）》（以下简称《英语课程标准》）认为，基础教育阶段英语课程的任务是：激发和培养学生学习英语的兴趣，使学生树立自信心，养成良好的学习习惯和形成有效的学习策略，发展自主学习的能力和合作精神；使学生掌握一定的英语基础知识和听、说、读、写技能，形成一定的综合语言运用能力；培养学生的观察、记忆、思维、想象能力和创新精神；帮助学生了解世界和中西方文化的差异，拓宽视野，培养爱国主义精神，形成健康的人生观，为他们的终身学习和发展打下良好的基础。

从《英语课程标准》中可以看到，初中英语教学的总体目标是培养学生的综合语言运用能力，而这一能力的形成是建立在学生的语言技能、语言知识、情感态度、学习策略和文化意识等素养整体发展的基础上的。语言知识和语言技能是综合语言运用能力的基础；情感态度是影响学生学习和发展的重要因素；学习策略是提高学习效率，发展自主学习能力的保证；文化意识是得体运用语言的保证。这五个方面共同促进学生综合语言运用能力的形成。

更进一步，人们可以将《英语课程标准》中规定的初中毕业生应达到的具体教学目标分解为：有较强的英语学习动机和积极主动的学习态度；能听懂教师有关熟悉话题的陈述并参与讨论；能就日常生活的各种话题与他人交换信息并陈述自己的意见；能读懂高一年级学生阅读的简单读物和报纸、杂志，克服生词障碍，理解大意; 能根据阅读目的，运用适当的阅读策略; 能根据提示，起草和修改小作文; 能与他人合作，解决问题并报告结果，共同完成学习任务；能对自己的学习进行评价，总结学习方法；能利用多种教育资源进行学习，进一步增强对文化差异的理解与认识。

三、初中英语有效教学的策略

针对初中英语有效教学的实施，提出初中英语有效教学的策略。所谓“策略”，就是指教师为实现教学目标或教学意图而采用的一系列具体的、解决问题的行为方式。有效教学需要教师掌握相关的策略性的知识，以便于自己可以面对具体的情景做出决策，形成有效的教学模式。

（一）运用合作学习的有效教学策略，促进学生的进步和发展

合作学习是20世纪70年代兴起于美国的一种教学理论与策略体系。它以教学中的人际合作和互动为基本特征，指学生在小组或团队中为了完成共同的任务，有明确的责任分工的互助性学习。

英语教学中的合作学习是由教师分配学习任务，控制教学进程，在英语课堂教学活动中，为使师生之间、学生之间能更有效地进行语言交际，教师把全班学生分成人数不等的若干小组，让学生在教师的指导下，合作开展小组内或小组间的英语实践活动，从而完成学习任务，达到教学目标的一种全方位的学习。

英语教学需要给学生提供较多的语言实践机会，但目前我国学校普遍具有班额大、学生多的特点，再加上新教材教学任务重、课时紧，教师在有限的课堂时间内难以让每一个学生获得足够的“说”的机会，根本无法真正做到面向全体学生，让每个学生真正参与到活动中来。而小组活动是解决这一难题的方法之一，学生围绕教师所给的话题进行交流活动，或操练语言知识，或发表个人见解，或通过讨论获得某个问题的答案，这样教师提供给每位学生的发言机会将增加几倍，从而大幅度地增加学生的语言实践活动量。另外，合作学习不同于强调竞争的班级授课，它使竞争环境转向合作环境，能培养学生与他人合作的能力，还能使课堂具有一种宽松、和谐和民主的气氛。这种学习环境能够有效地激发学生积极参加实践的热情，培养他们的参与意识，尤其能消除那些性格胆怯或有自卑感的学

生的心理障碍，使他们享受到成功的喜悦，重拾失落的自信，从而达到面向全体学生施教的目的。

由此可见，合作学习是英语课堂教学中一种主要的、有效的甚至是极好的教学策略。

（二）运用对话教学和情境教学策略，促进学生的进步和发展

《英语课程标准》强调基于语言习得的教学环境的研究成果，在课堂中师生和学生之间的互动和交际有助于学生运用语言，学生在完成任务的过程中习得语言，并最终达到掌握语言的目的。有效的英语课堂教学应有“变化性情境互动”的各项活动，学生在完成任务的过程中进行对话性互动，进而产生语言习得。

所谓的“创设情境”，是指有目的地引入或创设以形象性为主体的、生动具体的情境，如通过演示实物、身体语言、播放声像资料等进行生动形象的描绘，把学生带到特定的课堂艺术境界中，以引起相同的情感体验，在较短的时间内激发学生的情感，达到预期的教学效果。

（三）运用任务型教学策略，促进学生的进步和发展

近年来，基于多元智能理论研究提出的任务型教学在英语阅读教学中得到了较为广泛的应用。所谓“任务”，是指学生使用英语做事的能力。任务的设计一般应遵循以下原则：任务应有明确的目的；任务应有真实的意义，即接近现实生活中的各种活动；任务应涉及信息的接受、处理和传递等过程；学生应在完成任务的过程中使用英语；学生应通过做事来完成任务；完成任务后一般应有一个具体的成果。教师在设计教学任务时，可以根据不同学生的情况设计不同的任务，使所有学生都能进步。通过设计不同的任务，教师使学生的思维、想象力、协作、创新等能力得到发展。

（四）运用教学评价策略，促进学生的进步和发展

教学评价策略是初中英语有效教学策略的重要组成部分，它是对课堂教学活动过程与结果做出的一系列价值判断行为。由此可见，它不是在教学活动之后进行的一种孤立的、终结性的评价，而是贯穿整个教学活动的行为。教学评价策略包括对学生学业成就的评价与对教师教学活动的评价。

学生学业成就的评价是指根据一定的标准，对学生的学习结果进行价值判断的活动，即诊断学生是否达到教学目标及其达到的程度，它是衡量教学是否有效的重要指标。根据《英语课程标准》的要求和初中英语有效教学的内涵，在初中英语有效教学的研究中，都采用了一定的教学评价策略。对学生的评价主要引入了形成性评价，评价内容多元，在教学评价中不但评价学生掌握英语知识技能的水平，更注重评价学生的学习态度、兴趣、课堂参与度、合作精神、学习策略等，并使其与终结性评价相结合，最终判定学生的进步和发展情况。评价的主体呈现多元性，在合作学习教学和任务型教学中，变单一的教师评价为教师评价、学生自我评价和学生相互评价相结合，使学生由被动的受试者变成评价的主动参与者，提高了学生的学习兴趣，调动了学生的主动性、积极性和自觉性，学生的自信心增强，创造性得到了激发，学生的综合素质得到了进步和发展。

对英语教师有效教学行为的评价，主要由学生来进行。初中英语有效教学中对教师的评价必须明确、具体，学生根据自己的体会就能做出判断。

第三节　初中英语教学策略的思路框架

一、初中英语教学策略的研究方法

在进行初中英语教学策略方面的研究过程中，可以采用以下几种方法。

（一）文献分析法

文献分析法是通过查阅文献获得国内外有关课堂教学目标设计、中学英语课堂教学目标设计、教学目标设计理论基础的相关资料，考察该领域已有研究的发展动态，并借鉴前人的理论研究成果，从而构建出本课题的理论框架，同时对该领域中还未解决的问题进行分析，为研究指引方向。

（二）访谈调查法

访谈调查法通过对初中英语教师进行访谈调查，深入了解一线英语教师对教学目标设计的理解，以及当前初中英语课堂教学目标设计存在的问题和误区，并对此进行归因分析。

（三）课堂观察法

课堂观察法是直接从初中英语课堂情境中收集资料，了解当前初中英语课堂教学目标设计的实践状况，观察并分析不同的课堂教学目标设计对课堂教学过程及教学效率和结果产生的不同影响。

（四）案例分析法

案例分析法根据提出的教学原则和策略，设计出课堂教学目标案例并在教学中进行实践，对产生的效果进行分析和总结。

教学策略是教师根据教学的实际情况和自身的经验而设计的，因此就会出现课堂教学策略设计“因人而异”的情况，但是为了确保教学策略在教学过程中能够发挥出其应有的作用，教师对教学策略的设计就需要在统一基本理念的指导下进行，遵循教学策略设计的基本思路框架。

二、初中英语教学策略的设计原则

对教学策略的设计原则进行文献梳理和归纳总结，并依据提出率的高低对著作、文献中提到的教学策略设计原则进行排列，前几位的有：科学性、整体性、全面性、系统性、可操作性、以学生为主体、具体性等。可以发现，所提到的教学策略设计原则中包含的意义有些是相似的或者重叠的。

另外，有些原则较为含糊，含义不确定，如科学性原则，不同的研究者对此有不同的解释，有的人认为科学性是指教给学生系统的、有结构的知识，有的人认为科学性是指要依据教学大纲、课标、教材、学情等来设计目标。所以，类似科学性这样的原则则显得有些含糊和笼统，不便达成一致的理解。

因此，在阅读文献和调查研究的基础上，基于有效教学理论，提出与上面提到的原则既有共同点又有区别的几点原则，而且更加容易理解和记忆，对教学策略的指导意义更为明显。这些思想一方面作为理论基础，在背后支撑着有效教学理论，另一方面也成为有效教学理论深刻含义的一部分，它们都对教学策略的设计产生一定的启示。因此，尝试从中提炼出重要的相关思想理论作为教学策略设计的思路框架，为设计出科学合理的教学策略服务。

（一）以学生原有的知识经验为基础

有意义接受学习理论强调的一个观点是，有意义学习的过程即新旧知识相互作用的过程，对学习新知识影响最大的因素是学习者已经知道了什么。这一理论对课堂教学策略设计的启示在于：教师在设计教学策略前，一定要通过各种途径考察并了解学生"已经知道了什么"，包括学生原有的认知水平、知识经验（尤其要关注与将要学习的内容相关的知识经验）、学习潜能、学习需求等因素，这些决定着教学的起点，是课堂教学策略设计时首先要考虑的因素。

（二）帮助学生构建学科知识体系

杰罗姆·布鲁纳（Jerome Bruner）的结构教学理论要求教师在设计课堂教学策略时有意识地帮助学生构建学科知识的体系，具体包括：第一，学生要学习和掌握学科的基本结构，就需要掌握该学科知识的基本概念、基本原理等学科结构的最基本要素，因此在设计课堂教学策略时就要把掌握基础知识和基本技能作为首要和重点的目标；第二，应随着学生知识的增长、认知水平的提高，不断拓展和加深学科的基本结构，即在教学策略设计时，教师要有清晰的学科逻辑结构，注意知识点之间的内在联系，以及某个知识点在整个学科结构中的位置，以学科知识体系为中心，有计划地安排教学目标的内容，合理地设计教学目标的顺序，使学科知识体系在学生的头脑中逐步成形，便于学生更好、更快、更深刻地掌握学习内容。

（三）预设与生成相结合

维果茨基（Lev Vygotsky）的社会建构主义理论认为，知识是在个体之间互动交流中建构的，学生的学习不是简单地输入新信息，而是在原有经验的基础上，在不断地质疑、切磋、沟通中对新知识进行重新整合和意义建构。因此，在师生或学生间的互动中，学生随时会产生疑问，使得课堂上存在很多的"变数"和不确定性，这些教学内容和过程并不都是可以在课前预设的，大多数问题是在课堂教学过程中动态生成的。所以，教学策略的设计应该做到预设与生成相结合，课前精心预设，充分考虑课堂上可能发生的情况，琢磨学生对某个问题可能会怎么想。同时，教学策略设计要有一定的弹性，给有效生成留足空间，做到预设与生成相互平衡。

（四）促进学生的一般发展

一般发展是赞可夫发展性教学思想的核心概念。根据一般发展的内涵和原则，一般发展理论对教学策略设计的启示在于，要将学生的发展而非单纯地传授知识与技能作为教学的首要任务，具体包括：第一，教学策略以智力目标为重点，也就是通常所说的观察力、想象力、思维力等，同时也要重视非智力因素的发展，如情感、意志、性格等方面；第二，这里的学生是指全体学生，所以设计教学策略时要以全体学生为对象，与大部分学生的水平相适应，同时教学策略设计也要有一定的层次性，根据学生的个体差异，设计出层次各异的目标。

此外，赞科夫的发展性教学理论在一定程度上对应了新课程三维目标，一般发展要以三维目标的整合为基础，三者相互融合、缺一不可。教师在教学策略设计时应做到对三维目标的整合，目标应有利于学生的全面发展，尤其是思想品德和思维品质的发展。

（五）以学生为中心进行全人教育

以人本主义心理学家卡尔·兰塞姆·罗杰斯（Carl Ransom Rogers）的有意义学习理论为依据，教师在设计课堂教学策略时要始终做到以学生为中心，并促进学生健全人格的形成。这一思想主要包括以下几点：第一，要把学生视为课堂教学活动的主体，高度重视学生的需要、动机、兴趣、经验等；第二，将设计出的教学策略以暗示或明示的方式让学生了解，并使学生认为通过学习有助于达到这一目标，这样有意义学习就会发生，学习的效率就得以提高；第三，为了促进健全人格形成的过程，教学策略的设计要涉及全人发展，包括理智的成长和情感的发展，既要包括发展理智所需要的知识和技能，也要包括培养学生情感智慧所需的方法和途径等，尤其强调对情感、态度、价值观的培养。总之，课堂教学策略的设计应该涉及精神意义层面，挖掘出知识中所蕴含的教育价值。

按照以上依据基本确定了教学策略的大致内容和方向，下一个步骤就是对这些目标进行分类设计。

三、初中英语教学策略的分类设计

三维目标是目前我国较有影响力的一种课程目标分类模式，尽管课程目标是课堂教学策略设计的主要依据，但课程目标是具有指导性的总体目标，需要通过相当长的教学实践活动才得以实现。在教学过程中，课程目标（这里具体是指三维目标）需要被转化为具体的、便于操作的课堂教学目标，在每个单元及每节课的课堂教学实践中逐步完成，最终实现总体课程目标。那么，如何在三维目标的指导下进行课堂教学策略设计呢？本书从以下几个方面进行论述。

（一）知识和能力目标的设计策略

知识目标的确定，要建立在对《英语课程标准》、教材内容及学生需求分析的基础上。对《英语课程标准》和教材内容进行分析，从中领悟要教授的知识点。对《英语课程标准》中“内容标准”的要求要有准确的认识，它是设计知识目标最主要的依据。教材内容是根据课标而编写的，教师要把握教材中的提示，敏锐而准确地捕捉到教学的重点。例如，在讲到频度副词（always、usually、sometimes等）这一节课时，有的教师安排了 30 的时间讲解每个词在使用时所表示的频率，如 always 表示 70 % ～ 90 %、usually 表示 50 % ～ 70 % 等。可以看出，这位教师也是花费了时间和精力去查阅了很多相关资料，但是这些脱离了课标和教材，没有把握住知识点讲解的重点，这样的知识目标容易导致课堂教学方向的偏离。除此之外，要对学生的现有水平和学习需要进行分析，以学生的角度选择教学知识点。第一，教师要在有限的时间内教给学生“最有用”的知识。课标指出要重视英语基础知识的学习，所以教师应选择基础性的、少而精的知识点及有典型性的例子。同时，教师应善于把握教学重点、难点，紧紧围绕教学重点进行知识目标的设计。第二，学生的学习需求包含多个方面。知识点的选择一方面要达到课程标准所规定的要求，如识记或运用的单词、句型、语法、文化背景等知识点；另一方面也要满足提高学生文化素养的需求，充分考虑学生的兴趣和个性发展。第三，英语里的知识点烦琐庞杂，如果没有一个知识框架把这些零散的知识点串联起来，那么学生很容易忘记或混淆知识点。因此，教学知识点的设计应该考虑到学生的知识结构，结构化的知识点既有利于记忆，同时又便于学生发现新知识，加深对知识的理解。

知识和能力是紧密联系的统一体，二者相辅相成，知识越丰富，越有利于能力的培养；学习能力越强，就越能促进知识的掌握。因此，教师可以在知识教学中培养学生的能力。那么具体应该怎样确立英语课堂教学中的能力目标呢?

首先，善于挖掘知识中隐含的能力因素，重点培养学生的语言能力。英语语言能力主要包括口语交际、写作、阅读等方面的能力，其中包含语言表达能力、语言运用能力、语言分析能力及归纳总结能力等。而这些能力目标的达成，应根据不同的知识类型，设计相应的课堂活动，让学生在活动参与过程中，逐渐形成一定的语言能力。

其次，在培养学生能力方面，应以学生的实际情况为依据，分层设计能力目标。教师应注意到学生能力水平的高低，对于初一年级的学生来说，他们刚刚开始系统地接触英语学科，所以教师应以较低水平的单词记忆能力、口语交流能力等为主要培养目标。初二年级的学生心智更加成熟，也具备了一定的基础能力，这时的语言能力培养应以语言分析能力、归纳总结能力等为主要方向。另外，还要考虑班级上学生的能力差异、接受水平等，根据学生水平层次的差异，设计不同层次的能力目标。

最后，教师每一节课最好只设计一到两个能力目标，这样可以使学生得到专门的、集中的训练，能力目标设计过多，反而不容易提高学生的能力。

（二）过程与方法目标的确立策略

过程与方法目标是新《英语课程标准》提出的一个全新的目标，很多教师对其比较陌生，在教学实践中也难以把握和落实。正因如此，这一维度的目标在设计上常常不被重视，导致问题的出现。

首先，要想设计科学合理的过程与方法目标，就要对其内涵有正确的理解。这一维度的目标主要包括对学生在学习过程中得到的体验、感悟、经历等的要求，并且对完成学习任务的方式、方法做出规定。

其次，教师要在分析教学内容、确定知识和能力目标后，根据不同性质的知识与能力目标设计相应的过程和方法。例如，知识目标为学生能够认识和记忆形容词比较级形式，那么过程与方法目标就可以设计为学生能够自己对比较级形式进行分类，归纳总结出变化的规律和典型例子。再比如，能力目标为学生能够流畅地用形容词最高级表达自己周围的事物，那么过程与方法目标就可以设计为通过小组讨论及角色扮演，学生能够完整准确地运用最高级说出三个以上的句子。

最后，过程与方法目标的设计除了要依据知识目标和能力目标外，还要注意分析学生的个体差异，照顾学生的不同需求。此外，“过程与方法目标的设计还要考虑到本校的教学环境和经济能力等，结合实际情况设计出切实可行的目标”。

（三）情感态度与价值观目标的确立策略

情感态度与价值观目标可以说是教学目标的灵魂。英语学科在这一目标领域发挥的空间很大，有广泛的教学资源，对学生建构自己的情感态度与价值观体系起着不可忽视的作用。情感态度与价值观目标的确立，关键在于挖掘教学材料中蕴含的人文思想，探索学生的精神需求，找准切入点灵活设计。

首先，一般来说，教材中的大部分内容都具有情感态度与价值观因素，但有些隐含在课文中，并未明显展现出来，这就需要教师和学生进行挖掘。尤其需要重点关注和设计英语教学内容中最能调动学生情感思维的因素，使学生产生丰富的内心活动，激发其对情感因素的思考，最终使其道德思想、行为习惯等得到陶冶和养成。

其次，初中生已经开始有一定的自主意识和批判性思维，因此对生硬的道德说教容易产生逆反心理，所以情感目标的确定需要教师根据学生的年龄特点，观察和了解学生的思想动态，分析学生的精神和情感需要，从而有选择性、有针对性地挖掘教材内容中的情感因素，使情感态度与价值观教育适应学生的实际情况，这样才能真正发挥其教育价值。

最后，情感态度与价值观目标涉及人的心理和情感因素，因此需要在课堂中灵活掌握，根据课堂的实际情况和学生的情绪态度变动，选择最佳的时机将情感态度与价值观教育恰如其分地渗透进课堂。这些目标可以是预设好的，也可以是根据课堂实际情况临时改变或添加的，但必须选准时机，保证学生当时的心理和态度能够理解和接受这种教育，而不是为了完成情感态度与价值观的目标，生硬地把这些教育强加在学生身上。因此，如果一节课都没有发现可以进行情感教育的时机，那么可以放弃这个目标，等时机合适的时候再进行教育。

本章探讨了《英语课程标准》下，初中英语课堂教学的几大要素，从教师教学方法、学生学习方法、教学目标和任务设计谈起，通过对教师和学生思考的特点进行分析，将这些特点融入初中英语课堂教学目标和任务的组织与设计中，从而达到较佳的课堂教学效果。

第二章　初中英语教学要素

第一节　初中英语教学要素

在初中英语课堂教学中，教师、学生、教学内容、教学媒体等组成了初中英语教学的要素，这些要素相互作用、相互影响，共同决定了初中英语教学的效果。

一、教师要素

教师作为教学活动的设计者、组织者、督导者、检测评估者、矫正优化者，也是决定教学效果的主要因素。因此，在初中英语教学中应该充分发挥教师的作用。

首先，在英语教学中，课堂教学的总体设计是否合理，是决定教学效果的重要一环。在英语教学中，教师要以《英语课程标准》的要求为指针，以所使用的英语教材为依托，以学生的整体基础和学习状态为平台，以营造积极主动、愉悦、和谐的课堂氛围为目标，对英语教学资源、教学方法、现实教学环境等进行创造性的整合。准确设置教学目标、重点与难点、教法与学法、练习与检测，科学分配教学时间，力图使实际教学过程进展顺利，教学结果成效显著。

其次，在英语教学中，课堂教学的组织尤其重要。为了充分发挥学生学习的自主性、合作意识和探究精神，教师要在课前根据学生的知识基础水平、性格特点、性别差异等特征对学生进行分组，并给各小组成员编号。在教学过程中视各组员的不同特长与劣势分配不同的合作与探究任务。在英语课堂教学中，教学活动体现为一系列交替进行的听、说、读、写技能的演练。教学过程的展开要以创设情景，激发兴趣，即兴演示，问题的归纳、提炼、探讨与反思，知识的强化巩固、迁移应用、延伸为环节。教师要根据不同环节的特点积极营造活跃的气氛，找准教材内容与现实生活的切合点，努力使学生由知识的获取向能力的提高过渡，使学习态度由被动接受向主动生成转换，使情感体验由消极的强迫、忍耐、烦躁、痛苦向积极的自觉、自由、渴望、喜悦转变，引导学生对学习内容、学习过程与学习效果进行自觉的价值评判。

然后，在英语教学中，教师要自始至终对学生的学习状态予以监控、督促和疏导。学习新知识是极具挑战性的行为，在疑难面前，学生不可避免地会产生畏惧、逃避、懈怠，甚至放弃、叛逆的心理，从而影响学习效果。在这些情况下，教师就要适时调节教学的内容和难度，以及知识层次的梯度，使学生学得容易、顺利。教师要时刻注意自己的教学态度与情绪，对于学习吃力或精神懈怠的学生要耐着性子，和颜悦色地点拨、开导、提醒、鼓励，对于善于思考、表现优秀、态度积极、心神专注的学生要及时表扬，适度拔高，充分利用他们对其他学生的启发、表率与带动作用。对于偶尔调皮捣乱、有对立情绪的学生要善言安抚，课后进行个别教育。切忌当堂发火，以粗暴的态度、憎恨的语气对学生进行嘲讽、指责、谩骂甚至惩罚。教师要努力做到教学态度和蔼亲切，语气平易温和、文明得体，具有启发性和鼓舞性，从而使课堂气氛和谐融洽、教学过程顺利流畅、教学效果明显有效。

最后，在英语教学中，教师要对整个教学活动进行评价与反思，要对教学行为进行必要的矫正与优化，以利于教学的改善与发展。教学设计只是一种基于以往经验的预想，现实教学总会出现预想不到的变数。因此，教学目标的达成每一次都存在着差别。在教学过程中，教师要保持清醒的头脑，始终关注每一环节的教学质量，有明确的评价意识。要从教学目标设定是否合适，教学环节是否完备，教学内容是否充实，教学过程进展是否顺利，是否围绕教学重点展开实际教学，难点是否突破，教学方法是否恰当，学生的反应与表现如何，是否充分体现了学习的自主性、合作性和探究性，各环节的时间分配是否合理，学生的整体态度是否积极，课堂气氛如何，还有哪些方面必须改善并且可以改善，下一堂课最需要注意什么，等等方面进行评价与反思。

总之，在英语教学中，教师的作用非常重要，新课标不是淡化教师的作用，而是提高了对教师教学能力的要求。因此，教师必须从高台上走下来，从滔滔不绝的讲解与灌输中脱离出来，充分发挥自己设计教学、组织教学、督导与评估教学、矫正优化教学行为的综合功能，使教学活动更富活力与成效。

二、学生要素

学生的主体作用，简单来讲，是指在教学过程中学生作为学习活动的主体出现，他们能够能动地发展自己的潜能。学生应该是教学活动的中心，教师、教材、教学手段都应为学生的“学”服务。在教学过程中，学生是主体，学生的学习主动性和积极性是学习的内因，学生知识的增长、智力的发展和思想、情感意志的培养都要通过学生自己进行实际活动才能实现，即要有学习的主动性和积极性。

外语学习的首要任务是“学”而不是“教”。有效的语言教学不应该违背自然过程，而应该适应自然过程；不应该阻碍学习，而应该有助于学习并促进学习；不能令学生去适应教师和教材，而是让教师和教材去适应学生。因此，应该培养学生主动、积极的思维能力，采用“交流—互动”的教学方法，突出学生自学、小组讨论、相互交流的教学形式，充分发挥学生的自主性、积极性，让学生主动去发现问题、研究问题、探索知识，培养学生的思维能力和分析问题、解决问题的能力。

英语不同于其他基础学科，它是一门实践课，其语言技能是需要通过学生个人的实践才能培养和提高的。因此，它的教学效果应以学生的学习效果为依据，而学习效果在很大程度上取决于学生的主观能动性和参与性。认识理论认为，英语的学习过程是新旧知识不断结合的过程，也是语言能力从理论知识转化为自动应用的过程，而这种结合和转化都必须通过学生的自身活动才能实现。因此，英语教学中务必要以学生为主体。

现代化教学过程也是教师和学生共同参与的认识过程。这个过程是要通过学生的大脑起作用的。学生作为教学的主体，既有接收信息的一面，又有发出信息的一面。在教学过程中，师生之间存在着大量的双向传递信息和反馈信息的交流活动。教师的主导作用在于科学地而不是随意地参与，要在接受学生反馈的基础上控制和调整整个教学过程，使学生的主体作用得到更充分的发挥。

在教学效果的评价上，也不能只看课讲得如何生动、如何熟练，更要看学生主体作用发挥得如何，学生的积极性、主动性是否能调动起来，学生实际运用语言的能力是否真正得到提高，学生的方法是否使用正确，学习习惯是否养成，学生的智力是否得到开发。如果不把学生看作主体，教师的指导作用就无从谈起。在目前的外语教学中，教师主宰课堂教学的现象仍很普遍，还是传统的教学方法，过多地分析词法、句法，有的甚至大教词源，可以说是旁征博引、滔滔不绝。自己唱“独角戏”，把学生当作“观众”，这种注入式、满堂灌的落后教学方法使得本来应成为主体的学生始终处于被动、消极的接受地位，学生潜在的能力和情感因素难以发挥，想象力和创新能力受到抑制。实践证明，没有作为教学主体的学生积极参与的教学活动，师生就不能互动，就不存在信息的反馈和交流，学生能做到的只是记笔记、背笔记，死记硬背，机械套用，久而久之便成为瓶中的“跳蚤”，再也跳不高了。这些教学过程中存在的弊端使得中学英语教学难以迅速提高，因此转变教师的教学观念就成为教学改革的关键。

教师主导作用和学生主体作用是相互联系、相互统一的。教学是教师与学生组成的双边活动过程，英语课堂教学是在教师的组织和指导下学生积极参与配合的过程，以学生为主体是这个过程的出发点。组织课堂教学既要充分发挥教师的主导作用，又要切实体现学生的主体地位。

三、教学内容要素

课堂教学内容和教学目标及教学重难点的设定都应该以《英语课程标准》为准则，从学生的已有知识水平出发，并以交际法语言教学为理论依据。

作为英语教师应从多种教学法入手，根据学生的年龄特点，在教学中充分运用创设情境教学法，利用多媒体手段和直观教具，形象地、有层次地将所学的内容展现在学生面前，将传统的教学媒体和现代的教学媒体相结合，强化学生的视听感觉，让学生全身心地投入教学活动中，引发兴趣，激发其求知欲，从而更好地促进学生主体作用的发挥。

英语教学的实质是交际，是师生之间、学生之间的交际，而不是我教你学。英语教学就是通过这些交际活动使学生形成运用英语的能力。在交际过程中，师生双方的认识活动也是相互作用的。学生认识英语的进展离不开教师对教学规律的认识；教师对教学规律的认识也离不开学生在教师指导下学习的客观效应。教学就是为了促进这种交流，培养学生的交际能力，注重交际策略的学习和应用，积极培育课堂真实交际的氛围，同时尽可能地创设虚拟真实情景进行虚拟真实交际。

英语是一门语言学科，也是一种语言交流的工具。初中英语教师应根据学科的特点，按照新《英语课程标准》的要求，科学选择教学媒体手段进行教学环节的设计、教学方法的优化和教学资源的整合，辅助课内外英语教学，增加课堂教学的趣味性、互动性、高效性，使初中英语教学改革得到更好更快的发展，提升学生的英语运用能力和问题处理能力。

四、教学媒体要素

随着科学技术的不断发展，多媒体技术越来越广泛地应用于课堂教学之中。适时恰当地将多媒体技术应用在中学英语教学中，是现代信息技术发展的需要，是英语新课程改革的需要，更是实施素质教育的需要。在中学英语教学中，适时应用多媒体来辅助教学，科学开发和选择多媒体课件，可以有效地提高学生学习英语的兴趣和自主性，培养学生的信息素养，促进学生综合素质的不断提升，大幅度提高课堂教学质量。

多媒体技术是一种把文本、图形、形象、视频图像、动画和声音等运载信息的媒体集成在一起，并通过计算机综合处理和控制的一种综合性电子信息技术。当今，在信息技术提供的新的沟通机制和丰富的资源环境中，适时恰当地选用多媒体来辅助教学，优化教学过程，能有效改变教师的教学方式和学生的学习方式，大大提高教育教学质量，促进学生综合素质的全面提升。教育技术专家南国农教授指出：将多媒体技术融入课堂教学的各个领域——级授课、小组学习、自主学习，成为既是学习的对象，又是学习的手段，以工具的形式融入课堂，以促进学生学习，从而达到培养学生创新精神与实践能力的目标。在学生学习过程中，教师应该在培养学生健全人格和挖掘其内在潜力方面下功夫，否则将不利于学生全面、和谐、健康地发展。

在21世纪，随着信息技术的发展和网络时代的形成，更加构成了知识的无限丰富和急剧增长。原有多媒体技术应用中存在诸多误区，比如，计算机一堂课“一用到底”；课件制作过分追求视觉形象，分散学生的注意力；师生交流不畅；课件制作简单，不能体现多媒体的优势。这忽视了学生信息技术的提高，制约了学生综合能力的发展。针对这一现状，巧妙运用现代信息技术，科学地开发和选择多媒体课件，精心设计饶有情趣的教学软件，既能以直观形象的方式呈现感性材料，激发学生的学习兴趣，又能以翔实的数据信息调动学生的学习动力，再加上现代信息技术形象化和多样化的特点，真正弥补了多媒体技术跟传统教学模式有机结合的不足，唤起学生学习英语的意识，充分体现了多媒体辅助教学的优势，促进了学生信息素养的提高，达到英语教学目标和信息技术教育目标的有机结合。

《英语课程标准》指出：现代信息技术的发展对英语教育的价值、目标、内容及学与教的方式产生了重大的影响，英语课程的设计与实验应重视运用现代信息技术，特别要充分考虑计算器、计算机对英语学习内容和方式的影响——这里提出的教与学方式的改变，就是指改以往的“满堂灌”为引导学生主动学，改教师向学生单向传递为师生、生生多向交流，改模仿记忆为自主探索。在新课程的实践中，人们发现可以采用多媒体辅助教学手段，使行、声、色、动、静发生变化，向学生展现具体、形象、直观、声画并茂的视听材料，充分调动学生多种感官参与学习，使英语课堂生动活泼、充满生机。教师对这一英语学习过程实施评价时，要关注学生学习的结果，更要关注他们学习的过程；要关注学生英语学习的水平，更要关注他们在英语活动中所表现出来的情感与态度，帮助学生认识自我，建立信心。

美国英语督导委员会在《面向21世纪的基础英语》报告中指出：“英语素质在美国将是除性别、种族以外影响公民就业和收入的又一重要因素”。随着高科技成果的普及，未来信息社会的公民应具备以下英语素养：第一，英语交流能力；第二，应用英语的意识；第三，解决问题的能力，即英语建模能力；第四，掌握英语的思想方法。在高科技的信息社会里，一个能运用英语头脑去思考各种问题的人，才能被认为具有良好的英语素质。

多媒体技术的运用应该与课堂教学内容的设计相结合。在课堂教学的起始阶段，教师巧妙运用多媒体技术，精心设计学生喜欢的、生动的、形象的、饶有情趣的教学软件，如一个故事、一个问题、一段录像、一段音乐、一幅图画、一次游戏、一个实验等，目的是激发学生内在的学习兴趣与学习动机，充分调动学生的求知欲望，当学生从内心产生“我要学”的冲动时，创设的情景才能称得上成功，在中学英语教学中适时运用多媒体技术，可以大大提高学生学习的积极性和主动性。

学生根据创设的英语学习情景，在自己独立思考的基础上，以小组合作学习为主要形式，对师生提出的英语问题展开讨论，鼓励小组内所有成员参与到解答辩论的过程中，为每个学生提供表达见解的机会，让学生探索、体验、参与学习的全过程，促使他们积极、主动地获取知识，在学生与他人合作交流，切磋、讨论，发现问题、分析问题、解决问题的过程中，适时进行评价。根据学习内容，主要采取学生自我评价、伙伴互评与教师评价的方式，学生自我评价的内容以“说说我自己”为主题，伙伴互评的内容则以“大家评评我”为主题，教师评价的内容以“老师眼中的我”为主题。这样可以大大提高学生的思维能力，同时发挥评价的激励作用，保护学生的自尊心，增强学生的自信心。

教师可以让学生将学到的新知识运用到现实的各种具体问题情景之中，以现代信息技术为手段，加强对新知识的巩固应用，还可以以课堂达标的形式，检查学生学习目标的达成度，对从中暴露出的缺陷和错误及时矫正，还可以引导学生初步运用英语的思维方式去观察、分析现实社会，去解决日常生活中及其他学科遇到的问题，体会英语与自然及人类社会的密切联系。在此环节中，教师可以让学生对学习的基础知识、基本能力进行评价，可以让学生对合作、交流、探索、研究学习过程中学生发现和解决问题的过程与成果进行自我评价。比如，探索发现得是否充分，问题解决得是否有效、彻底、简洁，得到的方法和结果有何应用价值，等等，让学生在不断地评价中得到提高。

21 世纪的人才应当是创造型的人才。培养创造能力不仅是新世纪现代科学提出的新要求，更是教育本身应有的要求。中学英语教学是提高学生素质的重要途径之一，学生素质的提高不仅在于知识的积累，更重要的是在获取知识的过程中培养学生的英语素质。英语素质的核心就是英语思维能力，它对学生掌握英语知识、认识世界、表达思想有着极其重要的意义。中学生的思维特点就是从具体的形象思维向抽象的逻辑思维过渡。这个过渡并不是一下子就能完成的，而是要经历一个由简单到复杂、由低级到高级、由不完整到比较完善、由量变到质变的长期发展过程。在课堂教学过程中，学生是学习活动的主体，同样是评价学习活动的主体。

学生的思维能力主要培养学生思维的创造性。思维的创造性是由开放思考（思考的方向多种多样）与闭合思考（只导向某个一定方向的思考）组成的。苏联科学家彼得·卡皮查认为，英语课是培养学生创造性思维特别适合的学科之一。在英语教学中，教师应在开发学生想象力和开放的思考方面下功夫。

初中阶段的学生是想象力最丰富、最活泼的时期，很容易被新奇的东西所吸引。在英语课堂教学中，运用多媒体技术实施教学，能有效地集中学生的注意力。英语知识具有抽象性的特点，有时学生对知识难以理解，而多媒体技术具有形象、具体、动静结合的特点，可以变抽象为具体，适时恰当地加以运用，可以充分调动学生的各种感官协同能力，有效解决学生学习过程中的困惑，突出重点，突破难点。在英语教学的练习环节中，适时运用多媒体技术，就能在较短的时间内向学生提供大量并富有针对性的习题，增加训练密度；也可以将预先设计好的多种题型根据学生学习的情况，利用多媒体的交互性，有目的、有选择地练习，大大提高练习效率。

第二节　初中英语教学目标

一、初中英语教学目标的具体内容

教学目标是教学活动的中心，在课堂教学中，教师的主导方向和学生的主体活动都是围绕本节课的教学目标来进行的。目标是教学的出发点和归宿，也是学生的最终目的。因此，在教学中一定要先确定教学目标。教学目标正确与否决定着教学过程的意义，而教学目标是否正确，不仅与教师对教材的理解有关，也与学生的个性、能力、需要有关。在目标教学实践中，不应为全体学生设置同一个目标，而应根据学生的学习能力、发展水平、智力特点、学习成就及个性、需要的不同，为不同的学生制定不同的目标。

教师的教学对象是学生，而学生在学习能力、智力、个性等方面是参差不齐的。目标教学理论认为，只要给学生足够的学习时间，几乎所有的学生都能达到规定的目标。但是，在教学实践中，教学起点、教学内容是统一的，毕竟教学时间是统一的。这样一来，对某些学生来说就没有足够的时间来达到目标。因此，让程度、能力、学习速度参差不齐的学生在同一时间达到同一目标是不现实的。

英语教学目标的制定应具有科学性。一般来说，教学目标包含以下几个方面内容：第一，使学生掌握系统的科学文化知识和基本技能；第二，培养学生良好的世界观和道德、审美、劳动等观念及其相应的行为方式；第三，使学生的身心得到健康发展。因此，在教学中应根据这三个方面制定具体而明确的教学目标。

解决教学目标“贪多”的问题，关键是“适量”。适量设定教学目标，而不是盲目地减少教学目标。可以采用教学目标前置或后移的方法来处理一节课中未完成的其他教学目标。要想使制定的目标达到适合学生的量，首先就要了解学生，厘清他们已经掌握了哪些知识、具备了哪些方面的能力，从而明确本节课的教学内容和学生已有知识的联系，并寻找建立联系的方法，同时要预估学生可能遇到的困难，有针对性地确立教学重点和难点。

此外，教师要避免课堂教学的随意性，要在课前反复钻研课标和教材，确立本节课教学的具体目标点，并对具体的目标点进行简要分类，以便确定具体的掌握程度。

教学目标的制定还需要做到合理化。解决教学目标设定错位的问题，关键要做到“合理”。而要做到这一点，就要认真研读课标，把握课程标准，并根据实际教学内容的特征，科学合理地制定教学目标。教师要确定每一目标点的掌握水平要求，比如，是一般了解，还是理解和运用；是能仿照例题进行再现式的运用，还是能在改变条件的情况下做变式运用。通过这几方面的充分准备，然后逐条落实明确而细致的目标，就能够避免教学环节游离于教学目标、课堂效率低下的弊病。

二、初中英语教学目标的设计理念

下面详细介绍确定一节英语课教学目标的具体步骤。选择一篇文本，教师大致会思考这样几个问题：文本的内容、文本的形式、编者编排的意图、学生的状况、学生通过学习该文本后会提高的英语素养。对这些问题有了相对深入的思考，教师便会制定切实可行的教学目标。教学目标制定的过程，应该考虑以下几个方面。

（一）设计理念

教师的教学理念直接决定了教学目标制定的方向。教师要通过日常教育理论及英语课标的学习，形成正确的教学理念，这是制定教学目标的前提和条件。在设计时，应遵循以下几个原则。

1. 让教材为教学服务

灵活处理教材，有机进行整合。但整合教材要注意课时的层次性，遵循由易到难、由简到繁、由少到多的原则，注意授课内容的整体性和完整性。

2. 要体现基础知识与基本技能的培养和训练

在保持学生学习兴趣的同时，注重开发学生自主学习的能力，培养科学系统的学习策略，培养创新能力，注重学法渗透，让学生有意识地体会如何“学会学习”，形成自己的科学学习方法，真正迈入学习英语的大门。

3. 注重学生自身价值的发展

构建以学生发展为本的“生命课堂”。在这样的课堂中，学生与教师进行的是心灵上的沟通与交流，而不是单纯的知识技能的学习。在这样的课堂中，学生能充分展示自己的才华，挖掘自身的内在潜力。教师的着重点在“育人”，而不是单一地传授。这样的课堂是师生共同学习与探究知识、智慧展示与能力发展、情景交融与人性养育的殿堂。

（二）课文地位

制定教学目标很重要的一个维度就是要努力研究编者的逻辑起点。一篇文本选入教材后，它便不再是独立存在的个体，而是整个教材的有机组成部分。明确本模块在整个教材中的地位尤为重要，教师在教学过程中要注意知识的系统性，以旧引新，新旧交替，达到学生熟练运用语言的目的。

（三）教材分析

文本有什么特点？这是备课首先要分析的一个问题。因为只有把文本研究透彻，教师才能深刻把握文本的规律，制定符合文本特点的教学目标。教师应以旧引新，在新授内容中巩固旧知识，达到综合运用语言的能力。

（四）学情分析

制定教学目标，还有一个重要的维度，那就是对学情的把握。教师必须随时了解学生从何处起步，他们总体上到达了什么样的水平，他们将继续往哪个点前进。所以，教师要对学生曾经掌握了什么和将要掌握什么，学生已经有了哪些本领和将要练习哪些本领有清晰的了解。

（五）具体教学目标的制定

教学总体目标强调了三维目标的突出地位——语言技能目标、语言知识目标、情感态度目标，各个目标相互渗透、融会贯通，并且始终以学生的发展需要为前提和学生的社会生活实际紧密结合。目标教学是构建素质教育的重点，它要求教师必须了解、熟悉、掌握教学内容，明确课标要求所要达到的教学目标，通过分层教学，因材施教，使目标教学落到实处。

第三节　初中英语教师的思考特点

初中英语课堂教学是课堂改革的核心，初中英语教师必须彻底改变传统的课堂教学模式，让自己的课堂精彩纷呈，赢得学生的喜爱，让新课改的精髓在课堂中焕发光彩。

大多数教师知道课堂的生成、三维目标等概念，但对这些概念和教学方法的认识不够系统、不够深入，因此也会具有一定传统的教学思维。鉴于此，就需要初中英语教师针对新课改的要求，对英语课堂教学有系统、全新的认识，这对于以后的教学将会有很大的帮助。

一、新《英语课程标准》强调学生的个体发展是英语课程的出发点和归宿

不论是英语新课程目标的确立，还是它所倡导的学习方式、评价方式，无不体现以人为本、以全体学生的全面发展为本的教育理念。因此，在教学中，教师的教学设计要符合学生的生理和心理特点，遵循语言学习的规律，力求满足不同类型和不同层次的学生要求，使每个学生的身心都得到健康的发展，使每个学生的英语素养都得到应有的提高。因此，在教学中初中英语教师应该从以下几点进行思考：第一，鼓励学生大胆地使用英语，对学生学习过程中的失误和错误采取宽容的态度；第二，为学生提供自主学习和相互交流的机会，以及充分表现和自我发展的空间；第三，鼓励学生通过体验、实践、讨论、合作探究等方式，发展听、说、读、写的综合语言技能；第四，尽可能创造条件，让学生探究自己感兴趣的问题并自主解决问题。

二、营造创新氛围，培养探究能力，提高学生的创新思维能力

如今，教育改革的主旋律是以培养创新精神和实践能力为重点的素质教育，课堂教学则是培养学生创新精神及实践能力的主阵地。如何转变教育观念，去旧汲新，培养出新一代有扎实基础、有开拓能力的高素质人才，也需要初中英语教

师认真地进行思考。所以，英语课堂教学中每一教学步骤都应多设信息差，层层递进。教师要设计题目，让学生进行讨论、争论、辩论，这样既能调动学生积极运用语言材料组织新语言内容的能力，又训练了他们从同一信息中探求不同答案的求异思维能力。当学生对这类讨论性题目产生兴趣时，他们会不畏艰难、积极主动地学习。教师应不失时机地给学生创造学习英语的氛围，加强语言信息的刺激，营造创新教学氛围。

素质教育是培养21世纪人才的教育，学生需要获得习得知识和能力的科学方法。良好的学习方法能使学生更好地发挥潜能。学生应该是课堂学习活动的主体，教师应注重学生的独立学习能力，让他们有更多的自主学习、独立思维的时间与空间；让学生在学习中学会如何获得知识，以达到培养创新意识、提高创新能力的目的。在课堂教学设计思考过程中，教师要善于设计新颖别致并能唤起学生共鸣的问题，让学生在独立思考的基础上，再进行集体讨论，集思广益。也可以用所教的知识，让学生自由地求异发散、编写新的内容。这样会使学生相互启发、相互交流，从而以创新意识来灵活运用语言知识，让学生凭自己的能力去摸索解决新问题，掌握新知识。在此过程中，学生的创新实践能力得以真正提高。

三、以培养学生综合语言运用能力为目的，倡导合作学习

现代社会的发展要求社会中的每个成员必须学会与他人合作，合作意识和能力是现代人所应具有的基本素质。英语学习是一种语言习得的过程，学生学习语言必须在一定的语言情景中通过一定的任务进行相应的语言交流，从而提高运用语言的能力。因此，在英语教学设计的思考中，学生之间的交流与合作是十分必要的。新课程适应形式的发展，要求学生改变学习方式，学会与他人合作。教师可以把班级分成若干小组，要求小组中的每个学生必须为本小组的成功而努力，人人认真准备，出谋划策，从而增强他们的集体荣誉感与责任感。学生在交流信息、分享成果、组织比赛的同时也增强了竞争意识。同时，你争我赶，互不相让，既锻炼了他们的能力，也培养了他们的团队合作精神。特别是对于一些学困生，在团队合作中，他们可能会对一个小组的成绩起着决定性的影响，也可能会想出比其他成员更优秀的点子来，这样可以大大增强他们的自信心，改变他们自卑的心理。

四、加强对学生学习策略的指导，为其终身学习奠定坚实的基础

帮助学生养成良好的学习习惯和形成有效的学习策略是英语教学的重要任务之一，这就要求教师要有意识地加强对学生学习策略的指导，让他们在学习和运用英语的过程中逐步学会如何学习。为此，在英语教学过程中，初中英语教师应从以下几点进行思考：第一，积极创造条件，让学生参与制定阶段性学习目标及实现目标的方法；第二，引导学生结合语境，采用推测、查阅或询问等方法进行学习；第三，设计探究式的教学活动，促进学生的实践能力和创新思维的发展；第四，引导学生在学习过程中进行自我评价并根据需要调整自己的学习目标和学习策略。

五、加强文化背景知识的传授

文化是人类在社会历史发展过程中创造的精神财富和物质财富的总和。传授文化背景知识的目的是让学生更深刻地了解英语，更恰当地使用英语。初中英语教师也应该从这个角度进行思考，做到以下几点。

（一）英语教师必须不断地提高自己的文化修养

文化知识背景包罗万象，从广义上讲，它包括所学外语国家的政治、经济、历史、地理、文艺、习俗、礼仪、道德、伦理、心理及社会生活的各个方面；从狭义上讲，语言是文化的重要载体之一，如日常用语、专有名词、成语典故、民间谚语和形体表情等无声语言，都能反映出大量的文化知识。人们可以通过结交外国朋友、涉猎各种形式的文学作品、观赏精彩的外国电影录像、欣赏格调高雅的外文歌曲等渠道来了解外国文化。作为外语教师必须不断学习，不断提高自身的文化修养，只有这样才能把英语教活。

（二）随机讲授

因为目前中学还没有开设文化背景知识方面的专门课程，所以只能按照现有教材，涉及什么讲什么，重点讲解那些“具有背景意义的词汇和交际用语”，除讲清其概念部分外，还要讲清它所包含的文化背景知识，有时还要适当扩展其内容，顺便讲一些相关的风俗习惯和交际常识。

（三）差异比较

中西文化的差异应该是教学中的重点。特别是对于初学英语的学生，总喜欢把母语和外语互译，这种学习方法往往成为其以后运用英语的潜在障碍。因此，在教学过程中，教师不但要对词语的文化背景知识进行必要的解释，还应同母语进行适当比较，使学生了解两种文化的差异，从而掌握正确运用英语的方法。

六、新课程改革对教师的职业道德提出了更高的要求

其实，教师的人格已经远远超出了教师一般职业道德的范畴，它不仅包含师德，也包含世界观、人生观、价值观，还包括政治立场的态度、法纪观念、学识风范等，并将社会上普遍需要的优良品格、思想、情操、才学、气质等集于一身，在教书育人中充分展现出来。这需要学生面对的教师具有良好的言谈举止、诚实守信；热情、开朗、豁达，永远保持一副微笑的面孔；永远保持良好的心态，即一种积极的、向上的、乐观的、发展的精神状态。教师诚心诚意地对待学生，以诚育诚，以信育信，让学生感受到教师的高尚人格魅力，在这种人格魅力潜移默化的作用下，逐步影响学生，感化学生，使学生受益终生。古人云：“经师易得，人师难求。”教师以自身的人格魅力去塑造学生的人格，以自己的德、才、情给学生终生受用的有形知识（课本所学的）和无形的知识（人品的培养），必将为社会培养出高素质、有道德、有文化、有修养、诚实守信的合格人才和满足社会发展需要的人才。因此，初中英语教师也应该从自身修养方面进行思考，做学生生活、学习上的榜样。

七、不断更新知识结构，适应现代社会发展对英语课程的要求

社会在发展，科学在进步，语言也在变化。因此，外语教师也必须勇于进取，刻苦钻研业务，善于总结和借鉴教学改革的新经验，不断更新自己的知识，提高业务能力和教学水平，适应现代化社会发展对英语课程提出的要求。为此，在教学中，初中英语教师应该从以下几点进行思考：第一，把握课程标准的理念、目标和内容，运用教育学和心理学理论，研究语言教学的规律，根据学生的心理特征和实际情况，选择和调整英语教学策略；第二，发展课堂教学的调控和组织能力，灵活运用各种技巧和方法；第三，自觉加强中外文化修养，拓宽知识面；第四，要根据教学

目标、学生的需要及当地客观条件，积极地、有创造性地探索有效的方法；第五，不断对自己的教学行为进行反思，努力使自己成为具有创新精神的研究型教师。

总之，作为当代英语教师，必须具备终身学习的意识，不断转变教育观念，开拓进取，与时俱进，以适应新《英语课程标准》对教师提出的更高要求，要一切以学生的发展为目的，发展课堂教学的调控能力、教学活动的组织能力、对自己教学行为的反思能力，以及灵活运用各种技巧和现代教育技术的能力，努力使自己成为具有创新精神的研究型教师。

第四节　初中英语学习者的思考特点

同处于缺乏自然语言情景的条件下，学习成果却存在巨大的差异。同样的教师和教材，同样的教学条件，有的学生英语学习就相当出色，另一些学生则很难学好；有的学生学习进展得很快，而有的学生花了大力气仍停滞不前。人们不能简单地将原因归结为智力或者是勤奋程度方面的差异。事实上，学习效果是内外因相互作用的结果。在外因大体一致的前提下，学习者的个别差异是造成这种差别的主要原因。

一般来说，对于英语学习成功者的归因大致分为智力因素和非智力因素两大类。其中，智力因素不受外界条件变化的影响，不是可以随意改变的因素。相比智力因素的不可控性，非智力因素往往是可以通过外界手段的影响而改变的，对于大多数英语学习的成功者而言，非智力因素往往是他们成功的关键。

有研究成果表明，成功的语言学习者比不太成功的语言学习者使用的策略多，而且使用的频率更高。而一些不太成功的学习者往往使用的是一些消极的策略，如死记硬背等。因此，教师在传授知识的同时如果加强对学生学习策略的培养，将有助于减轻学生学习的困难，提高其学习的效率。初中阶段的英语教学虽然一直备受教师的重视，但教学效果一直不太理想，其中很大一部分原因是学生没有掌握正确的学习策略，以及教师忽视了对学生学习策略及方法的指导。有调查显示，能够运用学习策略学习的学生，其学习成绩显然高于其他学生。但只有少数学生能无意识或有意识地运用学习策略。在这种情况下，教师缺少对学生进行系统学习策略的指导，使得学生在整个学习过程中始终处于被动接受的地位，这就直接导致学生养成了依赖教师的思想，缺乏学习的主动性。

学习习惯也是影响英语学习者学习成果的因素之一。所谓习惯，就是一个人行为方式的自动化，是不需要思考和意志努力的行为方式。就学习而言，良好的英语学习习惯是英语学习的基础，英语是一门实践性很强的交际工具学科。要掌握英语，除了需要学习一定的语音、词汇、语法知识外，还得练就扎实的听、说、读、写基本功。换言之，英语学习必须有大量的听、说、读、写四种技能的训练。从这个意义上来讲，学习英语的过程在很大程度上就是英语习惯的培养过程。相关研究表明，要学好英语就必须掌握英语学习的基本方法，养成良好的英语学习习惯。良好的学习习惯能推动学习的进步，提高学习的效率，取得预想之外的学习效果。同时，良好的学习习惯一旦养成，会对学生的学习起极大的促进作用，使之终身受益。

学习策略是指学习者有效学习所采取的措施，这种行为可以是外部活动，也可以是内部活动。英语学习策略是指英语学习者为了更好地学习和使用英语而采用的各种行动和步骤，学习策略是学习者自主学习的工具，经过学习策略培养的学习者会比没有经过策略培养的学习者表现出更强的自信心，学习效率也较高。一般来说，学习策略中认知策略的使用最为广泛。

认知策略是指学习者在英语学习的过程中使信息得到有效的获得和提取，具体表现为观察、记忆、复述、分析和总结，其中记忆策略是英语学习中的主要认知策略，目前应用较广泛的记忆策略有重复记忆、理解记忆和联想记忆。

重复记忆是指把所记忆的内容连续重复或间隔一定时间后再重复学习一次，经过多次重复，实现永久记忆。人脑所记忆的东西会被逐渐淡忘。记忆越肤浅，淡忘就越快；记忆越深刻，淡忘就越慢。记忆的深浅不仅与刺激的强度有关，也与重复的次数直接相关。在一定的条件下，重复的次数越多，记忆就越深刻。可见重复记忆讲究第一次复习的及时性，新学习的内容最好在 12 小时之内复习一下，抓住记忆还比较清晰、头脑中记忆的信息量还多的时候进行强化。运用重复记忆的学习策略还需要强调分散复习。艾宾浩斯遗忘曲线告诉人们，分散复习比集中复习更易于记忆的保持。因此，相比第一次复习强调的及时性，第二次复习的时间间隔可以稍长，比如两天。再往后，间隔可以更长，比如依次为一周、半月、一月、半年、一年、几年。复习所用的时间也会依次缩短，甚至只要用眼或耳过一遍就行。这样先重后轻、先密后疏地安排复习，才能获得好的学习效果。另外，限时复习的作用也很重要。大脑也是有惰性的，时间宽裕的时候，大脑的兴奋度就低，记忆效果就相对较差。限时记忆使得大脑的兴奋度相对提高，记忆效果就会更好，尤其对于英语学科而言，在课堂上采用限时记忆的方法尤为可取。

理解记忆就是把新信息与头脑中的旧信息建立起联系，或是在新信息之间建立起联系以增加信息意义的记忆策略。理解记忆其中包含了联想记忆，可以说最常见的理解记忆策略之一就是联想记忆法。比如，通过字形来记忆单词 bed，可以把它形象地看成一张床的造型；通过“读音 + 联想”来记忆，struggle 可念成“死抓勾”，有“努力，挣扎”的意思；通过“拆分法”来记忆，pigeon 可拆成“pig + e + on”，把它变成一句话，串起来就成了“一只（e）鸽子站在（on）猪（pig）的背上”；通过与已学的单词进行类比来记忆，render 与曾经学过的 reader 只相差一个字母，可记成老师提供参考书（render），众多学生成读者（reader）。

除联想记忆法外，常用的理解记忆策略还有组织归类法。组织归类法是指将杂乱无章的新信息组织规划并有序利用起来以便于记忆。因为组织过的材料是有意义的，易于理解，从而便于记忆。例如，英语当中不同形容词修饰同一个名词的时候，有一定的顺序。由于形容词类别太多，很多学生记不过来，这时可以将形容词修饰名词的顺序编成口诀。按照大小、年龄（新旧）、颜色、国籍、材料的顺序，编成“大龄青年颜国材”，学生在爆笑的同时也就全都记下了。另外，在英语语法中，某些表示请求、命令、建议等动词后跟的宾语从句中，谓语动词要用动词原形或者 should + 动词原形。有这些用法的动词可以记忆为“I drop caps”。其中 i—insist，d—demand，r—request/require/recommend，o—order，p—pur—pose，c—command，a—advise，p—prefer，s—suggest。如此一来，对于学生的记忆便能起到事半功倍的效果。另外，重复记忆还可以通过讲述法来实现。常有学生反映，有些内容明明觉得听懂了，可自己独立解题时往往不确定，甚至会忘记。这是因为这些知识还没有内化，就本质而言，是没有完全掌握。这时通过将难点问题集中起来进行自我讲述，就能够起到不断重复强化记忆的作用。因此，作为教师应该鼓励并引导学生进行问题的讨论，很多知识只要通过讲述的方法说上一两遍，记忆就会更加清晰。英语学习的基础是词汇。进入初中，要学习的知识越来越多。在英语学习方面，对词汇量的要求也越来越大。很多学生在记单词方面都表示太累，效果不好。其实，单词记忆除了灵活运用联想法以外，还可以运用全身反应法。记忆长句时，可以将长句编成动作，利用动作进行记忆；记忆单词时，则靠多读、多些、多听、多看。在纸上反复抄写单词的同时，大声朗读，做到手在写、眼在看、嘴在念、耳在听，多重感官一起调动起来，记忆活动自然更有效率。

从心理学角度来看，态度指的是人们在自身道德观和价值观的基础上对事物的评价和行为倾向。态度的表现包括三方面构成要素，即对外界事物的内在感受、情感和意向。常言道，态度决定命运。从学习动机和态度的定义中可以看出，学习动机和态度是密切相连的。学习动机包括学习态度，学习态度是指学生在学习活动中较持久的肯定或否定的内在反应倾向，如表现为认真、紧张、主动、被动等。也就是说，只要激发学习者的学习动机，就可以进而影响其态度并最终促进其学习。从日常教学实践中不难看出，有明确学习目标、学习态度端正的学生，不仅容易取得学业上的成功，在学习之外的各个方面也都表现出积极向上的一面，更容易受到师生的欢迎。近年来，我国英语教学活动的重心正在逐渐从教师转向教学的主体——学生。同时，随着国内外研究者对影响外语习得诸多因素研究的不断深入，越来越多的英语教育工作者开始意识到英语学习的动机在整个学习过程中的重要性。动机是激发人们采取某种行动，做出努力的心理欲望，在外语学习中它是促使学生积极学习的内在动力。英语学习的成功与否和学习者的学习动机存在紧密的联系。有强烈学习动机的学生，学习英语的目的明确，学习态度积极认真，刻苦奋进，遇到困难会迎难而上，因此较容易取得好成绩。相反，学习没有动力的学生，总是得过且过，碰到困难就灰心丧气，学习结果自然就不尽如人意。动机有外部动机和内部动机之分。外部动机是指由金钱、名誉等外部诱惑条件而激发，这在日常教学活动中十分常见。比如，有家长许诺只要孩子考试得高分就给一定数额的奖金，或是教师给予成绩好的学生如“三好学生”称号之类的奖励。这些都是促使学生刻苦学习的动力。但是，这样的学习动力毕竟不是来自学习者本身对学习的兴趣，而是出自对于学习之外的东西的向往，因此一旦外部诱惑消失，学习者便有可能放弃。所以，对于教师或家长而言，要尽量调动起学习者的内部动机。内部动机源于学习者对学习对象的热爱和兴趣，学习的目的在于学习过程本身，所以内部动机才是促使学习者持续有效学习的关键。如果说学习的目的是学习要获得的结果，动机则是促进达到目的的动因。学习动机是直接推动学生进行学习的一种内部动力。动机既有社会的一面，也有个体的一面；既有相对稳定的静态特征，又具有动态特征。当动机存在并发挥作用时，就能够促进学生学习。

学生的学习态度对学习成果有着非常重要的影响。因此，教师应尽量引导学生以正确端正的学习态度学习，把学生的思想态度从“要我学”转变为“我要学”。具体来说，就是要培养学生学习语言的兴趣，鼓励学生的探索行为，激发学生自主学习的动力，最终使学生主动学习。在学生学习英语的过程中，不可避免地会出现困难与挫折，这时候就需要教师起引导作用，对学生给予肯定与鼓励，帮助其克服困难，渡过难关，培养其学习语言的自信心和自尊心。只有学生树立积极的学习态度，才能在学习过程中保持积极的状态，产生学习的愿望与意向。一方面，积极的态度对学习有促进作用；另一方面，学习对态度也有一定的反作用。换句话说，态度固然可以促进学习，而所学到的知识反过来也可以帮助学习者树立积极的态度。因此，对于一些尚未树立积极态度的学生而言，教师可以通过富有成效而又生动活泼的教学活动来培养学生学习的积极态度。学习态度在语言学习过程中起到了非常重要的作用，教师应根据学生的具体情况，在教学活动中做到因材施教，优化课堂结构，不断激发学生学习的内在动力，最终使学生真正爱上英语学习。所以说，动机是可以促进与提高的，教师在教学的过程中应不断寻找与探索可以促进学生学习动机的策略。

首先，要明确学习英语的动机。对于初中生而言，他们还不会去考虑学好英语为他们日后的学习生活与工作带来怎样的优势，但他们不得不正视高考的存在。虽然当前的高考制度多年来受到种种诟病，但是对于绝大多数学生来说，这仍然是他们人生中的必经之路。因此，学好英语，考试考取更高的分数是目前大多数学生学习英语的主要动力。可是，学习英语不应以考试为目的，这样就失去了学习的真正意义。教师在这时应该向学生明确，英语学习应以掌握语言技能和沟通方法为目的，而不该仅仅执着于考试成绩。成绩固然重要，但以高考为目的的学习在高考之后还能继续持续下去吗？显然不能。可语言学习是没有终点的。目前，很多大学对非英语专业的学生仍然要求进行四六级的考试，这就意味着进入了大学同样还需要学习英语，即便大学毕业后就业，很多用人单位对应聘者英语水平的要求也越来越高。因此，一定要让学生意识到英语学习是为了掌握技能，而非仅仅为了通过考试。

其次，帮助学生树立学习英语的自信非常重要。英语作为第二语言，在完全没有语言环境的情况下要掌握并熟练运用，是一件非常困难的事。教师应该意识到这一点，并让学生明白在学习英语的过程中，遭遇挫折和失败是一件非常正常的事。尤其在学生遇到困难的时候，保护其自信心尤为重要。充满自信、勇于实践的学习者往往能获得理想的学习效果。学生往往需要对其成绩的肯定和鼓励。所以说，学生英语学习的动机最直接的来源就是教师对待他们的态度。因此，教师应具备热情的品格并富于激励性，通过采用适当的表扬和鼓励的方式来提高学生的自信心。无论在怎样的状态下，只要有了信心，也就有了学习进步的动力。

再次，教师在组织课堂教学活动的过程中，要做到形式多样化，尽可能多地安排不同的教学方法与手段，以创造轻松愉快的英语学习环境。多采用小组活动讨论、游戏或竞赛的形式，使课堂教学更为生动有趣。在多媒体技术被广泛应用的今天，将多媒体与课堂教学有机结合，可以使英语学习充满乐趣。同时，多媒体设备所创造出的真实的语言环境，能让学生身临其境，在轻松自然的氛围中运用英语进行交际活动，达到降低英语学习的负面情感因素，提高有利于学习的积极因素的作用。

最后，培养学生良好的学习习惯。学习习惯与学习成绩是紧密联系在一起的。学生有着良好的学习习惯和生活习惯，必定促进学习成绩的提高，二者是密不可分的。许多学生的经历都证明，一个没有良好学习习惯的人，是不可能有好成绩的。习惯是通过条件反射而形成的动力定型，属于第二信号系统，是可以培养和改变的。英语学习在很大程度上是一种习惯养成的过程。良好的英语学习习惯是良好语言学习行为的一种累积，一种相对稳定的学习行为倾向。它的养成是中学生学习意愿、学习能力倾向、内外学习行为、学习环境和英语语言环境互动的结果，也是中学生在一定的时空中选择模范的英语学习行为，然后根据自身语言学习的需要进行调节的一种内在的、比较稳固的行为体系，其养成过程是选择的、积极的、发展的、自主的并富有个体意义的。中学生良好英语学习习惯的养成是多种变因参与和互动的过程。

英语学习兴趣的培养绝非一朝一夕之事。相对于很多学生而言，对英语的惧怕大于兴趣。要扭转这一局面，需要教师在学生英语学习兴趣培养的过程中起积极的引导作用，帮助学生培养并保持对英语学习的兴趣，为扩大班级英语优秀者人数，提升班级整体英语水平奠定基础。

通过创设良好的课堂氛围来引发学生的学习兴趣。刚进入中学的学生普遍具有追新求异的性格特点。倘若教师能抓住这一特点，因势利导，就能引发他们的好奇心和求知欲。教师授课时可以尽可能多地用抑扬顿挫、语调丰富、风趣幽默、充满诱因或悬念的语言，并配以丰富的表情和手势来组织课堂教学，给学生创造一个开放宽松的教学环境，使学生怀着轻松愉快的心情投入学习中。长久坚持下去，学生自然而然地就敢用英语大胆地进行发言并不断积极思考，产生学习英语和施展能力的兴趣。

教师在课堂上评价学生要以表扬为主，不要随意批评学生，这样才能促使他们大胆开口。教师的不恰当批评可能对学生学习英语的自信心造成极大的伤害，以致对学习英语失去兴趣，甚至可能造成他们终身厌恶英语，这是不可取的。对学生要有足够的尊重，所以即使学生说错了，教师也不要责怪他们，多给他们一次机会也无妨，如果某一问题学生实在答不好，鼓励他们下次说好也是一个好办法。

在教学中，教师要善于发现学生的闪光点，及时并恰如其分地对他们进行表扬，没有人会拒绝表扬。表扬可以调动学生的情绪，支配学生的情感，满足学生的成就感，让学生经常看到自己的进步，处于积极的学习状态中，这样学生学习英语的积极性会越来越高。

成功的教学依赖于真诚的理解和彼此信任的师生关系，依赖于和谐的课堂气氛。和谐、平等的师生关系可以使学生得到心理上的安全感和精神上的鼓舞，从而产生愉快的情感体验，形成积极的学习态度。因此，只有建立新型师生关系，提高教师的亲和力，才有可能使学生对老师产生信赖感，继而对英语学习产生兴趣。“亲其师，信其道”，和谐的师生关系会让学生觉得教师是最值得信任的人，并因经常受到教师的帮助、关心、鼓励而产生尊重教师、热爱英语学习的情感。这样，学生才敢于开口说英语，增强自信心，这对培养和保持学生的学习兴趣起着很大的作用。

第三章 初中英语语言知识及技能教学

第一节 英语语言知识教学

一、语音教学

语音教学的基本目标是：第一，了解语音在语言学习中的意义；第二，在日常生活会话中做到语音与语调基本正确、自然、流畅；第三，根据重音和语调的变化，理解和表达不同的意图和态度；第四，根据读音规则和音标拼读单词。

（一）语音教学的基本内容

根据上述目标的描述，初中英语课程语音教学的内容可以概括如下。

1. 基本读音（pronunciation）

第一，26 个字母的读音；第二，元音字母在轻、重读音节中的读音；第三，元音字母组合在轻、重读音节中的读音；第四，辅音字母组合的读音；第五，辅音连缀的读音；第六，成音节的读音。

2. 重音（stress）

第一，单词重音（word-level stress）。

第二，句子重音（sentence-level stress）。

3. 语调与节奏（intonation and rhythm）

第一，意群与停顿。

第二，语调。

第三，节奏。

（二）语音教学的基本原则

1. 准确性原则

教师的口型、舌位和发音正确，以保证学生通过模仿和操练掌握正确的发音，形成正确的发音习惯。

2. 长期性原则

语音教学应贯穿各个教学阶段，常抓不懈。

3. 综合性原则

语音教学应融入有意义、有情景的语言训练中，结合语调和交际功能，在实践中学习应用。

4. 针对性原则

语音训练的重点应放在有标记的语音特征上，要针对不同的学生个体采取相应的教学方法，针对母语或地方方言对学生的影响和可能出现的困难进行重点操练。

5. 趣味性原则

采取多种教学手段，以免形式单一、枯燥乏味。

6. 交际性原则

在交际语境中让学生学习语音知识，在交际中评价学生的发音。

（三）语音教学的方法

1. 语音层次的语音教学方法

语音层次的语音教学方法一般包括音标教学和读音规则教学。前者一般采用听—看—模仿—正音—辨音—拼读的步骤和方法进行，后者则包括单词和句子的读音规则。要让学生了解字母读音，单词重音和句子的连读、失去爆破、意群和停顿、节奏和语调。

2. 语流层次的语音教学方法

语流层次的语音教学包括句子重音、节奏、意群和停顿、连读、失去爆破、语调等。一般要结合听说活动展开。组织学生听录音，然后教师讲解，学生在理解的基础上模仿体会，反复进行练习训练，教师再进行纠正总结。

（四）语音练习的方法

1. 听音练习

（1）听音模仿

教师自己读或让学生听录音，然后学生模仿。

（2）听音辨音

听音辨音主要是培养学生辨认和区分不同语音的能力。

2. 发音练习

（1）绕口令法

绕口令可以有针对性地强化容易混淆、读错的音素和单词，让学生的发音器官更加灵活，更有助于辨音和发音。

（2）拼读法

字母组合有不同的发音，不同字母组合可能有相同的发音。积极训练学生掌握字母组合与读音之间的关系，有助于记忆单词。

（3）朗读法

朗读是训练语音语调最常规、最有效的方法之一。

（4）演讲法

帮助学生掌握演讲中的语音技巧，可以提高演讲的感染力和说服力。单词的重音和句子的节奏、速度都要随着内容的轻重缓急来改变。这种方法对学生的语音练习有很大帮助。

（5）标识法

教师用手势、音调、节拍等标识明示单词和句子的重音和语调。

（6）歌唱法

英文歌曲可以有效练习连读和失去爆破等难以把握的语音技巧。

总之，要先练好每一个音标，然后再学习篇章朗读技巧，加上大量的模仿和训练，并积极思考、总结，才能让英语发音趋于完美。

二、词汇教学

（一）词汇教学的内容

1. 词汇意义

词汇意义包括概念意义和关联意义。前者指词典中所标注的意思，即字面意思，也就是词汇的外延（denotative meaning）；后者指单词的文化含义及在具体语境中的意义，也就是词汇的内涵（connotative meaning）。

2. 词汇的用法

词汇的用法包括词汇的搭配、风格、语域（正式和非正式、褒义和贬义、抽象和具体）、短语、习语等。

3. 词汇的信息

词汇信息包括词类、词缀、拼写和发音，还包括复数变化、词语在句子中的位置、时态变化、比较级和最高级变化、及物和不及物等一系列信息。

4. 词汇记忆策略

在教授词汇的同时应侧重学习技巧、学习策略的训练，让学生产生自主的词汇记忆策略，如归类法、推理法、类比法、猜测法、联想法等。

（二）词汇教学的基本原则

1. 直观性与情景性原则

利用实物、图片、动作和手势呈现词汇和解释词汇；在实际生活情景、模拟交际情景、表演情景和想象情景中教授词汇，帮助学生理解词汇，促进学生实际使用词汇能力的发展。

2. 机械记忆与理解记忆相结合原则

初学阶段记忆单词靠重复、反复记忆，就是死记硬背；随着理解的加深，通过新旧词汇的联系，利用构词法、同义词、反义词等来记忆词汇。

3. 系统性与全面性原则

全面系统地关注词汇的发音、词形、词义、词的用法、结构联系、形义联系，在语句和语篇中教授词汇。

4. 文化性与交际性原则

语言是文化的载体，词汇的文化内涵意义、语体意义、情感意义和搭配意义都和文化相关联。因此，词汇教学离不开文化，并且为跨文化交际打下基础。

（三）词汇教学的模式

1. 任务实践模式

词汇教学中的任务是指对所学词汇进行处理和加工的各种练习及口头运用词汇的活动。任务词汇教学法是指在词汇的呈现、讲练和复习等环节，设计一系列有意义的任务和活动，让学生在完成任务的过程中加深对词汇的理解和记忆，掌握词汇的意义和用法，从而提高语言运用能力。

2. 话题听说模式

话题听说模式就是结合课文对与话题相关的词汇进行多角度、多渠道、多途径的集中综合训练，把词汇学习融入篇章学习和活动中，通过归纳、联系、拓展、操练、记忆和运用等手段，达到扩大词汇量和提高词汇运用能力的目的。

3. 游戏竞赛模式

在词汇教学中引入适当的游戏和竞赛，不仅有利于营造轻松、和谐的课堂氛围，达到检测词汇学习效果的目的，还能训练学生思维的敏捷性。适合初中课堂的词汇游戏主要有猜词游戏、词汇接龙、猜字谜和单词识记比赛等。

4. 自主探究模式

就词汇教学而言，在教师的指导下适时适度地开展自主学习、探究性学习和合作学习，有助于培养学生探究知识和自主学习的能力。

（1）自主学习词汇

首先，教师可以让学生分段阅读课文，找出课文中的生词和难点，通过上下文和构词法猜测词义（必要时查词典），写出词义和例句；其次，在对伍或小组活动中，学生进行交流和核对；再次，在此基础上进行小组讨论并定稿，由每组推选代表上台讲解；最后，教师进行点评、纠正和补充，并组织学生进行词汇和语言操练。

（2）开展词汇的探究性学习

例如，教师可以让学生通过查阅词典或上网查询等方式对比英国英语和美国英语在词汇发音、拼写和用法上的区别。又如，在学习了有关家庭成员的词汇后，教师可以让学生课后绘制自己的“家谱”（family tree）。另外，教师还可以让学生收集超市、街道、学校、医院等公共场所的英语标识，整理国外广告、图片、旅游手册、产品说明书上的英语词汇，从而拓宽词汇学习的渠道。

（3）开展词汇的合作学习

在进行词汇复习时，教师可以让学生开展四人小组活动。小组中一位学生说出一个单词，另一位学生用该词造句，第三位学生就句子提问，第四位学生给出答案，要求必须围绕某一话题，并且每个句子都要包含该单词。

5. 归类拓展模式

具体步骤如下。

（1）自主拼读

学生根据读音规则读出单词，然后教师示范或播放单词录音，学生自行纠正读音。此步骤的目的是培养学生自主拼读的习惯和能力。

（2）强化记忆

教师可以引导学生对教材词汇表中的词汇进行归类、对比和联系，采用多种记忆方法记忆，如分类记忆法、联想记忆法、多感官记忆法、构词记忆法、对比记忆法、图表记忆法及卡片记忆法等。

（3）检测

采取自测、互测、集体测试等方式，检查词汇记忆的效果。对于少数尚未掌握或出错较多的词汇，教师可以让学生制成单词卡片，随身携带反复记忆。

6. 情景操练模式

新课程倡导学生主动参与，培养学生自主学习的能力。教师可以把词汇教学和学生的认知规律，以及语言运用能力的培养结合起来，学生从课文、词典中寻找例句与教师提供的例句相结合，变教师讲解规则为学生发现并总结规则，具体步骤为：寻找例句—观察例句—总结规则—操练巩固—运用检测。变“文字呈现”为“口头呈现”与“文字呈现”相结合，具体步骤为：教师口述例句—学生猜测词义—学生复述例句—学生听写例句内容。

7. 想象说写模式

对于刚学过的词汇，加深记忆的最好办法是在表达中运用，学用结合永远是复习巩固所学知识的最佳途径。通过表达促进学生记忆词汇的主要方法有以下几种。

（1）造句

在学生造句时，教师应提醒学生充分展示上下文情境，注重内容的表达和句子的完整性，鼓励学生表达自己的真实情感，避免出现“为造句而造句”的情况。

（2）编小对话或小短文

教师可以挑选（或让学生自选）重要的词（组），要求学生用这些词（组）编一段对话、短文或故事，以培养学生创造性运用词汇的能力。

（3）创设情景

让学生运用所学词汇进行交流。教师要设法创设语言运用的情景，开展看图说话、演讲比赛或征文比赛等活动。

（4）复述

复述课文是帮助学生理解课文内容、熟记相关词汇、提高语言表达能力的有效方式。在学生复述时，教师应要求他们尽量使用所学的词汇、短语和句型，同时鼓励学生对课文进行深加工和再创造。

三、语法教学

（一）语法教学的内容

名词、代词、数词、动词、介词、连词、冠词、形容词、副词、被动语态的构成及用法、虚拟语气的构成及用法、助动词和情态动词、各种时态的构成及用法、非谓语动词的构成及用法、各类从句（定语从句、状语从句、宾语从句、主语从句、表语从句、同位语从句）的构成及用法、倒装结构及用法、一致关系、替代和省略等。

（二）语法教学的基本原则

1. 实践性原则

在真实语境中运用语言，把语法知识传授和实践能力相结合。

2. 交际性原则

语言是为交际服务的。语法学习是学习语言的一种手段，在交际中感知、体验、理解语言规则，从而提高学生的交际能力。

3. 系统性原则

语言是一个完整的系统，语法是这个系统的体现。语法教学必须系统地进行。

4. 层次性原则

语法项目繁多，应该在不同的教学阶段进行讲授。语法教学要遵循语法本身的层次性。

5. 多样性原则

教学形式要多样化，利用直观教具，考虑学生情感因素，教学形式新颖；教学活动设计要有梯度，根据学生差异设计各种教学活动，使语法教学呈现多样性。

（三）语法教学的方法

1. 演绎法（deductive method）

在用演绎法教授语法时，教师一般先讲某一个语法规则，然后再举例说明、证实该规则。最后学生运用所学的语法规则进行练习，达到巩固的目的。演绎法比较适合具有强烈学习动机的学习者。由于教师的讲解清楚准确，便于学生理解规则的内容，尤其是当所学语法规则较复杂时，教师在课堂上运用此法能节省时间。掌握了语法的准确性能够在很大程度上提高学生的自信心，但是容易出现教师一言堂、学生过分依赖教师讲解、容易导致被动学习、学生对语法规则的印象不深、难以巩固等情况。因此，教师进行讲解时应简明扼要，辅以清晰的语言运用实例，并且不可过多讲解规则的特殊情况。

2. 归纳法（inductive method）

采用归纳法教授语法，学生首先接触的是一些含有要学习的语法规则的语言材料，是具体的语言现象和包含语法规则的真实语言情景；然后学生在教师的启发下，通过自己对语言现象的观察、分析和综合，并针对其特征进行概括，归纳出反映某一种语言现象的规则；接着进行大量的练习，把语言规则运用于语言交际中。该方法可以使学生接触大量的语言材料并根据语境归纳出语言规则，学生的主体参与度高，思维能力和语感能得到同步发展。但是，该方法对学生和教师的要求很高，学生必须主动学习，愿意动脑筋，否则会对规则印象不深，难以巩固。

3. 任务型语法教学（task-based approach）

该方法要求学生通过参与贴近现实生活的语言应用活动掌握语法。任务的设计一般围绕以下两条主线进行：第一，该语法项目的主要语言功能；第二，学生感兴趣的、熟悉的、有话可说的某个话题。

该方法的操练程序一般为：任务前借助阅读和听力材料展示语法项目，然后布置任务，学生按照教师的安排完成能够运用语法形式的任务。各小组汇报任务完成情况，并说出理由。通过学生在任务汇报中的表现，教师可以设计有针对性的练习。

4. 情景语法教学（situational teaching approach）

学习语言只有在一定的情景中才能正确地理解与使用。情景的生动性和形象性有助于提高学习兴趣，激活思维。因此，教师可以利用真实的环境或虚拟的情景进行语法教学，使语法教学更加直观化、真实化和趣味化。

5. 指导发现法（guided discovery method）

学生在教师的引领帮助下，通过观察语境中所呈现的目标语法，在真实语境中发现更多含有目标语法的句子，通过观察、分析、发现、归纳、总结出语法规则。然后教师简单明确地帮助学生强化其形式和意义，最后教师创设语境，给学生提供机会进行语言实践和多层次的语言运用。

（四）语法的巩固与运用

1. 机械操练（mechanical practice）

机械操练从语法范句开始，或者由教师口述学生听，或者使用课本里现成的范句。学生熟悉范句后，便可以给学生提示词，开始操练。

该方法一般用在语法例句的呈现阶段，对学生是否真正理解范句不做要求，教学目的是帮助学生通过操练，准确地记住范句，养成良好的语言习惯。因此，操练要逐渐加快速度，由熟到生，不断添加不熟或被遗忘的词汇，使句型操练和词汇复习、词组用法相结合。

在实际操作中常用的联系方式包括：填空、替换和选择等。这有助于学生熟记并掌握语法规则。

2. 意义操练（meaningful practice）

意义操练要求师生配合，提示常为问句，反映为答句，目的是要求学生通过操练，能在一定情景中用英语表意。学生的回答要控制在操练的句型和情景之内，但不止一种。意义操练的过程是在知识传授和能力培养之间架起桥梁，把知识传授变成师生共同学习的双向交流，让学生自己动手、动口，培养他们的语言技能。在实际教学中，经常使用的练习形式为英汉互译、根据意义进行填空或选择、配对、改错和合并句子。

3. 交际操练（communicative practice）

交际操练是指学习者模拟客观世界的交际需要，在适当的情景中，自由使用所学的语法项目用英语进行交流的活动。交际操练主要运用语法项目进行模拟表演，必要时可以进行书面交际活动。中心任务是进行新的语法项目的复习巩固。交际操练的方法有讲故事、看图说话、角色表演等。教师要指导学生积极参加各种交际活动，培养学生的综合思维能力和积极主动的精神。在交际过程中，教师指导的重心是“应该说什么”，操练内容要具体、真实以吸引学生达到交际目的。

语法教学中应注重情境化、生活化，利用学生熟悉的生活中鲜活的话语作为讲解语法的例子。在学生初步掌握语法要点之后，创造必要的语境进行练习和运用，并注重练习的多样性。归纳法和演绎法是语法教学中比较常见的两种方式，新课标倡导用归纳的方式鼓励学生通过亲身观察具体事例从而发现语法的规律。

第二节　英语语言技能教学

一、听力教学

（一）基本原则

1. 听力教学的基本原则

高中英语听力教学要遵循分析性的听和综合性的听相结合、集中训练与分散巩固相结合、注重过程与注重意义相结合、听力任务难度适中的原则。

（1）分析性的听和综合性的听相结合（combine intensive listening with extensive listening）

前者以词、词组和句子为单位，注重细节内容的理解；后者以语篇为单位，注重整体内容的把握。前者是后者的基础，因此二者要有机结合。

（2）集中训练与分散巩固相结合（combine listening with other skills）

前者是指将教材中的听力材料集中起来让学生练习，侧重听力技巧教学和学生听力理解能力的提高；后者指结合其他技能教学训练学生通过听获取信息的能力，听力训练不能只局限在听力课上进行，应该听说结合、听写结合、听读结合。

（3）注重过程与注重意义相结合（combine process with meaning）

听力教学是一个不断训练听力技能和提高听力理解能力的过程。因此，在听力课上要强调听力技能的培养，关注过程，而不是结果；强调对听力材料内容的整体理解，关注意义，而不是语言形式。两者相结合有助于提高听力教学的整体效率，改善听力教学的远期效果。

（4）听力任务难度适中（grade difficulty level appropriately）

三大要素决定着听力任务的难度：听力材料的语言类型、听力练习的目标或任务、听力材料的语篇难度。

（二）听力教学的三个阶段（three teaching stages）

1. 听前阶段（pre-listening）

第一，介绍相关背景知识，让学生对历史文化等知识更加了解；第二，用图片、影像等吸引学生的注意力，激发学生对画面潜在的观察力、描述力和思维能力；第三，提供少量词汇或相关问题，让学生预测所听材料的主要内容；第四，提出一些开放性问题，培养学生的想象力和分析问题的能力。

2. 听中阶段（while-listening）

（1）初听

初步听完话题和大意后，学生把听到的内容与听前预测相比较，口头回答教师的提问，找出有争议的地方。

（2）再听

初听后，学生带着问题再听。主要听细节，明确主题句、关键词、信号词及有争议的地方。再听根据材料难易程度而定，必要时可反复多次听取。

听中阶段可以做听说（listen and speak）、听做（listen and act）、听画（listen and draw）、听记（listen and take notes）、听辨（listen and distinguish）、听选（listen and make choice）、排序（sequence）等各种练习。

3. 听后阶段（post-listening）

该阶段是听力训练拓展的前一阶段，教师应该进行足够的听后技能整合，以让学生真正互动，达到交流、合作、发展综合运用语言能力的目的。具体练习如下：第一，让学生回答有关细节的问题（answering questions）；第二，开展对话、角色扮演等活动（dialogues、role play）；第三，进行模仿、复述、讨论的活动（retelling and discussion）；第四，让学生根据记录的摘要完成相关练习（note-taking and gap-filling）；第五，选择题训练（multiple-choice questions）；第六，语法听写练习（dictogloss）。

听力教学活动中，听力训练活动至关重要，其设计应遵循以下原则：听前阶段应采用多种方式引起学生的好奇心，建立听的欲望；听中阶段通过各种练习形式吸引学生的注意力，并加强其对听力材料的理解；听后阶段设计具体的任务和练习，帮助学生理解听力材料的内容，同时也了解语言在所属语境中的使用。

二、口语教学

（一）口语教学的基本原则

1. 准确性和流利性（balancing accuracy with fluency）

口语教学中应该强调流利性，同时注意准确性，很好地平衡两者关系。模仿性口语要纠错，保证正确输出，为精确表达打下基础；交际型口语要容忍错误的发生，尽量不打断学生的思路，待学生连贯表达后再纠正典型错误。

2. 语言意义和语言形式（combining meaning with language form）

语言交际的根本目的是传递信息。交际过程中，意义最为重要。在教授口语的过程中，教师可以适当地迁就学生的语法错误。学生的注意力应集中于语言意义，而不仅是语言形式。

3. 得体性和连贯性（combining appropriateness and coherence）

在教授口语的过程中，教师要创设跨文化交际情景，培养学生跨文化交际的意识和能力，培养学生使用得体的语言表达思想；还要加强口语交际策略知识的讲解和训练，培养学生连贯表达的能力和习惯。

4. 实践性和激励性（combining practicality and motivation）

口语交际能力要通过实践才能不断提高。教师要尽量鼓励学生开口说英语，对于学生的进步要及时表扬，而对于学生的口语错误，教师应采取宽容的态度，当然对于较为典型的大错要及时纠正。

5. 信息沟（Information gap）

教师要遵循信息沟原则，在设计口语活动时充分利用学生之间的个体差异，有效地吸引学生开口说话，进行真实的信息交流。

（二）口语教学方法

1. 3P 模式

（1）呈现阶段（presentation）

教师通过解释、举例、示范表演向学生介绍新的语篇或语言项目，包括语法、句法、功能、会话技巧等。

（2）练习阶段（practice）

教师给学生提供机会（包括机械操练、模仿练习和表演等），让学生运用所学知识和技能展开话语活动，通过操练加深理解和记忆。

（3）表达阶段（production）

教师为学生提供新的语境，让学生创造机会把知识和技能融入已有的知识中进行语言交际。

2. 任务模式

（1）任务前（pre-task）

给学生设置任务情景，介绍相关的背景知识，帮助学生理解任务要求。

（2）任务中（while-task）

完成任务的过程。目的是让学生按照任务要求完成任务，达到要求的结果。教师要关注语言意义的可接受性、语言形式的正确性和语言技能的熟练程度。

（3）任务后（post-task）

任务完成后要对任务过程进行有意识的反思和评估。

此模式与3P模式刚好是相反的过程，学生带着任务开始学习过程，待任务完成后，教师再对学生在完成任务过程中所使用的语言进行纠正和调整。

3. 五部口语教学模式

此模式包含五个教学程序。

（1）引入（lead-in）

教师利用话题、图片或相关故事创设语言情境或者将之前学过的内容植入新的语境，激发学生学习新内容的兴趣。

（2）启发（elicitation）

教师结合学生的语言水平，启发学生对新的话题内容进行交流，最后归纳语言材料的大意。

（3）输入（input）

让学生直接听音频材料。

（4）操练（practice）

教师要采用学生熟悉的生活素材，通过多种形式的练习，帮助学生记忆教学内容。

（5）输出（output）

教师结合学生实际经历，设计小组活动，要求学生用所学知识进行真实语境中的交流。

此模式尤其适合每单元第一次课教授新知识的过程，教学内容由浅入深，有利于激发学生的主动性和求知欲，逐步提高学生的语言交际能力。

（三）设计多样的口语教学活动

1. 问答式口语教学

大力提倡学生问、学生答，或者学生问、教师答这种互动式技能训练方法，提高学生使用英语的能力。

2. 课堂报告

给学生提供用英语表达自己生活实践和体验的机会，也可以活跃课堂气氛，提高学生的参与度和兴趣，还能帮助学生克服在大众面前讲英语的恐惧心理。

3. 复述法

复述法是对学生思维能力的锻炼，而思维能力的发展又能促进语言的表达。

4. 小组讨论

通过讨论这一互动交流平台，让学生有机会运用英语，增加语言储蓄，学会交际过程中的交流技巧，从而树立自信心，提高自主学习能力。

5. 角色扮演

角色扮演就是情景对话。情景可以是真实的，也可以是虚拟的，目的是营造英语语言环境。通过角色扮演，学生可以在真实的交际中说出准确、得体的英语，从而强化口语交际能力。

6. 辩论赛

辩论中学生要连贯地表达以表明自己的观点并参与讨论和争论。这种形式能促进学生运用所学的语言知识，还能活跃课堂气氛，激发学生的学习兴趣。

三、阅读教学

（一）阅读教学的基本原则

1. 创意导入，激发兴趣和求知欲

导入是阅读教学中必不可少的重要环节，恰当的导入可以激发学生浓厚的学习兴趣和强烈的求知欲，有效导入还可以帮助学生预先学到文章中的关键单词和短语。

2. 整体性教学原则

不要把文章断成几个孤立的片段。让学生带着贯穿全文的问题阅读，先整体感知，再分段教学。

3. 分层阅读原则

分层阅读指一遍一遍地读，层层递进。第一层次是略读，让学生迅速获取文字信息；第二层次是寻读，让学生在了解文章大意的基础上快速查找信息；第三层次是细读，通过对词汇、句型的深入讲解和操练来深化语言知识；第四层次是研读，在掌握新的语言知识的基础上进行针对课文结构、逻辑关系、写作手法和深层寓意的探究性阅读。

4. 泛读与精读结合原则

泛读要求广泛、大量、快速的阅读，扩大词汇量，巩固和发展已学知识的同时，掌握高效提取信息的阅读技巧；精读要从词汇、句型、中心思想、语篇分析等方面进行深入的讲解，夯实语言基础。略读、寻读属于泛读，细读、研读属于精读。泛读和精读不可分割，有机结合，各有侧重，都是为了提高阅读能力。

（二）阅读教学模式

1. 自上而下的模式（top-down approach）

根据自上而下的阅读模式理论，阅读过程就是读者的原有知识和阅读材料交互作用的过程。该模式注重背景知识的导入，教师要帮助学生学会运用已有的知识对文章的下文进行预测，然后阅读、检验、修正自己的预测，进行新的预测。

2. 自下而上的模式（bottom-up approach）

读者在阅读中对语言层次的单词、句子进行逐个解码，就能达到对整个段落乃至整篇文章的理解。该阅读教学模式主张在阅读中重视词汇教学，包括读前讲授单词和阅读过程中对词语用法的分析。缺点是学生往往始于解码且止于解码，缺乏高层次的理解。

3. 交互补偿模式（interactive-Compensatory approach）

交互补偿模式主张在阅读过程中既强调背景知识、上下文预测的重要性，又不忽视单词、短语的解码能力，同时关注阅读过程中的视觉信息和非视觉信息。

（三）阅读教学活动

1. 读前活动（pre-reading activities）

读前活动为阅读的导入阶段，主要任务是激活背景知识，激发学生的阅读动机，引出话题。

2. 读中活动（while-reading activities）

读中活动是阅读的展开阶段。该阶段主要以训练学生的阅读技能为目标。第一，略读。寻找主题句，了解文章大意。第二，寻读。捕捉具体信息，记录文章要点。第三，根据上下文推测词义。第四，理解文中的复指现象。第五，了解文章结构。第六，推理作者的深层寓意。

3. 读后活动（post-reading activities）

读后是阅读的拓展阶段。让学生通过说、写巩固阅读成果。第一，就阅读内容进行各种思维活动。第二，鼓励学生将阅读内容和自己的经历、知识、兴趣、观点相联系。

（四）阅读技能训练

1. 影响阅读的重要因素

第一，阅读任务的难度；第二，阅读材料的难度；第三，语言知识缺乏；第四，阅读习惯不良；第五，背景知识不足；第六，阅读策略和技能欠缺。

2. 阅读技能训练方法

（1）略读（skimming）、寻读（scanning）和精读（intensive reading）训练

对于不同的阅读材料和阅读任务采用不同的阅读方法。

（2）猜测生词意思

利用定义线索猜测词义；利用同义词和反义词猜测词义；利用构词法猜测词义。

（3）预测

借助文章标题预测文章主题和体裁；按文章惯常组织方式预测篇章结构；利用段落组织特点预测段落结构；预测句子结构，忽略冗余信息，提高阅读速度。

（4）识别指代关系

注意 it，he，they，them，that，this，one，those，these 等在语篇中的替代作用。

四、写作教学

（一）写作教学的基本原则

第一，模仿性与应用性相结合；第二，重过程与重结果相结合；第三，写作与听说、阅读相结合；第四，学习性写作和交际性写作相结合。

（二）写作教学方法

1. 结果定向写作模式（product-oriented approach）

结果定向写作大多采用“教师命题—学生写作—教师批改”或者“教师分析范文—学生模仿范文写作—教师批改作文”的模式。这种模式可以让学生对要写的文体、组织结构等进行清晰的理解，多用于初级阶段的学习性写作或一种文体写作的起始阶段。这种模式只注重语篇整体，很少考虑思想内容，会忽视对学生

写作技巧的指点，忽视写作过程中出现的问题。

2. 过程写作教学模式（process-oriented approach）

《英语课程标准》倡导在中学英语写作中注重过程写作教学模式。教师指导贯穿整个写作过程，从构思、撰写提纲、写初稿、修改直至成文，教师引导学生发现问题、分析问题、解决问题。要有明确的写作阶段：写前阶段主要确定预期读者、写作目的和写作模式，采集信息和规划写作；写中阶段提倡小组合作和教师指导；写后阶段强调互评和小组评议。

3. 内容定向写作教学模式（content-oriented approach）

内容定向写作教学强调写作内容的丰富性，主张教师指导和帮助学生通过多渠道素材获得信息，并进行综合分析。教学侧重写前的准备，通过素材丰富写作的内容。

4. 任务型写作教学模式（task-based approach）

任务型写作教学强调写作任务的真实性。任务前为写作任务的准备阶段，包括收集资料、研究协作模式、布置任务，然后让学生分组进行；任务中阶段让小组整理素材，完成任务，展示成品；任务后对学生的写作进行评价，以发现问题并开展针对性的训练。

（三）写作教学活动

1. 控制性写作（controlled writing）

在语言上进行控制，包括填空、词语释义、完成句子、断句和标点练习、句子仿写和改写、句型转换、短文改错等。这些练习可以由教师操作，可以由学生执行，也可以师生共同完成。

2. 指导性写作（guided writing）

第一，段落写作。向学生展示段落结构（主题句—扩展句—结论句）和篇章结构（引言段—主体段—结论段），向学生示范细节句（扩展句）如何为主题服务，来增强学生的全篇意识。第二，摘要性写作。第三，应用性写作，指导学生用适当的格式写社交便条、正式和非正式信函等。

3. 交流性写作（expressive writing）

用英语记笔记、周记和随笔，记录自己的所见所闻、所思所悟。用英语写信、聊天等都有助于培养学生的交际性写作能力。

第四章 初中英语课堂教学技能

第一节 初中英语课前设计技能

英语课程的总体目标是学生综合语言运用能力的形成。而这一能力的形成建立在学生的语言技能、语言知识、情感态度、学习策略和文化意识等素养的整合发展的基础之上。教学目标的内涵十分丰富，既有核心目标，也有过渡目标，亦称子目标。所谓核心目标是指宏观的、整节课整个教学计划中应达成的大目标，包括知识目标、能力目标、情感目标等，三维目标并重，缺一不可。教学目标的落实应贯穿在有计划、有目的的语言训练和实践活动中，使学习者巩固语言知识，发展能力，认识自我。为达成这样的核心目标，有必要设计出若干个子目标，把知识的学习与巩固、技能的培养和发展等融合在一起。如何合理有效地设计教学目标？教学目标的设计应遵循哪些原则？如何通过科学的教学目标的落实来增强课堂教学的有效性？

一、正确理解和落实三维目标

《新课程标准》（以下简称新课标）从三个维度描述课堂教学目标，即知识与技能、过程与方法、情感态度与价值观。这三维教学目标是一个有机整体，发展能力、情感与态度是在掌握知识的过程中进行的，它们是课堂教学的灵魂。一堂课到底上得如何，最终要看这节课三维目标的达成度。以前评价教学目标主要看学生掌握知识和技能方面的情况，而现在还要看学生的能力发展目标、情感态度与价值观目标达成与否。只有知识、能力、情感三方面都完成原设想的任务，才能说达到了教学目标。全面设立教学目标的三个维度，确立知识与技能、过程与方法、情感态度与价值观三位一体的课程教学目标是开展高效教学的前提和保障。随着新课标理念的日益深入，三维目标的相关观念越来越受到大家的关注。广大一线教师在进行教学设计时，会自觉或不自觉地考虑教学目标的三要素，并力求在教学中有所体现。但是在教学目标的设计中，部分老师还存在以下几方面的问题。

（一）问题透视

1. 忽视情感态度与价值观目标

在新课程教学中，大多数被老师忽视的是情感态度与价值观目标。老师唯“材”是从，教学目标只是围绕着知识与技能，跟着教材走，采用以教为主，使用灌输式的教学方法落实“双基”，而不考虑学生在此过程中的情感需求和学法策略指导，三维目标只剩下“一维”，这是传统教学观念影响的结果。在这种残缺教学目标指引下的课堂教学必定是学生一味地吸收知识，体会不到学习的意义与乐趣，接受不到阅读课学习的策略方法，哪还谈得上是有效学习？教学目标制定的总原则是在提高学生学习兴趣的同时，注重对学生创造性思维能力的培养，使学生具备终身学习的能力。而“只见教材，不见学生”的做法恰恰违背了这一原则。

2. 割裂三维目标

教学目标与课堂教学行为设计不符，使三个目标互相分离，情感态度与价值观的培养游离于知识与技能、过程与方法的培养，成了贴标签。诚然，学生的学习热情被激发了，而其他两项目标却未得到有效落实，没有良好的知识根基，没有得当的学习方法，就不会有高效的课堂学习。学生跃跃欲试，但教师没有给他们提供表达的机会和足够的语言积累，使得被激活的学习热情只能白白浪费。由此得出结论：不可机械地分割任意一个目标，任何割裂三维目标的教学都是注定要失败的。

3. 简单叠加三维目标

教师在进行教学设计时，对三维教学目标分类陈述，从知识与技能目标到过程与方法目标直至情感态度与价值观目标，一一列举，表面上似乎维护了三维目标的完整性，但在描述中并没有很好地体现三维目标的有机整合。这样的陈述很普遍，却有一定的缺陷。在设计具体的教学步骤时，教师为了在教学中体现教学目标的存在更是刻意安排教学步骤，忽视了学习者和学习内容的需要，为每一个教学目标牵强的定制一个教学环节，若干个教学环节的累积便构成了教师心目中三维目标的理想蓝图。这种对三维目标简单叠加的做法并不能真正落实教学目标，是无法到学习的最终目的——促进学生的学习和发展的。从目标达成来看，要看教学目标是不是明确地体现在每一个教学环节中，教学手段是否紧密地围绕目标，为实现目标服务；要看课堂教学是否有效，是否真正做到了突出重点，突破难点，相关知识和技能是否当堂得到了巩固和强化。只有科学高效的教学目标设计才能带给学生一定的学习效益，并使其整体素质得以提高。三维教学目标的三要素之间应该是有机融合的整体，用一句话概括就是在过程与方法中掌握知识与技能，获得情感态度与价值观。教师要具备精湛的语言表达能力，力求用准确得体的文字进行表述。

（二）教学策略导引

新课标实施以来，许多老师在如何设计三维目标方面做了许多有益的探索和尝试。根据他们的实践经验和专家的建议，在进行教学目标设计时，设计者要从教学目标的整体性出发，深挖教材的内涵，既要确保知识与技能基础，又要重视培养学生的学习兴趣，重视对学生学习习惯与态度的培养，注重追求知识与技能、过程与方法、情感态度与价值观三个方面的有机整合，突出过程与方法的地位。三维目标的设计不能彼此割裂，或者顾此失彼。在教学目标的描述中，要考虑到知识技能、能力、情感态度等各个方面，定位要准确，设计的目标要切合实际、具体清晰、有可操作性，切忌目标大而空，过于抽象，实现起来有难度。同时，要将教学目标细化成一个个子目标，分散在各教学点上，稳中有升，逐个实现，最终水到渠成。

在设计和落实三维目标时，还必须注意以下三个方面。

1. 三维目标的有效达成离不开学生的自主学习

学生是学习的主体。三维目标的制定是为了满足他们的学习需求，促进学习者能力的提高。学生对所学科目的情感投入、学习态度等决定了目标的达成情况。在一个富有创新欲望、和谐民主的学习氛围中，学生课上快乐学习，课后自然习得，课前仔细预习，课后认真复习，如此勤学、好学、乐学，兴趣自然转化志趣，由此形成更大的学习动力，使他们学会学习，终身受益，在知识的熏陶下提高人文素养。可以说，情感态度与价值观是落实目标的动力，而目标的有效落实又促进了学生新的情感态度与价值观的产生。这一切都建立在学生自主学习的基础上。反之，在一个被老师牵着鼻子学、被动无奈的学习氛围中，学生失去了自主学习的空间，教学目标的落实为零。如何激发学生自主学习的积极性，是教师在设计教学目标时，首先要考虑的问题。

2. 三维目标的有效达成离不开教师的指导点拨

知识和技能目标是三维目标中的基础，是实现其他两个目标的前提。新课标的教学思想是借助知识这个载体来达成三维目标。学生是信息加工的主体，是知识意义的主动建构者，教师则是教学过程的组织者、指导者、参与者，知识的传授需要依靠教师的不断启发、引导与点拨。在教学目标的落实过程中，在对学生的意义建构过程中，教师要及时提供有效的学习策略和学习方法，帮助学生排忧解难，积极鼓励他们在学习中努力尝试。教师在教学活动中要发挥好主导作用，加强对学生学习策略的指导，帮助学生开发学习潜在能力，使他们尽快步入自主学习的轨道。如何对学生进行指导和点拨，不是课堂教学中的随意行为，而是需要教师在教学设计中进行精心的思考与谋划。

3. 三维目标设计的有效达成离不开学生的实践

新课标提倡要通过实践活动来让学生体验学习的乐趣，开发思维，提高他们的协调、合作能力，这是实现过程与方法目标的一条主要途径。在学生掌握基础知识的同时，教师需要开发学生的实践空间，通过开展各种教学活动提升学生的感性认识，凭借他们的科学学习方法和策略，有效地解决实际问题，从而使三维目标真正得以落实。如何有效地组织学生的实践活动，无疑也是教学设计不可忽视的重要方面。

毋庸置疑，教学目标的设计及达成直接影响课堂教学的有效性。一堂优质高效的课所需要的教学目标设计要符合新课标的要求，使学生学会知识，生成能力，在此过程中，培养学生的情感和学科素养，三要素有机整合，融成一体。教师在实际工作中，要经常围绕教学目标设计进行个案研究，反思英语课堂教学的有效性，以确保课堂教学的高效低耗。

二、教学目标的系统性

英语教学是较为复杂的系统工程，环环相扣，从初级入门到高级研修，从小学、初中、高中至大学等各个学习阶段之间的知识点是相互联系的，上下册教材、各单元、各板块之间的知识点也是前后贯穿的。课堂教学目标的设计应遵循这一规律，教师在制定教学目标时应当考虑到：在实施任务、解决问题时，学生应该使用哪些词汇、功能用语和句型；他们需要哪些新的语言知识；他们应当复习哪些已经学过的语言知识。不能光着眼于一节课的教学内容，要放眼一个学习阶段或更长的教学时间跨度，每一个目标的设定必须与其前后的学习目标相关联，在前一目标的基础上得以开发、提升，同时为下一目标的设定打下伏笔，埋下根基。如知识与技能目标，学习者从最初的掌握 26 个字母的大小写、字母组合的准确发音入手，由浅入深，到逐步掌握大量的词汇、句型和若干基本语法项目；从能听懂课文中的日常用语，到能用所学知识进行对话、写作，具备一定的听、说、读、写能力。随着学生年龄的增长，其情感态度和价值观取向由原来不稳定的情感因素——产生兴趣发展为具有较强的求知欲，逐步上升为恒定的、永久的志趣，由低级到高级向前迈进，不断推向新的目标。如果教师的教学目标设计脱离先后联系，脱离大纲，脱离学生实际，那必定会将教学拉入死胡同，无法找到出路。

教学目标的系统性体现了基础教育阶段学生能力发展循序渐进的过程及各知识点的有机衔接。根据广大一线教师的实践经验和专家的建议，教师在进行单元教学目标及课时教学目标设计时，要充分了解该学科的特点，了解学习者的需求，深入钻研教材，把握各学习阶段、各知识体系间的内在联系，根据学情有计划、有步骤、有重点地统筹规划教学目标。

在教学目标设计过程中掌握、运用以下策略，能有效地增强教学目标设计的系统性和可操作性。

（一）认真解读文本，找到前后知识的合力点

教材是教学的依据，教学目标的系统性基于对文本的正确解读。由于教师熟悉自己任教学科的新课标，课前对教材内容进行了准确的分析与定位，从而确保了课堂教学目标的合理设计。科学贯彻教学目标的系统性，对老师具有极高的要求。老师在领会新课标精神的同时，不仅要对现教内容了如指掌，还要关注板块前后、单元前后，乃至教材前后的知识体系的关联，这个知识体系仿佛是一张大网，教师的任务就是要找到这张网的各处交织点，即前后知识的合力点，以旧带新，发展能力，提高情感，在圆满达成当前目标的同时为下一级目标的落实奠定基础。教师制定课堂教学目标时，不要把每单元、各板块分开设计，可以通过本单元的话题把他们有序地串在一起。如制定“checkout”这一节课的教学目标时，要兼顾vocabulary（词汇）、reading（阅读）、integrated skills（综合技能）、main task（主要任务）及grammar（语法）的教学功能和教学目的的达成情况。

（二）循序渐进，水到渠成

在设计课堂教学目标时，把最宏观的目标——我国教育方针中要求培养“四有新人”的“有理想、有道德、有文化、有纪律”的目标，与大体处于中观层次的英语课程目标进行了紧密结合，并得到了不同程度的落实。众所周知，学习是一个漫长的、循序渐进的过程，英语语言学习也不例外，欲速则不达。各知识点之间环环相扣，知识与技能目标、过程与方法目标，以及情感态度与价值观目标的实现也是一步步进行的。根据教学目标达成的时间长短，教学目标有即时目标、近期目标、中长期目标之分。即时目标就是实施教学行为之后立即能够达成的目标，其他目标则需要较长或很长时间才能达成。在日积月累的基础上，一个个即时目标的完成促成近期目标的落实，最终实现中长期目标，实现由量变到质变的飞跃。所以教师在制定目标时，要实事求是，按照规律办事，切勿急于求成。教学的根本目的是为了学生的终身发展，教师的任务就是如何利用好目标的系统性，进一步优化教学目标。根据教学内容来设计当前最佳的教学目标，这是根据学生的实际情况，能通过自己的努力达到的目标，是适合他们现阶段的理想目标。设

计教学目标时切忌急功近利，考虑到教学的延续性，应该把即时目标、近期目标、中长期目标结合起来考虑，立足当前，着眼长远。只有一步一个脚印，在学习过程中打好每一仗（课堂教学目标），才能确保这场持久战（英语课程目标）的最终胜利。教师在制定教学目标时还要加强对其“度”的把握，不宜过高或过低，结合学习现状（学情和教学内容），考虑学生的“最近发展区”，需要老师在实践教学中不断地探索和研究，每一次教学任务结束后，要及时反思教学的实施是否能够实现设计意图，久而久之，自然就把握有度了。

（三）课堂目标，课外延伸

生活来自学校、家庭、社会，三者相互依赖，相互影响，组成一个有机的整体。美国著名教育家约翰·杜威（John Dewey）指出：“教育即生活”，强调教育要通过生活才能产生力量，成为真正的教育。中国现代杰出的人民教育家陶行知先生也曾经说过：“社会即学校。”新课程改革背景下，课堂教学以教材为基本，但又不拘泥于课本。教师要努力扩大教育面，拓宽教学渠道，采用多种手段促使学生感悟和体验教学内容与生活的内在联系，努力追求教学内容与方法的生活化，培养学生语言技能和语言运用的能力。因此，教学目标的设计不能局限于课堂，而要课内外结合、校内外沟通，课外学习目标是课堂教学目标的补充和拓展，把教学目标的实现空间向家庭延伸、向社会延伸，最终达到教学系统的整体优化。

三、教学目标的具体性

进行新课程教学设计时，首先要从课程标准的高度充分认识教学内容所要达到的教学目标，根据教学内容合理、准确地制定教学目标。教学目标既要有一定的高度，也要非常具体和具有针对性。通过教与学的活动，要求学生掌握哪些知识或技能，形成怎样的情感和态度，设计者一定要用具体明确的行为表述方式来呈现，避免抽象概括的表述，这是教学设计的一项基本要求。教学目标要始终贯穿在整个教学过程之中，并落实在具体的教学内容上。只有将心目中的设计蓝图直白地表现在课堂教学过程中，将脑海中的思想内容，即抽象的目标转化为具体的教学行动，变成显性的东西，才有可能实现既定的教学目标，教学效果才能得以科学的评价。这就是教学目标的具体性。具体化的教学目标，直观明了，实实在在，具有可操作性。教学设计过程中，有些教师在教学目标的具体性方面还是存在这样、那样的问题，直接影响了课堂教学的效果。

首先，教师的教学目标定位要明确，哪些信息要学生了解、理解，哪些内容要学生讨论、参与，哪些句型与段落要学生欣赏、积累、背诵，哪些内容要学生灵活运用，教师要做到心中有数。只有高度明确的教学目标才有现实的可操作性和可评价性。其次，教学目标要细化，要化为具体的教学实践活动落实到课堂上的点点滴滴、方方面面，落实到课堂教学活动的细节中。为了确保教学活动应达到的最终结果，提倡制定子目标，子目标是指各个教学环节设计意图或需要达成的教学目的，属于微观类目标。通过子目标的定位，将较为复杂的学习行为过程分解为脉络分明的几个教学步骤，即通过对若干个简单行为的逐个实现达到对复杂行为的最终实现，对教学活动的深度和广度有明确具体的指导作用，能确保教学目标落到实处，提高教学效率。子目标的设计也要讲究科学性。在确定课堂教学目标以后，教师应考虑根据教学内容的需要，结合单元话题，设置什么样的情境，同时考虑所使用的语言呈现方式，要达到什么目的，其中还要涉及师生交际、生生交际和情境互动，采用什么样的行动，最后达到什么样的结果。例如，教学话题是“borrowing a book（借书）”。教学目标设定为“能够使用所学语言借书，培养口头表达能力和与他人交际的能力”。围绕借书这个主题，教师要考虑使用哪些语言，同时考虑设置什么样的情境。借书自然要把情境设置在图书馆里面，人物主要指的是图书管理员和借书者，他们通过借进和借出之间语言和行动的互动，最后实现借书的目的。

在教学目标设计中，教师需要不断询问自己：教学重点是什么；需要突破什么难点；采用什么样的方法抓住重点、突破难点；为什么要这么做。只有通过课堂教学目标的科学合理的设计，扎扎实实解决好这些问题，教师才能理直气壮地步入课堂，满怀信心地实现目标。要设计具体化的教学目标，还需要注意以下几点内容。

（一）钻研大纲，立足教材，准确定位各级各类目标

要定好教学目标，对大纲、教材的把握是基础。从教学目标的设计情况来看，教师应对教材内容相当熟悉，他能站在整个学科乃至整个课程的高度，从深度、

广度两个方面充分地掌握教材，对教材体系、教学内容、教学目的等基本要素了如指掌。在分析学生从起点状态过渡到终点状态应掌握的知识、技能或应形成的态度与行为习惯之后，教师可以设计明确具体的三维教学目标，立足于整体，各个子目标步步紧扣教学内容，既相对独立，又相互依存、相互制约，组成一个有机的整体，协调于整个教学系统中，最终达到教学系统的整体优化。

（二）认定重点，突出主要目标

教学目标设计要讲求实效，不要流于形式，要能够根据具体的教情和学情，聚焦教材重点、难点，有效地设计教学目标，灵活机动地组织教学活动，指导学生学习，达成教学目标。教师要准确把握教学的大方向，细密部署教学目标，按学生的阅读规律、认识过程进行教学；抓住主流，目标设计突出学生的学习主动权，侧重于指导学生掌握阅读的过程和基本的阅读方法，养成良好的阅读习惯；使学生具有较强的感知能力，能调动自己的生活积累和情感体验。这是课堂教学的核心内容，是教师教学的重中之重。只有把核心东西放大、具体，才能算是抓住了目标设计的要领，这样的设计才不会偏失方向，才能对教学全过程起到真正的指引作用。

在设计教学目标的过程中，教师务必要成为一名研究者，深入学习、研究教材，抓准重点、难点，充分、合理地利用教材资源，准确定位各级各类目标，善于分析，透过各种语言现象表面，抓住教学中最本质的东西，将其具体显现在课堂教学中，创造出良好的课堂教学效果。

四、教学目标的层次性

教学目标的制定是一个复杂而又高级的工作，极富挑战性。众所周知，学习是有梯度、有层次的。在每个年级、每个学期乃至每个单元都有明确的、不同的教学重点，每一次设计目标，面对不同的学习任务和学习者个体，目标就会有所不同。无论是从认知规律角度来看，还是从教学的现状来看，目标层次的划分是极有必要的。教学目标要求包含三个方面：知识与技能、过程与方法、情感态度与价值观。其中，知识与技能目标可以分为三个层次——了解（基本概念、知识基础）、理解（重点概念）和掌握（主要知识和方法）、运用（重点知识灵活解决综合问题、实际问题的应用），三级递进，上级包含下级。过程与方法的目标层次分为经历与发现两个层次。情感态度与价值观的目标层次分为反应与领悟。教师可以据此设计教学过程，有针对性地创设教学环境，克服教学的盲目性和随意性，提高教学质量。目前，许多一线教师对新课标教学目标层次性的内涵理解存在着偏差，在设计方面存在着不少问题，严重影响了教学的有效性和新课程改革的进程与质量。

针对新课标中教学目标设计的问题及原因，广大教师必须提高认识，加强理论学习和实践反思，认真探索教材，结合大纲了解教学要求，对各类知识进行分析、筛选和归类，让学生在知识的海洋里细嚼慢咽，饱餐一顿，这也是教师锻炼、提高自我的机会。面对一连串的新知识如何处理？是一般了解、识记，还是熟练掌握亦或灵活运用？学生对所学内容达到何种程度，完全取决于教师的教学定位。要善于对学习内容进行层级分析，不论是阅读、听力、词汇还是语法，都包含不同等级的教学目标。如阅读中事实信息的识别和转述，尽管采用不同的方式，如正误判断、选择填空、图表填充或是回答问题，都属于再认知，也就是知识层次的认知；阅读中的大意理解、推理判断、因果判断属于理解；阅读中的句间逻辑关系分析、段落之间的逻辑关系分析，以及篇章结构的分析属于分析层次；让学生运用所学的故事“想象未来机器人生活”“班长竞选自荐”“调查家庭成员的生活方式是否健康”等则属于运用。过程与方法目标中所包含的两个层次——经历与发现，也是由低向高发展，经历是通过观察、操作、参与和尝试等活动体验英语学习；发现是通过设计、研究、探索解决问题。在情感态度与价值观的目标层次中，反应则是通过感受、认识得到体会；领悟即通过获得形成意识，养成习惯，从而能进行内化并发挥和发展。教师要明确各层次之间的等级要求，有的放矢，分层预设目标。掌握、运用以下策略，可大大增强教学目标设计的层次性和有效性。

（一）准确把握教材的深度、广度

为了确保目标层次性的有效作用，教师要潜心钻研教材，挖掘教材的深度和广度，把握好教学目标各层次之间的等级要求，实事求是，分层对待，以保证目标的实现。如《新目标英语》七年级第九单元“Come and meet the family”语法项目有名词所有格（pos-sessives）和祈使句（imperatives）两项。这两项内容在处理深度上应有所不同。名词所有格是初中一年级第一学期的重点学习内容，加强基础性训练，使其熟练化。但是关于名词所有格的一些特殊情况，本单元无须涉及过深，祈使句教学在本单元只是初步了解，不必做全面的挖掘，避免复杂化。又如，新课标七年级第十六课音标学习，放课文第一部分录音，第一遍学生听，从第二遍起，学生跟读两遍，教师可将字母 a 写在黑板上，解释在第一部分单词中 a 发音的不同，启发学生观察两行单词的共同之处（都含有字母 a）及不同之处（第一行以不发音的 e 结尾）。在这个阶段，不必将相关语音知识介绍给学生，先让学生观察一个时期，现阶段学生发音能基本模仿正确即可。

（二）关注教学的层次级别

分析教学目标，教学感知层的内容，教师可以调动一切手段强化刺激，促使学生产生准确的直觉，并调动学生的生活积累和情感体验；位于理解和掌握层的部分词汇、句型，教师首先使语言文字表述的事物、含义在学生头脑中活起来，变成逼真的东西，即进行再造想象或再现，然后概括出形象的本质从而获得理性认识，为该语言知识进入运用层打下基础；至于运用层上的知识活用，让学生联系生活实际口头表达生日祝福，学生的语言不能概念化，要生活化、具体化、个性化，要求学生用自己的语言，表达自己的心思，表达真情实感。可见，教师应该很好地遵循教学规律，严格把好教学目标的层次性，从低级到高级，从简单到复杂，层层递进。在此基础上，不断地为学习者提供科学的学习方法和策略，并逐级发展他们的学科素养，引导他们用积极的态度去收获求知路上的一个又一个成功。

（三）子目标设计要有梯度

为了达成终极目标，学生必须先完成教学过程中的每一个过渡目标（即子目标）。教学目标的层次性要体现在各处子目标的设置上。必须先知道是什么或先会做什么，逐级推演，一直到将全部子目标落实。子目标的设计要遵循事物发展由易到难、由浅入深的规律，要充分考虑学生学习的动机、兴趣、爱好和任务设计难度的递进，步步推进，在此基础上突出重点、难点。目标设计要制定最适合、最恰当的目标，而非多多益善。有些教师在这方面处理得比较好，其设计的子目标并不是很多，但是个个都有梯度，前者为后者牵线搭桥，做好铺垫，后者才能更上一阶，实际教学过程坚持目标先导，遵循任务分析中确定的路径，“由下而上”地逐级达标，确保学生对所学知识能够进行很好的内化，有效地完成每一项教学任务。著名德国教育家 G. W. F. 黑格尔（G. W. F. Hegel）曾说过：“没有激情，世界上任何一件伟大的事业都不能完成。”只有当学生对所学的内容产生了兴趣，形成了内在的需求和动机，教学目标的实现才有保证。通常教师会在新课的开始时，设计 warm-up 的热身活动，设置问题情境，其教学目标是通过头脑风暴法激活学生头脑中对该问题的已有信息，尽可能地激发学生的学习热情，根据学生的起点行为——语言“热身”活动来确定“可能的教学起始点”，同时也为后面新知识的介入奠定基础。这种铺垫式的子目标设计很关键，在此基础上，逐级发展其他子目标，直至最终目标的实现。同时，教师可以运用教学目标设计的基本策略，将显性目标与隐性目标完美结合，在逐步实施可以明确观察、评价的知识与技能目标的同时，将情感目标藏于其中，由饶有兴趣地体验语言“热身”到充满成就感地完成任务，形成高一级的情感态度与价值观，学生的情感教育目标也由此得到了有效的发展和提升。

教学目标的层次性特征要求教师设计时，要将教学内容与学习者因素相结合进行考虑，教师要充分吃透教学大纲，根据不同的认知目标设计学习活动，引导学生把握好学习分寸，既要明确知识建构这一客观规律，又要兼顾学习者的主观需求，不要盲目地照单全收，加重学生的学习负担。紧紧依托教纲，调整好学习内容的主次及难易程度，层层发展，步步递进，最大限度地发挥这一特征的功效。

五、教学目标设定要以学生为主体

学生是具有独立人格的学习主体，是三维目标实现的对象，教学目标的设定应以学生为行为主体，立足于学生的全面发展，体现素质教育的思想。教学目标是学生在学习中的变化或结果，而不是教师的行为，不受教师的单向操纵。教学设计者不能以自我为中心，必须站在学生的立场上考虑问题，没有学生，一切教学目标的制定与落实乃至教学活动的开展，其意义均为零。可以说，教学目标的主体性居于教学目标所有特征中的首位。正是在教学目标主体性原则的指导下，教师才会在具体的教学设计中对学生的学习需要做出科学的分析，依据学情，考虑教学程序的设定和教学策略的选择，考虑如何突出教学重点，分散教学难点，降低学习难度，想方设法把语言知识运用到实际生活中，体现语言的交际功能，激发学生的学习兴趣，发展学生综合运用语言的能力。任何脱离学生的教学目标终将得到否定与排斥。随着新课改的深入进行，广大一线教师正逐步发挥教学目标主体性的重要作用，但在教学设计中还是存在偏差，对课堂教学效果造成了严重的影响。

（一）教师在教学目标设定过程中“失位”

主张教学目标的行为主体是学生，并不意味着目标的制定全由学生决定，也不意味着教学目标的制定者是学生。曾经有这样一位教师，每次进行教学设计时，从不制定教学目标，而是让课代表广泛征集大家的意见后设定课时教学目标，还让学生自己根据课代表所提出的教学目标选择本节课的教学内容。对于这种做法，这为教师振振有词：“学生是主体，目标的设定应当由学生做主。”该教师的言行源于对教学目标主体性的歪曲理解，错误地理解了学生的主体作用。教学活动是一种有目的、有计划的活动，其目的性、计划性主要反映和体现在教学目标上。教学目标的主体性是指在设计过程中，要以学生为主体，站在学生学习的角度来思考，既要考虑集体知识的建构，又要考虑个体的发展，考虑如何激发学生让新知识纳入原有的知识体系中，如何获得能力的生成，如何有真挚的情感与探索体验，如何获得科学的方法和策略。用一句话概括就是如何进行有效学习以及有效学习应达到何种结果。在教学设计中，教师要在分析学情的基础上设计目标，要思考如何引导学生积极参与教学活动，最大限度地让每一位学生在学习过程中积极主动地跟进、共鸣和投入，尽量促使每一位学生在原有基础上得到进步与发展，尽量使每一位学生的个性和创造力都得到发展。在这一过程中，设计者对学习主体投入关注，投入情感。所有这一切，都是教师的工作，教师才是教学目标的设计者。而课代表、学生并不具备制定教学目标的条件和资历。当然，教师可以公开征求学生的意见，了解他们的学习需求，把他们的合理意见尽可能地吸收到自己制定的教学目标中来，课前也可以把一堂课的教学目标告诉学生，让学生知道本节课的主攻方向，增强主体意识。

（二）行为主体错位

教学目标的设定还存在行为主体错位的现象，那些所谓的“教会……”或“完成……的教学”等都是对教师教学行为的表述，完全是从教的角度出发，根据教师的意愿定标准、做决定，不去思考学生通过该节课的教学可以知道什么，能够知道什么，容易造成课时教学目标指向对教师教学过程效果的预期。在这种以教师为中心（teacher-centered）的教学思想支配下，教师在课堂上必然凌驾于学生之上，唱“独角戏”，搞“一言堂”“满堂灌”，学生成了知识的容器。如此设计难以激活学生的思维，难以调动学生的积极性。教师要从关注学生的学习出发，注重主体参与，把学生作为教学目标表述的行为主体，运用“学生通过……”“学生经历……”这样的表述方式将学生的行为主体地位凸显出来。教学目标设计关注学生的情感，通过营造宽松民主的学习气氛、师生平等的交流，来唤起学生自信主动、积极向上的学习热情，培养他们独立思考的能力和与人沟通合作的能力，促使学生的学习从他导向自导、从他律向自律转移。教学目标指向对学生学习结果的预期，设计意图符合课改理念，教学效果自然可见一斑。鉴于此，应将原教学目标调整为：学生通过学习，掌握生词发音；在老师及录音机的帮助下，学生经历自我纠正错误发音的过程，以巩固语音学习。

（三）目标设计聚焦于优势学生

教师在设计教学目标时，不应该继续补充复合句成分划分，也不适宜将教学核心放在只有部分学优生能胜任的听、说、读、写全面发展上，而是应面向全体学生，夯实教材语法项目。目标设计只关注局部，关注部分学生，诚然，高难度的教学目标设计在课堂上通过多信息、高密度、快节奏的灵活操练拓宽了学习渠道，确保了小部分学生的学习需求，但同时也牺牲了大部分人的学习机会，这不是人们倡导的新课标主流，与新课改倡导得让班级中绝大多数的学生在有效的教学时间内能获得最大的学习效益相违背。然而，受应试教育的影响，教师在设计教学目标的过程中，为了取得良好的教学效应，往往把目标设计重心放在少部分学优生身上，目标定位过高，大大打消了那些没法达标的学生的积极性。教学目标的设计要致力于面向全体学生，不能仅仅聚焦于优势学生。

学生的发展是英语课程的出发点和归宿。教学目标要指向全体学生素质的全面发展。学生是教学目标的行为主体，因此学生的实际情况和学习基础是影响目标设计的重要因素。教师在进行教学设计时，要想方设法尽可能多地从调动学生的积极性、主动性和创造性等方面考虑，关注学生各方面的因素，了解学生的实际需求，才能设定科学合理的教学目标。

（四）尊重个体差异，目标设计灵活有度

学生既具有共性，也具有个性。教师应看到学生之间存在差异这一客观事实，看到每个学生的潜能，不企求目标达成的“群体效应”，设定因人而异的教学目标，指导各层次学生进行积极、主动的训练，使学生能深入地理解知识，掌握技能，发展智力，提高能力。在学习过程中，学生接受新知识的能力参差不齐，很难达到统一标准。根据各层次学生的能力和基础，对不同层次的学生提出不同的教学要求，让他们完成不同的教学目标。让学优生既能巩固基础知识，又能提高能力；让学困生有适合自己的切实可行的学习目标，消除厌学情绪，增强达标信心，改善学习心态和学习习惯，培养通过努力达到目的的毅力。以对说的要求为例，能力中等偏下的学生要能在日常交际中对一般的询问和要求做出恰当的反应；中等生要能根据话题要求与人交流、合作，表达思想；而学有余力的学生在此基础上要训练他们口头交流的情景性和随意性（即对特定情景的随机反应），培养他们能用恰当的语调和节奏表达意图。科学制定分层教学目标，能充分发挥教师的指导作用，增强学生学习的自主性，促进全体学生的发展，教学效果明显。具体教学步骤中的各个子目标的设计更是要考虑学生原有的实际水平，如关于巩固性操练的子目标分别设计如下：要求A层学生小组合作，创设情境，自编对话并进行表演，或自己组织语言复述课文，教学目标落脚点是提高和发展；要求B层学生能背诵对话或课文指定段落，并能用书上所提供的替换词流利地进行对话或根据workbook中的练习来复述课文，教学目标落脚点是提高；对于C层同学，教师则要降低教学目标，要求他们理解对话内容，尽量能机械模仿与背诵，熟读课文重要段落，背诵重要句型，老师要引导他们大胆参与和表现，鼓励他们不断进步，教学目标落脚点是基础。此外，有关课堂提问的目标设计也不尽相同。教师设计若干个问题，根据难易分别提问A、B、C不同层次的学生。C层学生能应用新知识，在教师的协助下完成一些难度低的学习问题，教师循循善诱、激情激趣，

确保基础目标的落实。C 层学生回答只要用“yes”or“no”，或做“true”or“false”判断；教师适当点拨，让 B 层学生回答“wh-question”；A 层学生则要求回答一些具有开放性、创造性和挑战性的问题。如此分层，学生受益面大，人人都可以感到自己是课堂的主人，人人的学习都有成功感。瓦西里·亚历山德罗维奇·苏霍姆林斯基说过：“请记住，成功的欢乐是一种巨大的情绪力量，它可以促进儿童好好学习的愿望。请你注意无论如何不要使这种内在的力量消失，缺少这种力量，教育上的任何巧妙措施都是无济于事的。”

综上所述，学生个体不同，针对他们的目标设计也是不同的。目标分层旨在让每个学生在课堂 45 分钟内做到各尽所能、各有发展，有效地培养学生学习英语和运用英语的能力，最大限度地开发学生的智力，使他们发挥各自的最优效能。教师在确定教学目标时，要承认、尊重和发展学生的个性（即个体差异），灵活调整课堂教学目标，满足不同层次学生的学习需求；要充分调动中下层学生的积极性，允许他们出错，并及时启发，给予诱导，让学生发现不足，改进学习方式，增加学习动力，更好地发挥课堂教学效能。那些倡导“知识面前人人平等”，无视学情，“不同个体，相同目标”的说法都是错误的。

（五）关注学生的认知需求和认知发展

学生的积极参与是教学目标达成的关键，教学目标的成功设计离不开对学习者认知需求的研究。学生总的认识规律是由感性上升到理性，由具体到抽象再回到更高的具体。不同学习阶段学习者的认知需求是不同的。教学目标的设计必须适合当前阶段学习者的认知需求。如何满足学生的认知需求？如何促进学生的认知发展？美国心理学家斯奇卡列说：“好奇是儿童的原始本性，感知会使儿童心灵升华，为其未来探究事物藏下本源。”在教学目标设计中，针对感性思维强这一特点，让学生在感知实实在在的词汇过程中加大词汇量，奠定语言学习基础；学生爱表演、好表现，那就通过说唱来体验、感知、学习和运用语言，实现语言技能的目标，通过对话表演体验熟悉的生活话题，培养口头表达能力和交际能力；学生听觉敏感，那就利用学生感兴趣的话题材料让学生依据输入信息做出恰当的反应，由此训练他们的听力。该教学目标强调了学生在认知过程中的理解、运用、综合等各种能力的培养，尤其强调情感教育渗透于教学过程的始终，有目的地对学生进行情感教育，发挥其内在动力和潜能，全面完成教学目标任务。因此，在设置教学目标时，教师要从学生的认知规律出发，从学生的学习策略去考虑，为学生输送最需要、最合适的精神食粮，激发学生的学习动机和兴趣，有效地发挥学生的主体作用。脱离学情、违背认知规律的教学目标设计都是事倍功半的，达不成预期的教学目标。

综上所述，在教学目标设计中体现主体性原则的关键是教师教学理念的更新和教育素养的提高。教师要积极探索、努力学习、不断反思，遵循教学目标的主体性原则，真正指导课堂教学围绕学生进行。

第二节　初中英语教学方法的设计

古人云："事必有法，然后可成。"任何教学活动都要有一定的方法。教学方法是指教师和学生为了完成教学任务所采取的工作方式和手段。

自改革开放以来，我国英语教学的形势发生了巨大的变化。传统语法翻译方法"一统天下"的局面被打破，国外一些新的教学方法被引进中国，如听说法、视听法等，这拓宽了英语教师的眼界，也给英语教学带来了春风，注入了活力。广大英语教学工作者积极投身到英语教学方法的改革、研究和实践之中，英语教学的面貌为之一新。但是，不少英语教师也反映，在他们为改革开放以来英语教学面临的大好形势而感到欢欣鼓舞的同时，又感到有些无所适从。先是听说法，接着又是意念法、功能法、交际法……总是围着国内外一些新的教学方法"团团转"，致使我国英语教学方法的研究和实践在某种程度上陷入了误区。具体表现为：在理论研究上，单纯介绍国外英语教学方法的理论较多，探索与中国实际情况相结合的教学方法的较少，挖掘其理论意义的多，探索实际操作的少；在教学实践中，囫囵吞枣、机械照搬、简单移植验证的多，消化吸收、结合实际、扬弃创新的少，导致英语教学广种薄收，少慢差费，效率低下。此外，还有忽视英语教学的特殊性、阶段性和目标的多元性等情况出现，这些都在一定程度上制约了英语教学的效果。为了使英语教学的改革能够迅速走出误区，进一步深入下去，真正收到实效，有必要对英语教学方法做出认真的分析思考，从而为英语教学提供科学的指导。

优化教学方法是提高教学质量的重要途径。任何具体的教学方法都是教学思想的体现，教师在注重教学方法的同时，更应该经常反思自己的教学思想，从教学规律、教学内容、教学对象、教学原则出发，思考在教学实践中所采取的教学方法的科学性。从具体的教学方法出发，上升至理论高度，思考这些方法是否符合教育规律、目的和原则。

所谓细节创造完美，任何具体的教学方法，都有诸多细节需要斟酌。教师应该充分整合与灵活运用各种教学方法，促进学生学习，提高学生学习的主动性，使他们在经历艰辛获得丰富的学科知识、提高相关技能的同时，亦能获得愉悦的心理体验。在这样的背景下，教师不应拘于一法一策，囿于一方一圆，而应该因地制宜，将各类教学方法加以组合和调配，在吸收、借鉴已有教学方法的基础上，创造性地发挥，要“以生为本”“以纲为本”“以师为导”，使教学方法得到最优化的设计。

一、教法设计要“以生为本”

新课程背景下的课堂教学要重视学生的主体作用。学生是教学活动的主动参与者，是教学的中心，是教学方法设计的落脚点。教师要从学生的经验和兴趣出发，根据学生原有的认知水平和年龄特点，遵循认知规律，立足于学生的“终身发展”需要，设计适合学生的教学方法，有效地激发学生的学习主动性，鼓励学生主动探索解决问题的思路、途径和方法，解决学习中出现的问题，从而培养学生获得知识的能力。

但人们也应该清楚地看到，在“以学生为中心”的口号下，日常的课堂教学中存在很多有名无实的学生主体教学现象，一些教学方法的设计看似用心良苦，但“以教定学”的设计理念却依然如故。

（一）教学方法的设计没有着眼于发挥学生的主观能动性

英语学科的教学具有很强的实践性。英语教学活动作为一种认识活动，其主要目的是培养学生的听、说、读、写能力，归根结底就是让学生学会综合运用英语。牛津英语教材的 TBTL（task-based teaching and learning）模式要求教师根据学习内容设计各种交际任务，让学生通过完成这些任务进行学习，学会用英语做事，从而培养学生综合运用英语语言的能力。

task 意为“任务”。译林版牛津初中英语教材每个单元的“Mam task”是最直接体现任务型教学的一个板块。它要求学生在学过本单元的主题内容以后，运用相关的知识和所获得的能力与技巧，完成相应的语言运用和交际任务。所以，在实施任务型教学时，更应该采取以学生为主、教师为辅的模式，让学生在规定任务的背景下，充分发挥主观能动性和创造性，通过感知、体验、实践、参与、合作等活动，积极主动地使用英语，完成相应的学习任务。

许多教师在设计任务型教学方法时，只是强调任务的完成，而忽视了学生在执行任务过程中的情态问题，忽视了学生的主体作用，忽视了教师参与者的角色，教师的指导应该点到为止，而不是取而代之。教学中存在的问题具体体现在以下几个方面：单词跟读这一任务的设计形式过于机械化，抹杀了初中学生关于音标识别、运用的主观能动性；单词拼读任务应该设计成小组合作的形式，让学生共同完成；单词用法本该设计在句子、语境中，让学生主动去体味、发现、归纳，而详细的讲解法设计，又给任务型教学增添了“灌输式”的色彩；短文阅读任务的设计被忽视，学生的自主阅读和理解被教师的解说所取代；填写人物信息表的学习任务由于个别专业用语而增加了一点难度，但根据本单元已学过的主题内容，学生可以通过臆测或者小组合作讨论完成任务，教师的翻译看似为学生提供帮助，搭建桥梁，实则限制了学生的发展空间。在整个学习过程中，学生只是在教师设计的一连串指令下被动地完成一项项的任务，接受若干知识点、语言点的灌输，整个任务型教学被设计成了死气沉沉、干巴巴的“阅读课”，成了典型的“填鸭式”教学，学生的主观能动性被这种被动的任务型学习完全抑制了。

（二）教学方法的设计不能组织学生的有效学习

课堂教学方法设计的主要目的是组织和促进学生有效学习。目前，比较普遍存在的问题是，教师选择和设计教学方法更多的是注重其形式，许多教学方法并没有起到促进学生有效学习的作用。合作学习方法的选择和设计就是一个比较典型的例子。新课标要求学生改变学习方式，即改变课程实施中过于强调接受学习、死记硬背、机械训练的现状，倡导学生主动参与、乐于探究、勤于动手，培养学生收集和处理信息、获取新知识和解决问题，以及交流与合作的能力。合作学习能够使学生的主体地位更为突出，更有利于培养学生的合作精神与人际交往能力，是新课标实现学生学习方式转变的着力点，通过小组合作学习，还可以培养学生学会做人、学会做事、学会生存的能力。

在新课改的实施过程中，小组合作学习形式已屡见不鲜，课堂上有活动必有小组合作，但教师往往在追求形式的时候忽视了其实质和效果，很多所谓的小组合作仅仅成了实施新课改的一种装饰。

教育学家扬·阿姆斯·夸美纽斯（Jan Amos Komenský）曾说："教育的根本宗旨在于使教师因此而少教，学生因此而多学，让校园充满欢乐与生机。"教学方法的设计如何真正做到全方位关注学生呢?

（三）关注学生的学习情态

好的教学方法必然是能够激发学生投入其间的方法，必然是能够培养学生积极学习情感的方法，必然是能够教会学生学习的方法。学习者在好的教学方法的启发和引导下，就会由盲目、被动地学，到自觉、主动地学；由厌学、怕学，到热情投入、充满自信地学；由不会学习，过分依赖老师，到掌握一定的学习策略，最终能够独立自主地学习，进而真正成为自觉的学习主体。

所谓"情态"，是指"情感"和"态度"两方面的问题，心理学研究早已证明，积极的情感态度能够促进大脑中信息的组织、加工和储存，而消极的情感态度会对心智功能产生抑制作用。关注学生的学习情态，要求教师在选择教学方法、教学策略时要时刻关注学生的兴趣爱好、性格特点、动机和意志、自信心和合作意识等，要投其所好、鼓舞人心，要利于学生之间的团结互助、取长补短、你追我赶。

（四）关注学生的差异，承认学生的差异

学生之间的差异是客观的，也是永恒的存在。每个人都不可能站在同一起跑线上，不可能用同样的速度，沿着同一的途径，达到相同的终点。教育的作用不是消除差异，而是承认差异，尊重差异，使每一个学生在原有的基础上，得到最大限度的发展。这样，差异就不是被当作教育中令人头痛的问题，而是当作一种财富和底蕴。差异的两端可能是白痴，也可能是天才。强求一致，常常导致扼杀

天才。

关注学生的差异，既要细心呵护“学困生”，同时又要为学优生提供足够的发展空间；既能让学优生吃得饱，又能让“学困生”吃得消；既能满足“学困生”的自尊心，又能增强学生的自信心，使每位学生情不自禁地迸发一种为之积极进取的力量。

关注学生的差异是多方面的。例如，在英语学习中，男生英语成绩往往低于女生。男生偏爱计划和形式操练，女生偏爱努力和功能操练。另外还要关注“顽皮生”，他们的学习经常会出现问题，而且有时是同一个问题反复出现，这就要求教师应当有针对性地设计有效的教学方法。

二、教法设计要“以纲为本”

教材是知识传播的媒介，是教学过程的桥梁和纽带，是教师施教、学生学习的基本依据。英语新课程改革最直接的落脚点在于教材的更新和教师对教材的处理。所以，初中英语教师一定要用好教材，认真钻研教材，挖掘教材的深度，把握教材的难度，灵活调整和使用教材，依据教材的特点设计适当可行的教学方法，引导学生学习英语，用英语学习。

现行新课程的初中英语教材，遵循英语的教学规律，重视交际语境的设计和学生交际能力的培养和提高。在理念和目标上，体现了更多的人文精神与灵活性、开放性、指导性；在内容上，更趋丰富、合理；在形式上，灵活多样，体现了互动性。新教材的语言知识是以螺旋式编排的，这种螺旋式的编排体系能不断地增加词的复现率，有利于基础知识的巩固和扩大。同时，知识难度上的螺旋式编排也有助于学生克服畏难情绪。教材容量扩大，导致词汇量和信息量扩大，常常有让教师和学生“疲于奔命”的感觉，新教材的更新可谓“让人欢喜，让人忧”。教材编写者的良苦用心可见一斑。但在教学实践中，有些教师“穿新鞋，走老路”，仍然是一支粉笔、一本书进课堂；在教学中仍是传统的语法翻译法一统天下；课堂上仍然是老师唱独角戏，学生只是被动地接受；无视教材内容的特点，对大纲的要求置之不理；对于新教材教师用书中分课教学的建议弃之不用，毫无创造性地照本宣科，毫无科学性地“文本输出”，教学方法的设计既忽视了教材的引领，也没有更恰当地引领教材。

（一）教学方法的设计没有突出教材的情境性

语法学习这方面的问题比较突出。语法是从语言实践中总结出来的规律，并非是哪一位语法家闭门编造出来的。因此，学习语法不能脱离语言实践。离开英语语言的具体使用环境，孤立地讲解语法知识，这种教学方法只能使语法教学成为无源之水、无本之木，学生即使记住了某个语法规则，也不会在语境中正确运用，就好比囫囵吞枣而不知其味。同时，语法教学不能大兴题海战术，做练习固然可以检查水平和发现不足，但缺乏广泛的交际类训练，就无法将各方面的语法知识融会贯通，结果只能是事倍功半。语法教学要听与说相结合进行，适当辅以读写训练。听说训练离不开创设情境，情境在语法教学中具有重要作用。教师在设计新的语言现象的呈现与巩固操练等教学环节时，要考虑情境因素，把抽象的语法知识置于生动形象、富有生活气息的各种情境之中，鼓励学生开口交流，反复使用，反复操练，通过大量的语言实践，能不假思索脱口而出，让学生自己发现语法现象，总结规律，让学生建立一种语言习惯。

有教育家认为："成功的英语课堂教学应深入创造更多的情境，让学生有机会运用自己学到的语言材料。"创设英语情境使"死知识"变成"活语言"，满足了学生的心理要求，使学生学习充满激情，极大地提高了学习效率。

（二）教学方法的设计不能凸显教材的趣味性

教材的趣味性成了保护学习积极性、激发学习动力的重要一环，现行的初中英语教材在选择话题、组织语言材料时，就非常注重题材的丰富性、体裁的多样性、语言材料的新颖性。语言材料具有极强的故事性、情节性，教师始终围绕任务型阅读的模式设计所有的学习活动，配以听、说、读、写基本技能的训练，教学环节比较流畅，但人们也看到：学生无热情、无动力，机械地完成教师布置的学习任务，对于教材内容本身并没有很强的探究欲望。英国哲学家赫伯特·斯宾塞（Herbert Spencer）说过："硬塞知识的办法经常引起人对书籍的厌恶，这样就无法使人得到合理的教育所培养的那种自主学习能力，反而会使这种能力退步。"

反思现在的阅读课，不是回答问题就是判断正误，另外就是语言点讲解和复述课文，生动不足，刻板有余，无视对语言材料趣味性的挖掘与凸显，说明性文章是这样的教法，记叙性的故事也是如此阅读，应用文体也无例外。教师在设计阅读课的教学方法时，总是用同一个模式去设计任何一节阅读课，根本不考虑阅读题材的多样性、文章体裁的差异性，一味地按部就班，学生似乎早就已经厌倦了如此千篇一律的阅读“套餐”。

运用任务型模式进行阅读教学完全体现了新课标的精神。然而，阅读不仅是为了获取信息，还为了得到乐趣，教师作为课堂教学的设计者，在设计阅读教学时应该兼顾文本信息和学生的乐趣。如果把整个任务型教学看作一份套餐，教师可以在过程中适度添加一点“特色水果”之类的，既有情趣又有营养。比如，结合文本内容设计一点小游戏，问题采用竞猜式，课文复述改为采访、会话或情景再现，词汇学习形象化，等等，避免千篇一律，尽量在细微处别出心裁，设计出更具趣味性、更生动的任务活动。

三、教学策略导引

不同的教学方法有着各自不同的特点，许多教师的实践经验和专家的建议告诉人们，“以纲为本”既是设计教学方法须要遵循的原则，也是每位教师应该具备的专业素质，要能够具体分析教学内容的特点，灵活选择各种教学方法，因课而教，兼收并蓄。

（一）情境化原则

教学情境就是以直观的方式再现书本知识所表征的实际事物或者实际事物的相关背景。对于英语学科来说，要结合教学内容，充分利用形象，创设具体生动的场景，使抽象的语言形式变成生动具体的可视语言，创设尽可能多的英语语言环境，让学生更多地接触感受英语（feel english），说英语（speak english），用英语进行思维（thinking english），用英语的方式主导行为（behave in english），将言行、情境融为一体，使课堂教学有较强的直观性、科学性和趣味性，使学生仿佛置身其境。情境教学可以激发学生的学习激情，培养学生浓厚的学习兴趣，促进学生智力因素和非智力因素的发展，进而从整体上正确理解和运用语言。

（二）趣味化原则

爱因斯坦说过："兴趣是最好的老师。"趣味教学是一种能取得事半功倍效果的好方法。激发学生的学习兴趣，最直接的方式是以教材为载体，将教学内容趣味化，通过学生感兴趣的材料，让他们感受到学习英语的乐趣，激发学习英语的主动性、积极性。

（三）精讲精练原则

讲解法是英语教学中常用的传统教学方法，在解决重难点问题时，教师要给予必要的少、精、活、透的讲解，这是必不可少的教学环节，不能废弃不用，也不能滥用。讲解只是传授知识，练习是把知识变成技能。在教师的教学实践中，多讲多练、乱讲乱练、只讲不练、只练不讲，这些讲练结合不恰当的现象有很多。教师在课堂中应该充分贯彻"三分讲解，七分练习"的原则，要精讲精练，通过精讲精练打造高效课堂。

如何做到精讲呢？教师可以把单词、词组、句型同课文交融进行讲解，在单词中学语音，在课文中理解句子。教师在教学过程中边讲边问，对已掌握的知识少讲、不讲，对未知的知识讲明、讲透。英语课堂中，"练"的最好形式就是交际。美国学生崇尚这样一句话："Tell me, I will forget. Show me, I may remember. Involve me, I will understand."因此，举一于讲，反三于练；举一于课内，反三于课外，是设计训练应遵循的根本方针。

精讲精练的教学目的就是要求教师高效的"教"与学生高效的"学"。它既是一种教学理念，也是一种教学方法，更是教师课堂教学的基本追求。精讲精练面向全体学生的发展，但面向全体并不是让每个学生都获得一样的发展，而是让每个学生都在自己原有的基础上获得进一步的发展。精练是在不增加学生课业负担的前提下，例句要精，习题要精，达到省时、省力，使学生从题海战术中解放出来。

三、教法设计要"以师为导"

古人云："师者，所以传道授业解惑也。"在教学过程中，教师是主导，学生是主体。教师不再是知识的灌输者，而是学生学习活动的组织者、引导者和促进者。教法设计理所当然地也要体现以教师为主导的原则。

人们在教育理念上一直强调要使学生生动、活泼、主动地得到知识和发展，随着教育改革的深入，新型的师生关系进一步明确。教师与学生的关系是平等的，平等的过程就是对话的过程。教法设计就是要体现教师在对话中发挥其他参与者所无法做到的精神指导和人格引领的作用，体现“平等中的首席”的作用。但是，也有不少教师认为课堂既然是民主的，就没必要强调教师的引导作用，这就使教法设计步入另一种误区。

（一）教学方法的设计没有体现教师的组织作用

教师在进行教学设计时注重发挥学生的主体作用，设计学生讨论、独立发表看法的表达环节，创设“学生想怎么讨论就怎么讨论，想说什么就说什么”的课堂氛围。但是遗憾的是，教学设计没有体现教师对于整个课堂的组织、驾驭作用，在课堂教学中，教师的主导作用明显缺失。具体表现在：小组合作讨论学习环节的设置具有很大的随意性和不均衡性，没有根据学生的特点做出合理、明确的搭配分组，只是由着学生随意地前后或左右围坐在一起，三三两两地讨论，讨论过程必定是几家高歌几家沉默；没有精心设计、分配好教学内容各部分所占的比重和时间，导致重要的 comic strip 教学草草收场，一带而过，而相对简单的导演用语，根本没必要设置分组讨论和两次个别展示，浪费了时间。简而言之，教师在设计这种形式化的小组学习时，完全没有立足于自身的组织者角色，只是处于观望角色，似乎由着学生随兴讲说，忽而又强行拽向另一个话题，导致整堂课松松散散，学生的主体性没有得到正确的诠释，教师的组织作用没有适时地得到发挥。

作为组织者，教师的作用是根据教材内容和学生的实际情况设计教学方案，并组织学生开展自主学习和合作学习活动，在形式多样的课堂活动中完成教学任务。教师在设计小组合作学习时，应该考虑学习小组设置的合理性，也应该考虑到本课教学内容中各部分内容进行小组讨论的必要性，更应该把握好主次详略，进行合理的教学环节设置和教学时间分配，从而更有效地组织好小组合作学习，灵活地驾驭课堂进程，避免上述形式化的合作学习，避免教学环节混乱无序。

交往是教学的本质，互动是交往的过程，师生互动能将传统的“要我学”转变为学生积极主动参与式的“我要学”。作为组织者，教师要通过设计有效的教学方法，从而组织学生与教师共同参与互动的学习过程，组织学生进行观察、思维、探讨、比较、归纳、运用等一系列的学习活动，组织生生交往、师生互动。

（二）教学方法的设计没有发挥教师的引导作用

作为引导者，教师要引导学生的学习进程，使其朝着有利于知识建构的方向发展，引导学生形成思考和分析问题的正确思路，启发学生去发现规律，引导学生进行评价和反思，帮助学生及时调整自己的学习方法，形成正确的学习策略。

在“以学生为主体”的新课标理念引领下，教师却往往因为追求片面的“学生的主体性”而放大了主体性概念的外延，使课堂呈现出一种近乎“放羊式”的状态，这种状态在日常的课堂教学中经常出现。教师在设计自主学习时，首先过度地放大了自主学习，在没有做任何说明指导的前提下，就让学生先自习并做一些练习，这纯粹是“自由练习”而已；其次，又缺失了对学生自主学习的引领，没有启发学生自主思考、讨论、总结的环节设置，由教师直接陈述课文的内容，这种做法无异于回到了“灌输式”教学方法。教师设计这种“放羊式”的自主学习法，丝毫没有体现出教师对学习过程的引导作用。

因此，自主学习是新课标所大力倡导的一种学习方式，这种学习方式的提倡和形成有助于张扬学生的个性，调动学生的学习积极性。但自主学习并不是自由学习，以“学生为中心”并不意味着教师行为的可有可无。

自主学习应该是在教师的引导、暗示、有效监督下的自主性学习。自主学习过程应当是一个生动活泼、主动和富有个性的学习过程。教师在设计自主学习时不仅要设计自主学习的外在形式，而且要恰当地设计好正确的教师引导，引导学生深层次的思维灵动和对学习方法的掌握，通过教师的主导作用，帮助学生进行更高效的自主学习，促使学生养成真正的自主学习能力。

（三）教学方法的设计没有发挥教师的促进作用

教师在设计探究性学习的时候，并没有为学生构建真正开放的学习环境，没有真正激发他们的探究欲望，没有提供多种渠道使他们获取知识，并将学到的知识加以综合运用，促进他们形成积极的学习态度和良好的学习策略，培养他们的创新精神和实践能力。

作为促进者，教师的主要作用在于为学生创设尽可能多的交际活动，尽可能提供具有知识性和趣味性的学习材料，包括影视多媒体、报刊及其他英语学习资料，并给学生提供必要的帮助。例如，在教授与节日相关的英语课时，如果教师能在课前布置学生做好相关素材的搜集工作，以小组为单位合作了解关于各个节日的名称、时间，以及人们在不同节日中的习俗和传统活动等，并把了解到的信息展现出来，形式不限，像图片、摘要性卡片、多媒体课件等，每个小组完成一个节日的资料搜集，那么学生对于该主题的兴趣会因此而更加浓厚，探究欲望会因此被激发。另外，课堂教学的第一个环节直接设置为小组探究成果展示，在学生对节日有了了解的基础上，再设置探究学习，学生就具备了足够的相关知识，表达交流时就有了更多的素材。

四、教学策略导引

聪明的施教者总是能够艺术地扮演自己的主导和参演角色，既能让学生最大限度地发挥主动性、创造性，又能及时收敛，控制好课堂教学的进程，让教学进程随自己的思路和计划顺利地进行。爱护和培养学生的好奇心、求知欲，帮助学生自主学习、独立思考，保护学生的探索精神、创新思维，营造崇尚真知、追求真理的氛围，为学生的禀赋和潜能的充分开发创造一种宽松的环境，教师的主导作用正在于此。为了更好地体现主导作用，教师在设计教法时，要遵循以下原则。

（一）情感导向原则

我国古语中有“亲其师，信其道”之说，意思是学生只有在情感上去接纳教师，在人格上去尊重教师，才能听从他的教诲，模仿他的言行。美国人本主义心理学家 C. 罗杰斯（C. Rogers）提出，教学过程实际上是建立教师和学生之间一种“诚实、理解和接受”的人际关系的过程。这说明了师生的情感交流对知识教学的重要意义。

学习实践表明，学生一旦对教师感到亲切，就能解除许多顾虑，从而敢于交流思想、敢于质疑问题、敢于独立思考、敢于创新。因此，在教学过程中教师应经常对学生施以情感诱导，使学生最大限度地体会到教师对自己的关爱，使师生达成心灵的默契。教师在设计某种教学方法时，如果能把学生的学习状态调整到最佳，让学生对教师倍感亲近、信服有余，那么任何一种教学方法都会取得事半功倍的教学效果。瓦西里·苏霍姆林斯基说过：“如果教师不想方设法使学生进入情绪高昂和智力振奋的内心状态就急于传授知识，那么这种知识只能使人产生冷漠的态度，而不动情感的脑力劳动就会带来疲倦。”

教师作为教学过程的引导者，也应该是情感交流的主动方。教师应该善于抓住教学中的关键环节和学生学习活动中的有利时机展开情感交流。只要教师在教学中重视情感教学，以情育情，以情引情，以情为情，就必然会带来学生的激情和热情，英语教学就会取得令人欣慰的成绩。

（二）启迪思维原则

“授人以鱼，不如授之以渔”说明了方法的重要性。聪明的教师不仅教人真理，还会教人怎样获得真理。启迪思维的原则就是要求教师通过创设情境，激发学生的求知欲望，启发学生的积极思维，使学生通过自己的思考获得知识。这一原则是体现教师是否为主导的关键。

教学目的是帮助学生真正掌握和运用句子结构，而教师可以抛弃句子翻译法，设计情境练习法，通过动作表演让学生猜动作，将抽象的句子结构具体化、形象化，将枯燥的语言项目生动化、趣味化，创设语言练习的真实环境，并且在动作表演的中途中断，这样的教学设计就形成了信息沟，通过悬念来激发学生的动机，激发学生的积极思维，实现学生与学生之间及与师生之间的思维互动。行成于思，思成于惑。疑问是激发学生探究欲望的原始动力，只有引导学生在具体的情境中发现感兴趣的问题，才能真正激发学生的探究动机。

同时，设计这种游戏形式的竞猜活动，要求学生用所学语言项目提出问题来判断，更加有效地鼓励学生去大胆质疑，鼓励学生与同学争论，使学生树立起独立学习及创造性学习的自信心和成就感。

第二语言习得理论认为：English cannot be taught. It must be learnt（英语不是教会的，而是学会的）。在英语教学过程中，英语教师作为促进者、组织者、指导者要最大限度地启发学生的主体能动性，将启发性教学的理念成功地引入到常规教学中，体现在教法设计中，完成从启发学生解决问题的初级阶段到启发学生主动提出问题、解决问题的高级阶段，使他们充分地参与到教学活动中，真正成为学习的主人。

（三）因势利导原则

教师的主导作用不仅体现在教的过程中，更体现在与学生共同学习的过程中，对其所生成的资源要加以引领，因势利导。

理想的课堂应当是充分开放的，只有充分接纳学生不同的感知体验，课堂教学才会具有极大的生成空间。教师在教学时要注重探究策略和形式的启发，引导学生自由联想把单词汇编成对话或进行自由讨论，为学生构建了一种开放的学习环境，让学生体验不拘一格的创作形式，给学生更多自由发挥的空间，促进学生养成良好的学习策略。简化复杂的知识点，巧妙记忆所学内容的活动是一种认知策略的学习，学会这种策略对学生今后各科的学习都会有巨大的影响，终身受益。

“课程不是在课堂之外先于实践规定好的，而是师生在从事创造性的课堂实践中创造出来的”。教学中总会碰到一些意外，如何巧妙地处理这些意外，直接关系到师生间的良好互动和教与学的有效结合。教师在课堂教学中应善于捕捉和巧用生成性动态教学资源，根据学生和课堂发生的变化对自己预设的教学提出富有创意的调整。

第三节 初中教学评价的设计

《基础教育课程改革纲要（试行）》中明确指出：“建立促进学生全面发展的评价体系。评价不仅要关注学生的学业成绩，而且要发现和发展学生多方面的潜能，了解学生发展中的需求，帮助学生认识自我，建立自信。发挥评价的教育功能，促进学生在原有水平上的发展。”如何进行新课程理念下学生的学习评价，已成为一线教师探索和实践的一个问题。现代教学评价理论认为，评价的根本目的在于全面地考察学生的学习状况，通过评价的诊断、引导、反馈、激励等功能，促进学生全面发展，使不同水平、不同智能、不同个性的学生都能在原有的基础上得到发展。

学习结果固然重要，但学习结果只反映学习的既成事实，学习过程才是学业成绩发展提高的源泉。因此，在评价内容上，新课标理念下的教学评价要求在关注结果的同时，更要关注对学习过程的评价，对学生日常学习中的表现，所取得的成绩，以及所反映出的情感、态度、策略等方面的发展做出评价。

在以往的教学评价中，教师是评价的主体，学生在教学评价中往往处于被动的地位。而新课标需要的教学评价要求评价的主体是多元的，评价可以包括教师评价、学生自评和互评、学生与教师互动评价等。

在教学评价的方式、方法上，传统的教学评价是单一的，往往把书面考试作为最主要的方式，单一的评价方式扼杀了学生的个性潜能。新课标理念要求评价方式多样化，要求评价要有利于促进学生的全面发展。在学习活动评价中，要多用诊断性和激励性的评价方法，少用定量性、甄别性和终结性的评价方法。

在新课标理念的指引下，英语的教学评价该如何进行呢？教学评价所包含的范畴很广，作为一线教师，课堂是教师整个教学过程的主阵地，因此本节主要探讨的是英语的课堂教学评价设计问题。课堂教学评价又包括教与学两个方面的评价，主要立足于学生学的角度，结合初中英语课堂教学实践，探讨课堂学习评价的功能、内容、主体及方式等方面的问题。

一、英语课堂教学评价的功能

英语教学评价是英语课程的重要组成部分，是实现课程目标的重要保障。新课标要求，英语课堂教学的评价要有利于促进学生的全面发展，有利于促进学生综合运用语言的能力和健康人格的发展。课堂学习评价的功能主要有导向功能、激励功能、诊断功能、改进功能、鉴定功能、研究功能等。根据目前初中英语课堂的教学实际，在课堂评价的诸多功能中，最值得大家关注的是导向功能和激励功能的有效发挥。

（一）注重课堂评价的引导功能

课堂教学评价中的指标体系及其含义是根据教育原则、素质教育的要求及确定的教学目标，对教师实施的教学活动效果、完成教学任务的情况及学生的学习水平和学习效果进行科学判定的具体内容。它规范了教师和学生教与学的行为，促进教师面向全体学生，使学生生动活泼地进行学习，并主动地得到全面的发展，因此具有很强的引导功能。在课堂教学中，要想使学生在教师的引导下出色地达到学习的目标，教师就要善于用好课堂评价的引导功能。教师在课堂中的评价可以指明学生在学习过程中的成功与失败。在英语学习中，表现为听、说、读、写的能力，课堂的参与度，作业书写的好与坏，以及要改进的途径等，给学生及时的评价与反馈，会使学生明确努力的方向。

（二）用好课堂评价的激励功能

课堂中的激励，即给学生的表现以鼓舞性的反馈。教师的课堂评价是用鼓励性的语言或描述性的语言，对学生在课堂教学活动中的表现、知识掌握的情况和能力水平进行表述，侧重于评价学生在发展性领域的表现。俗话说，“水不激不跃，人不激不奋。”课堂评价以激励为主，激励学生展示自己努力学习的过程和成果。老师可以运用恰当的、积极的课堂评价和反馈，来激励学生不断进取，提高自己。教师要求全体学生要多读、多练，并鼓励每位学生都争取在原有的基础上得到进步。

教师的课堂评价要根据不同的教学对象，采用不同的评价语言。对基础差的学生，评价应重在鼓励；对基础好的学生，评价要重在激励。教师一个不经意的赞许眼神，一段赏识的话语，都会令学生怦然心动，能激励起学生的上进心，能促进学生智力的发展和感情的升华。因此，教师要设计好自己的课堂评价，要用好课堂评价的激励作用。

1. 用好课堂评价语言

课堂评价语言广泛地用于初中的英语课堂教学中，对学生起着重要的鼓励和激励作用，积极地促进了课堂教学的效果。如何高效地使用课堂评价语言，真正起到激励学生、不断提高课堂教学效率的作用？关键在于教师的课堂评价要恰如其分，尤其是评价语言要真诚。

2. 提倡适度评价

作为一线教师，虽然在课堂教学中倡导激励性评价，但要从“度”上把握好，这点在即时评价中非常重要。在一堂英语课中，教师不能总是用“You are very good in my class，I believe you will be better today.”“Well done.”“Great!”“Wonderful!”“Excellent!”“Good!”“You are very clever!”等语言来表示肯定和鼓励，造成课堂上的表面繁华，而实质上收效甚微。因此，教师应从实际出发，提倡适度的课堂评价。

初中学生正处于成长期，需要老师的鼓励帮助他们不断成长。但是，教师过度的鼓励性评价会造成学生自我感觉太好，低估学习的困难，使激励性评价在学生心中贬值。有的学生会经不起批评和挫折，稍不如意就情绪低落。所以在教学实践中，教师应提倡适度评价，在运用激励性评价时，也不能忽视指正性、否定性评价的作用。一味地、毫无原则地对学生进行赏识、激励，忽视给学生适度的挫折和指正，那么这种评价是不负责任的，是不完整的。安东·谢苗诺维奇·马卡连柯曾说：“要尽可能地尊重一个人，也要尽可能地提出坚定、明确和公开的要求。”

在新课程改革下，一线教师应提倡对学生适度评价。评价的目的是促进学生的发展。新课程倡导促进学生发展的评价，必然要重视学生评价的发展性功能，关注学生成长的过程和个性差异。教师要通过有效评价，让学生明白自己的问题，以及下一步的发展方向。教师要通过适度的评价去发现学生的潜能，发挥学生的特长，了解学生发展中的需求，帮助学生认识自我，培养和激发学生学习的积极性和自信心。

二、把握英语课堂教学评价的内容

按照新课标的理念和要求，评价的三大目的之一是“促进学生发展”。因此，教师在设计评价内容时，要使评价内容有利于三维目标的落实，有利于学生的发展，既要加强对学生听、说、读、写四项英语学习基本知识与技能的评价，又要注重对学生学习英语的过程与方法的评价，更要关注学生情感态度与价值观方面的评价。

（一）课堂评价设计忽视学生的学习过程

当前，不少教师过分看重学生学习的结果，只将评价用来评判学生学习质量的优与劣。不重视对学生学习过程的教学评价，往往会成为评价的形式主义，不能极大地调动学生的学习兴趣，不能有效地激发学生的学习欲望，其根本原因在于老师忽视了对过程评价的设计。

（二）评价设计忽视学生情感因素

学生成为课堂主体的前提是必须调动学生的主观能动性去参与教学活动。评价便是调动学生主体性的有效机制，积极努力才能习得。通过教学评价调动学生的主体情感因素，使学生在课堂中体验成功的喜悦，获得进取的力量，分享合作的和谐，发现生命的灿烂。

德国教育家阿道尔夫·第斯多惠（Adolf Diesterweg）说过："教育的艺术不在于传授本领，而在于激励、唤醒、鼓舞。"在教师平时的教学中，要及时地通过动作、神态、语言等方式，给予激励、唤醒、鼓舞，这就是对学生最好的评价。教师应该始终把课堂建构成情感的课堂、人文的课堂，让学生处在一种真真切切、实实在在的情感氛围中，学习知识，体会课程本身蕴涵的真意。

（三）课堂评价设计关注语言能力的培养

在英语课上，学生通过各个学习环节来提高自己听、说、读、写的语言能力及语言综合运用能力，而课堂评价是教师在培养学生能力时有效的途径之一。教师要设计有效的课堂评价，或是激励，或是引导，促使学生积极参与到学习的各个环节中来，在锻炼中获得知识，在参与中提高语言运用能力。

（四）课堂评价设计关注学生的情感因素

学习的过程是一个"知、情、意、行"全面发展的过程，情感、意志、兴趣等贯穿学生学习的全过程，直接影响学生知识的掌握和智力的发展。英语课堂教学评价不仅要关注学生语言能力的发展，更应关注学生各个方面的发展，如积极的学习态度、创新精神、分析与解决问题的能力及正确的人生观、价值观等。也许学生的回答不够准确，但其思维方式是正确的；也许学生的答案是错误的，但其学习态度是积极的；也许学生的说法是荒谬的，但其创新精神是可嘉的。所以，课堂教学评价内容设计要全面仔细，要有利于充分发现学生的闪光点，并给予充分的肯定。

许多初中生由于日积月累的不成功体验，对英语学习产生了惧怕心理，有的甚至丧失了学习的自信。有的学生存在心理障碍，怕人讥笑，不愿主动开口，说的机会越少，口头表达越不流畅，甚至最好不说，即便被教师点到名，也是勉强应付了事，因为那是"要我说"，不是"我要说"。教师要对勇敢开口说的学生做出鼓励或欣赏性评价，对那些勇敢的学生说"You are brave."或者"You are great.”，打消其他学生内心的种种顾虑，提高学生的参与热情。通过评价，鼓励学生认识自我，建立自信，不断提高自己的口语能力。

学习是一种艰苦复杂的劳动，需要积极的态度、强烈的动机和浓厚的兴趣，才会有良好的效果。不同情感会形成不同态度，不同态度又进而引发、强化相应的情感，并可能会导致迥异的学习效果。

三、英语课堂教学评价的主体

课堂教学评价不再是评价者对被评价者的单向刺激反应，而是评价者与被评价者之间多向互动的过程，其中评价活动的重点环节是学生自评。在新课标所需要的课堂教学评价中，学生应该是主动的自我评价者，即通过主动参与评价活动，随时对照学习目标，发现和认识自己的进步和不足。评价应成为学生自我教育和促进自我发展的有效方式。

（一）教师为课堂评价主体，主体单一化

教师在教学过程中，还没有从实质上转变自己的角色，教师评价学生，学生被排斥在评价主体之外，成为被评价的对象。“以不变应万变”，没有把课堂中的学习主动权还给学生，因而学生的主体地位难以实现，只能处于被动接受评价的地位，无法得到从内心去体验成功的机会。这种单方面的、直线式的、孤立的评价，使教学评价少了全面性而多了片面性，少了民主性而多了独断性。

（二）学生自评

由于评价对象自身的复杂性，形式单一的评价难以形成恰如其分的评价。在初中英语课堂教学中，必须强调评价主体的多元化。在课堂教学评价中，除了教师评学生之外，还应以学生为评价主体，采用学生互评和学生自评等方式。

学生是教学的主体。教学的评价必须以尊重学生为基本前提，积极采用并推行学生自评，使评价成为学生认识自我、发展自我、管理自我、激励自我的一种手段。学生自评就是指导学生根据学习目标和要求，对自己在课堂教学中的各种表现进行自我评价。如学生回答一个问题或自己完成练习后，进行独立思考、判断，想想自己在思考、回答和解决问题的过程中有哪些成功之处和不足之处，自己进行反思和评价，不断总结经验，吸取教训，掌握学习方法，提高素养。

（三）学生互评

相同的内容由于学生的认知水平和生活经验的不同，学生的解答方法也多种多样。通过学生互评，不同的思考方式能对学生原有的认识进行补充、调整，使学生原有的语言知识得到不断的更新。在这个过程中，教师要充分发挥导评的作用，结合教学实际教给学生评价的方法。还要注意的是，在学生互评时要淡化等级，淡化学生之间的互相比较，强调关注学生的优点和长处，强调自我反思。学生互评可通过同桌互评、小组互评、全班互评等方式，促进人人参与，调动学生的积极性，提高学习效率，让学生在相互评价、自我比较中获得自主发展。

在学习与成长的过程中，学生既是学习的主体，对学习的状况有最直接的感受，最有发言权，又是对学习状况评价的主体，对自己、对同学有最直接的了解和认识，能提出最准确的评价意见。而教师对学生的学习状态既有感性认识，又有理性认识，而且对各个学习个体还有发展性认识，在课堂教学中，教师也是对学生的评价责无旁贷的主体。

在课堂教学中，这些评价方法的运用往往不是孤立的、单一的，教师要根据课堂教学的实际需要，灵活运用，有机结合，充分发挥各种评价方法的优势和特长，让课堂教学的评价真正起到激励学生、促进学生发展的作用。

四、英语课堂练习的设计

在英语教学中，课堂练习是学生全面完成英语学习任务必不可少的重要环节，也是对学生课堂学习效果的有效评价方式。按照心理学的遗忘规律，遗忘的过程是先快后慢、先多后少的。一节课中，如果教师没有布置合理适当的口头、笔头练习让学生加以及时复习、巩固，那么学生的知识将无法建构，当然也就无法很好地掌握，学生的学习效果可想而知。课堂学习结束后及时进行课堂练习，趁热打铁，特别是对英语学习，尤为重要。设计科学的课堂练习，可以促进学生对英语基本知识和技能的进一步理解、掌握，也可以促使学生把语言知识转化成熟练的技能技巧。另外，课堂练习不仅可以使学生听、说、读、写各方面的能力得到发展，还能使教师及时得到学生学习情况的反馈。但是，英语课堂中设计的练习往往存在着内容应试化、形式单一化、目的不明确、不重视反馈、不讲究效率等问题。

在实际的英语教学中，每个英语教师都应该不断地思考，探究英语课堂练习的设计，不断地提高学生的课堂学习效率。

巩固是英语教学中十分重要的环节，英语学习的过程就是同遗忘作斗争的过程，课堂练习的形式应是多样化的，集趣味性、层次性、创新性于一体，千方百计地调动学生对英语学习的积极性和主动性，这是十分重要的。教者有心，学者得益。课堂练习设计实际是教学的延伸，只有做到形式多样、高质高效、富有启发性，才能符合素质教育对课堂教学的要求，才能调动每一个学生的学习主动性与积极性。教师应不断地挖掘学生的创造潜能，让学生拥有更多自主发展的空间，让学生感受到学习的乐趣并得到全面的发展。因此，英语课堂练习的设计应该遵循以下原则。

（一）层次性

学生的个体差异是客观存在的，因而每一个班级也是存在差异的。教师应针对学生不同的接受能力，根据班级的整体情况合理地设计课堂练习，增加课堂练习的可选择性。课堂练习的设计要能够满足不同层面学生的需要，可以让学生有充分自主发展的空间，能力稍弱、反应相对较慢的学生可以做相对简单一些的题目。让学生按自己的情况选择，使不同层次、不同水平的学生都能体会到成功的乐趣。学生在获得成功体验的同时又能根据自己的“最近发展区”去向上跳一跳，摘到“新苹果”。这种方式比教师过去的“一刀切”要好得多。

（二）多样性

机械重复性的课堂练习枯燥乏味，不仅影响教学效果，还影响学生的学习积极性。在设计课堂练习时应注意到题型的多样化和练习方式的多样化，才能使学生保持积极的学习状态，高效地学习。新课标尤其强调学生的主体作用，课堂练习设计时应注意学生听、说、读、写等语言能力的提高，课堂练习的形式应从单一的书面形式发展到书面、口头、实践、专题研究等多样的形式，切实有利于学生练习所学的语言知识，从而培养学生的英语综合能力。

（三）趣味性

人们常说“兴趣是最好的老师”，学生的英语学习活动应当是一个生动活泼的主动的过程，而练习在激发学生学习英语兴趣方面的独特作用不可低估。有趣的课堂练习不仅可以激发学生的好奇心，提高学生学习英语的积极性，还可以培养学生思维的灵活性、敏捷性。

（四）发展性

发展性是指教师在设计课堂练习时要注重听、说、读、写技能的全面发展，避免只以应试化的课堂练习进行训练的情况。课堂练习的设计要有利于促进学生积极思考，激活思路，充分调动学生内部的智力活动，能从不同方向去寻求最佳解题策略。通过练习，使学生变得越来越聪明，思维越来越灵活，应变能力越来越强，而不被模式化的定式所禁锢、所束缚。

（五）计划性

教师在设计课堂练习时，一定要精心计划、多加考虑，不能随意地拿来应付。教师针对学生的英语实际水平，根据新课标对学生应达到的水平要求，制定有班级特色又顾及学生个体差异的长远练习目标和短期练习目标。

（六）实效性

在设计课堂练习的时候要趁热打铁，及时练习课内所学的内容，但在设计课堂练习时要注意练习内容的少而精。没有一定的数量作保证，是达不到巩固知识、形成技能的目的的；但是只求数量不求质量的重复性练习，不利于智力的开发、能力的培养，是劳而无功的。因此，课堂练习的设计一定要从数量和质量这两个方面去考虑，尽力做到在有限的时间里取得最佳的练习效果，注意设计课堂练习的实效性。

课堂练习是对学生学习效果的一种评价，如何设计好课堂练习直接影响着学生的学习效果。作为一线的教师要多用心、多思考，要多站在学生的角度去设计每一项课堂练习，让不同层次的学生都能够获得成功的机会，感受成功的喜悦。

第五章　初中英语有效课堂教学

以培养创新精神和实践能力为重点的素质教育是当今教育改革的主旋律，课堂教学则是培养学生创新精神及实践能力的主阵地。《英语课程标准》中关于课程的目的做了如下阐述：基础教育阶段英语课程的目的是激发、培养学生学习兴趣，帮助学生树立自信心，形成有效的学习策略，养成良好的学习习惯，使学生掌握一定的语言基础知识和基本技能，建立初步的语感，获得基本的语言运用能力，开发智力，培养观察、记忆、思维、想象和创造能力，了解文化差异，培养爱国主义精神，增强世界意识，使学生初步形成健全的人格，为学生的可持续发展打下良好的基础。因此，新课标的教育观念应该是面向全体学生，注重素质教育；采用活动途径，倡导体验参与；注重过程评价，促进学生发展；开发课程资源，拓展学用渠道；调动学生的课堂积极性，使学生充分融入教学活动中，与教师进行充分的交流。

第一节　初中英语课堂教学有效性

一、课堂教学标准

一是努力营造课堂教学气氛，提高课堂教学效率；二是对学生的课堂评价语言中肯，有利于调动学生学习的积极性；三是课内拓展练习设计科学，有利于课文的延伸解读；四是作业设计能紧扣课堂教学主题；五是精心设计课堂激趣点，把握学生课堂关注度；六是注意培养学生搜集信息和整合信息的能力；七是巧妙引入对学生“情感、态度、价值观”的教育。

二、课堂教学中的误区与缺陷

一是让学生带着问题阅读课文时，问题设置过于宽泛，造成学生思维的障碍。二是引导不到位，学生的思维过程不是内心的真实体验。三是先入为主的引导，牵着学生的鼻子走，可谓“穿新鞋，走老路，老路愈走愈不通”，严重制约了学生发散性思维的培养。四是课堂容量过大，教学目标未结合学生实际的认知水平，罗列目标，急于求成，妄想“一口吃成个胖子”。五是课堂气氛沉闷，不善于综合运用教学语言。六是假互动，无效热闹充斥课堂。为了将新课标的教学理念落实到实际的课堂教学中，很多教师在课堂上开创了诸如表演法、讨论法、合作法、演讲法等花样繁多的教学方法，这些探索本无可厚非，问题是因为教师理解的歪曲或把握不到位，使得这些方法的落实、操作存在很多弊端。七是中心不明确，因为教学目标设定过多、过大，使得课堂教学闲散有余而凝练不足。八是学生参与面不广，违背“两全”。

三、提高课堂效率所面对的问题

在英语教学中，有的教师时常会有这样的困惑：为什么学生学习英语的兴趣会随着年级的升高逐渐递减？为什么学生明明懂的，却不敢举手回答问题？为什么抄了那么多遍的单词还是记不住？为什么背得那么熟练的对话，到了现实生活中一句也讲不出来？为什么学生不愿意做作业？为什么教师自认为对学生很负责任，学生却不喜欢、不领情？为什么学生一碰到困难就不知所措，把求助的眼光投向老师？为什么给学生自由安排时间的权利，学生却像笼子里关久了的鸟一样不会飞了？……但是，教师经常无辜地责怪学生，却很少想到自己的过错；教师每天上课、备课、批作业、辅导学生，自己忙得焦头烂额，学生却无精打采，难道教师的教育目的仅仅是教学生说几个英语单词，完成教参布置的任务吗？

四、对英语课堂教学存在问题的对策

心理学研究表明：中学生对事物的感知往往是凭直觉上的好恶，而不是经过理性的分析。这种认知倾向在课堂上的表现，就是对感兴趣的内容听得津津有味，而对那些不感兴趣的东西，则心不在焉，甚至可以视而不见，充耳不闻；或者是对老师讲的东西，开始时觉得新奇有趣，而随着课堂课间的推移，这种猎奇式的兴趣便逐渐淡化，最后归于消失，常常是一堂课下来，教师讲得气喘吁吁，学生却收效甚微。兴趣虽属于非智力因素，却是学好英语的先决条件。美国心理学家布鲁纳说：“学习的最好动力，是对学习材料的兴趣。”爱因斯坦曾说：“符合兴趣的学习能使学生达到最优化的效果。保持对所学知识的浓厚兴趣，是提高学习效率的根本秘诀”。

（一）建立轻松快乐的学习环境

对大多数的学生而言，由于自己对学习没有了兴趣，也就逐渐地放弃了对英语的学习，从而导致学生的“两极分化”、教学质量不明显等一系列的多米诺骨牌似的反应。课堂学习环境的好坏对于激发和促进学生的学习兴趣具有巨大的影响。所以，教师的责任在于为学生创造轻松、愉快的学习环境。

（二）新教材所设计的内容贴近学生的真实生活，与当今世界信息技术发展相联系

在教学的过程中应充分挖掘和拓展教材内容，唤起情感共鸣，引起学生兴趣，同时树立教师的学科威信。兴趣的培养不是通过一两堂生动有趣的课就能够做到的，要持而久之地坚持下去。每个教师在走进教室之前应做到既要备学生，又要

备教材，设计好每一堂课，使其具有趣味性。

（三）多运用鼓励性的语言

要做到对不同的学生有不同的教育方法，哪怕这个学生取得的仅仅是一点很小的进步，教师也要抓住时机对其进行表扬和鼓励。对学生的成功给予必要和适当的鼓励和表扬，帮助成功者增强自信，让自信者更自信，但是对于所谓的“后进生”，一定要从他们的实际情况出发，指导和帮助他们制定短期的、容易达到的目标，当他们达到目标的时候及时给予真诚的鼓励，促使他们体验到成功的快乐、学习的快乐，帮助他们找回自信，找回学习的动力。新课标强调对学生的激励，但不应该盲目地鼓励，对学生回答错误或理解偏颇的问题，不能简单地说“你也很棒”“声音很大”“很有勇气”之类的不着边际的话，当然更不能简单地加以否定。学生之所以回答是错的，是因为在他的思索过程中，肯定有一处或两处的思维障碍，如果老师能静下心来，走进学生的思维过程，帮助其分析原因，找出障碍点，学生必然会得出较为完整的答案。这显然比简单的肯定要好得多，也有助于提高学生今后思考问题、回答问题的信心及准确度。评价学生，无论其表现得好与坏，教师首先要有一颗关爱学生的心，并以此为出发点对学生进行评价。

五、学案的正确使用

（一）学案教学产生的背景和理论依据

新课程标准要求以学生的发展为本，尊重学生，关注学生，全面发展学生的个性，培养具有创新精神和实践能力的人，而实现这一目标，就需要改革课堂教学方式。学案教学与教案教学在形式上和实质上是针锋相对的。学案教学体现的是生本教育的理念：一切为了学生、高度尊重学生、全面依靠学生。学案完全符合《英语课程标准》的精神。《英语课程标准》中要求“突出学生主体，尊重个体差异”“采用活动途径、倡导体验参与”“开发课程资源，拓展学用渠道”。《英语课程标准》在对6到9级的目标描述中把“自主学习意识”放在头条。这些都说明课标的精神实质就是要“生本”——教学以学生为本。要实施《英语课程标准》，英语教学就要向旧的教学模式进行挑战。学案教学就是对旧教学模式的挑战。

（二）学案的编写原则和模式

在学案的编写过程中，必须遵循下列原则。

1. 探索性原则

编写学案的主要目的就是培养学生自主探究性学习的能力。因此，学案的编写要有利于学生进行探索学习，从而激活学生的思维，让学生在问题的重新实现和解决过程中体验到成功的喜悦。

2. 启发性原则

学案中设置的问题应富有启发性，能充分调动学生的思维，让学生通过自主学习领悟知识的奥秘，培养思维的敏捷性和顿悟性。

3. 灵活性原则

由于学生的基础不同，在编写时，形式上应丰富多彩、灵活多样，内容上也应尽量调动学生思维的积极性。

4. 梯度化原则

问题的设置应尽可能考虑学生的认知水平和理解能力，由浅入深，小台阶、低梯度，让大多数学生体验到成功的喜悦，从而调动学生进一步探索的积极性。

5. 创新性原则

编写学案时，强调内容创新，以培养学生的创新思维能力。

（三）学案的课型设计与要求

每个模块根据教材的内容分成不同的课型以达到培养和提高学生听、说、读、写能力的目的。教材大都由词汇、阅读、文化广角、语法知识、听力练习及写作练习等部分构成。人们把这些项目分成阅读课、语言课、听说课、写作课、练习课及测试课，这样有的放矢地让学生全面掌握每一个模块的内容。

1. 阅读课

阅读课重点放在培养学生的阅读能力上。强调课文导入，抓住主题思想，记住重要细节，理解重点词及难句，探讨作者写作意图，推断文句含义及把握人物心理活动，等等。在学案中，教师让学生通过各种渠道搜集背景资料，对如何导入课文，如何把握主题思想、理解文章细节等都提出了一定的活动任务，要求学生自主学习，然后再在课堂上进行交流，对某些主题和观点性问题要求学生写出读后感等。

2. 语言课

语言课主要讲解及操练本模块重点词、句型的意义及用法，掌握专项语法，使学生有较强的语言基础知识功底。

3. 写作课

写作课根据每个模块阅读材料的内容及写作特点与风格，采取读写结合的技能训练方式，提供写作主题与教授学生写作技巧、方法。

4. 练习课

该课型旨在指导学生解题技巧，提高应试能力，增强学生对本模块知识的理解和记忆，增加一些与本模块内容相同的阅读材料，丰富学生的知识，提高学生的兴趣。

5. 测试课

测试课重点检查教学效果，对每位学生进行学习效果的评价，以便做好查漏补缺及培优工作。

另外，每个模块在各课型学案前，都应根据该模块的特点和目标，精心编写模块总的学习方案，让学生了解整个模块的知识概括。

（四）学案的整体版式及效果预测

为使学案实现一体化，英语学案整体版式如下。

1. 学习目标

学习目标要具体，指出完成任务该怎么做、达到什么程度等。

2. 自主学习

该板块内容应该是这节课所讲的全部内容的展示，以问题的形式呈现给学生。课堂上这部分便是学生自我展示的内容，还要留出空间给学生，让学生写出学习过程中的疑惑。具体安排为：知识预览、知识应用、知识拓展和学习疑惑及老师答疑。

3. 精讲点拨

该板块为知识的拓展和延伸。教师可根据自己班级的情况进行不同程度的点拨。在该部分教师可以自由发挥，内容是课本知识的深挖。

4. 课堂检测

该板块主要是知识的迁移，不同于课前的内容，主要以阅读、完形和写作为题材，是能力的提高，是课外知识的学习和拔高。

5. 能力提升

该板块主要是知识的迁移，不同于课前的内容，是能力的进一步提高。

（五）学案设计后，学生学习知识情况的验收

对学生知识的掌握情况要放在周末自主学习指导中。周末自主学习指导的内容要包含对本周所学知识的检测和反馈，以便下周工作有针对性。这样平时老师只是重点验收学案的完成情况，对学生的所谓“作业批改”只在周末自主学习指导中体现。

五、教师和学生在学案教学中的变化

在学案教学中，教师角色发展呈现出新的趋势，在整个教学过程中，教师不再是课堂的主宰。在学案教学中，教师是学生发展的促进者。学生在课堂上始终处于一种积极、活泼、兴奋的状态中，学生有空间进行探究、合作、体验、创造，完成各种活动。在学案教学中，教师是观察者。教师在学生进行自主学习时，积极地看，积极地听，设身处地感受学生的所思所想、所作所为，随时掌握课堂中的各种情况，考虑下一步如何指导学生学习；教师也要注意教育学生遵守纪律，与他人友好相处，培养合作精神，促进他们的学习。

在学案教学中，教师的课堂专业活动发生了巨大的变化。教师不再是照本宣科地教教材而是在用教材。教师充分钻研教材，对教材进行适当的删减与增补，然后指导学生学教材。总之，教师不再过于重视书本和过于注重知识的传递，而是注重学生学会学习，让学生采取合作交流、探索学习的形式去学习。

在学案教学中，学生不再是配角，而是活动的主体。从学习过程来看，每一步都体现了学生的自主性。具体来讲就是学生自己在进行观察、体验、实践、参与、合作、交流。这符合学生的认知规律，为他们的终身学习和发展打下了良好基础。从学生生存状况的结果来看，学生是最大的受益者：很多学生变得喜欢学习、主动学习，他们说话、思考的机会更多；由于学生自己在讨论、交流、合作中学习，

学习氛围变得轻松有趣；学生在教师和同学面前显得更加轻松自信，自己的思维和想法得到了尊重；最重要的是学生形成了探究性学习方式，体验了成功的乐趣，培养了创新精神和实践能力。

总之，在新课标的理念下，如何进行高效教学，是一个值得很多教师思考的问题。

第二节　设计和实施英语有效教学活动

什么样的课堂教学才是有效的？教师往往在课堂上唯恐学生听不明白，于是不厌其烦地讲解。可是这样反而是阻碍了学生的思考，阻碍了学生探索性学习的产生，这种教学不是有效教学。那么，怎样才能引导学生进行有效学习，使教师的教学成为有效的课堂教学呢？教师应从备课和上课这两个方面下功夫。

一、如何备课

教师在备课时往往从教师的角度来备课，而忽略了学生这个角色。但是，学生才是学习活动的主体，他们是知识的探究者，是课堂中的主角，更是影响教师教学效果的关键者。所以，教师在备课时应该从学生学习活动的角度来备课。如这堂课有哪几个环节，怎样安排学生的活动，在活动过程中教师应该怎样指导，怎样与学生互动，在活动中怎样进行评估和调控，这些都应该是教师着重考虑的问题。教师不仅需要事先备课，还要学会事后备课，即进行教学反思。大量的研究表明，很多特级教师在成长的过程中都进行了大量的教学反思。怎样把课前备课和课后反思相结合，这是人们所需要进一步研究的问题，也是一个需要创新的问题。

二、怎样上课

现在的孩子大部分不适应教师的全权讲授法，因为他们渴求的知识很广泛。而对于新知识的接受必须通过他们自己去探索、去发现，这就要求教师在上课时要讲究策略。

一是教会学生爬坡。每节英语课都要向学生提供一定数量的新知识。新旧知识之间，都存在着一个知识的坡度。很多老师在课堂上往往把这个“坡”铲得平平的，例题之前要加准备题，解答准备题所用的知识，教师又先给复习一遍，结果不需要学生多思考，就在不知不觉中“爬上了坡”。事实上，不管是解题方法还是结论都是老师给予的，下次如果碰到这样的题目学生说不定还是做不出，这样的教学效率显然不高。所以教师要让学生自己“爬坡”，让学生动手操作、动脑思考，自己去发现问题并解决问题。教师的教学重点就是借助实物、多媒体等教学手段，使学生发现知识之间的关系。这样，学生做的事，教师没有包办代替，结论是学生得到的，方法是学生摸索出来的，“坡”是学生自己爬上去的，看上去花的时间多一些，但学生的分析、对比、综合等多种能力在这一过程中都得到了提高，课堂教学效率也得到了提高。因此，教师在课堂中应不断地让学生自己“爬坡”，在爬的过程中既学会知识，又发展能力，还能体验到成功的愉快感、自豪感。

二是组织学生开展探究活动。新的英语课程标准提出以人为本的发展理念，提倡充分向学生提供从事英语活动的机会，组织他们主动探究相关内容，以便发现相应的英语规律或结论。但在实际的课堂上很多教师唯恐学生听不明白，于是不厌其烦地讲解，结果是话说得太多，反而使重点不突出，还干扰了学生的思维。所以，要提高课堂效率，发展学生思维能力，教师就要留给学生足够的时间和空间去进行有效的探索活动，让学生在观察、讨论、交流等活动过程中实实在在地体验英语内容、英语思想，发现学习英语的结论和方法。在学生讨论、看书或动手操作时，一定要给予足够的时间，使之真正能“到位”，达到预定目的，不能走过场。有很多教师经常使用讨论的方法，但怎样讨论，讨论有几种，怎样安排，这些都是需要教师去研究的问题。

另外，在目前提倡的计算机多媒体教学中，电脑演示是一种新的方法和途径，那么怎样利用电脑演示来促进学生的思考呢？又比如优化练习，怎样设计练习才能达到促进有效学习呢？等等这些都是教师需要关注的问题，也是学者需要研究的方向。

总之，有效教学是当前教育改革的热点话题，也是历史遗留下来的难题，需要一线教师在工作中不断实践、不断探索、不断总结、不断追求。为了每个孩子的进步和发展，为了祖国的未来希望，教师要不断思索，不断改革，不断进步和发展。

三、合理、有效地使用教材

任何教材只能给教师提供静态的语言素材，教师才是教材的活化者。只有通过教师组织学生围绕教材进行活动才能赋予教材以生命力。教师绝不能被教材束缚住手脚，而是应该通过教材进行实践教学，通过教材提供的语言素材，开拓学生的视野，扩大学生的知识面，加深学生对外部世界的了解，在使用课程指定的教材时，亦应鼓励学生根据个人实际情况自学其他参考资料。英语语言知识是指该门语言的语音、语法和词汇知识。语言技能是指听、说、读、写、译的能力。语言知识是语言技能的基础，没有扎实的语言知识就不可能获得较强的语言技能。而语言技能的提高也会促进对语言知识的理解和巩固。在进行听、说、读、写、译的技能训练时，语言知识的准确性和语言技能的流利性往往会产生一定的矛盾。不过只要处理得当，这种矛盾是可以解决的。其实准确和流利并不是对立的，而是互相依赖的。准确是流利的基础，没有准确，流利无从存在；若没有流利，就谈不上能进行有效的口头、笔头交际。阅读是信息时代使用最频繁的语言活动，而获得有效的阅读能力与其他语言能力的培养也是分不开的。

教师在培养学生系统、全面地掌握语言知识的同时，还应强调学生培养自己归纳知识的能力。当学生抱怨单词记不住时，教师应告知学生怎么样记住单词的方法，怎样使用词典，怎样在学习过程中通过上下文来记忆和巩固已学单词等。教师还可通过使用教材引导学生区分汉语和英语的异同，区分这两种语言中所隐含的不同文化和价值观念。培养学生学习的主观能动性、自我完善的意识，因为学生在学习一门外语的时候，更重要的是学会如何学习。这样，学习外语的过程亦可成为一个人提高综合素质、获取宝贵人生经历的过程。

新课程改革要求教师改变原有的课程观、教材观和教学观，重新认识教材的本质和功能，创造性地使用教材。教材不再是教学中唯一的“法定文化”，教材的功能逐渐由控制和规范教学转向为教学服务。新课标理念认为，教材是学生发展的“文化中介”，是师生进行对话的“话题”。

四、加强学法指导，培养良好的学习习惯

有些教师在教学过程中只教学生知识而不重视学法指导，使学生形成了不良的学习习惯，古人讲的“授人以鱼，不如授之以渔，授人以鱼只救一时之急，授人以渔则可解一生之需”就是这个道理。新课标要求从事基础教育的英语老师不仅要关注学生的语言知识教学，还要关注学生学习的全过程。教师应指导学生制定学习计划、预习课文、完成家庭作业、复习、备考及记忆生词等。教师要指导学生结合自己的学习特点，选择最能适合自己学有所获的方法。在起始年级应培养学生拼读单词的能力，重视音标教学，使学生对于某些符合读音规则的单词，见词能读、听音能写，逐步培养学生的自学能力，让学生学会学习。长此以往，学生没有依赖老师教单词的心理习惯，养成在课前预习课文的习惯。

五、在合作中加强语感训练

（一）加强听说双向训练

听说双向训练就是教师必须在学生趣听的过程中，坚持引导和鼓励学生进行仿说实践，让学生在仿说中不断进行语感训练，提高语感能力。例如，可以在课内外坚持播放标准英语录音，也可以播放用英语录制的故事、童话、动画片，让学生直接感悟地道的英语语音，从而进行模仿发音实践，在实践中加深对英语语感的感悟。教师突出地道英语语感训练，既能加深对语感的模仿和感悟，又可以在愉快的环境中增强学习英语的兴趣，还可在地道的语境中进行模仿。

（二）加强会话互动活动

会话互动活动就是教师精心组织学生进行逐日轮流英语值日活动，让全体学生轮流在课前 3 到 5 分钟用英语进行表演、对话、朗诵、讲演等会话活动。这样的活动是在语感训练的基础上进行的，可以进一步提高学生运用英语进行交际的能力。学生在会话实践过程中能够产生良好的互动，说话者自身得到了实践的锻炼，听者也会在听说中得到启发和影响。这样说者则会尽力表现自己的能力，听者则会在听说的基础上努力争取超越他人，实现听说双方增强实践锻炼的兴趣和提高语感训练水平的目的。

（三）加强教学情景触动

教学中的情景触动就是教师的教学尽量结合教学内容，模拟生活实际，将学生置于真实的生活环境中进行训练和感悟。教师在教学中应精心组织学生根据教学内容，模拟动作和表演进入真实生活情境，感受语言信息，还应该利用教学内容，精心设计仿真生活的教学形式，引导学生进入实际生活情境，在仿真情境中进行仿真生活信息交流，感悟实际生活信息交流的情景，从而提高语感水平。

六、不断更新教学方法和手段

要提高教学质量，就必须改进教学方法和手段，教师上课不能千篇一律地教学生学单词、背课文，教学生语法，天天如此，无法激起学生学习英语的兴趣，学生没有兴趣学习英语，更不能调动学生学习英语的积极性，教师应该运用“精讲多练、善导自学、激发兴趣、师生和谐”的课堂教学法，提高课堂教学质量。教师应该钻研教学大纲，认真钻透课本，不惜花时间精心设计授课计划、方法和步骤。在课堂上也要尽量做到“精讲、多练，多让学生学英语、用英语”，有效地提高课堂教学质量。精讲是指在课堂教学中，要抓住教学目标、重点、难点讲深讲透，不该讲的不要在课堂上讲，尽量避免占用宝贵的课堂时间，而怎样讲，就关系到各种教学方法、教学手段的综合。新知识的运用是用旧知识引入，这是以旧引新，使新旧知识融为一体。教师针对教学内容要认真备课，这样才能在课堂上做到精讲、精练，引导学生开动脑筋、独立思考、多听多说。

第三节　利用多媒体优化初中英语课堂教学

近年来，现代信息技术迅猛发展，多媒体技术和网络技术应用于初中英语的课堂。多媒体对初中英语课堂的教学优化主要表现在：第一，利用多媒体创设生动情境，激发学习兴趣；第二，利用多媒体创设学习氛围，激发创新思维；第三，利用多媒体节约上课时间，提高学习效率；第四，利用多媒体，给学生自主权，促进学生综合性学习的能力；第五，利用多媒体，激发学生在想象中创新。运用新颖、先进的多媒体信息技术，可以在知识的抽象性和学生思维的形象性之间架起一座桥梁，优化课堂结构，改革旧的教学方式、方法，显著提高学习效率。它不仅为学生的学习创设了独有的、开阔的学习和活动环境，又为学生提供了充分观察、思考和实践的机会，对学生创新能力的培养和实践能力的提高具有无法比拟的优势。

一、多媒体课件对课堂教学优化的主要表现

（一）利用多媒体创设生动情境，激发学习兴趣

青少年的学习兴趣对激发他们的学习动机、调动学习积极性起决定作用。一旦激发了他们的学习兴趣，就能唤起他们的探索精神和求知欲望。而计算机集文字、图形、音频和视频等多种媒体于一体，给学生一种耳目一新之感，使表现的内容更充实、更形象生动、更具吸引力。形象逼真的屏幕图像和动画能将教师用语言和教具演示难以解决的问题进行形象化处理，为学生提供生动逼真的教学情境，从而使学生更易体会到事物的本质。丰富多彩的教学资源能够为学生营造一个色彩缤纷、图文并茂、动静相融的教学情景，促使学生脑、眼、耳、手、口等多种器官同时接受刺激，从而大大激发学生的思维活动。交互式的计算机技术为学生的主动参与提供了条件，能充分发挥学生的主体积极性。可以说，直观性教学是学生产生创造性思维的源泉。

（二）利用多媒体创设学习氛围，激发创新思维

培养学生的创新思维，不仅要在课堂上创设一种平等、民主、和谐、宽松的氛围，还要以积极的态度和发展的眼光去看待学生，相信每个学生都有巨大的发展潜能，同时要根据教学内容寻求一种最能激发学生兴趣并最易于使他们接受的教学方式，这样才能使学生产生不怕错误、敢于求异的良好学习心理，学生的创造思维火花才能迸发出来。

教学时，可以在多媒体课件中创设快乐轻松的学习氛围，让学生在轻松愉快的气氛中学习，既促进了学生的思维想象，又提高了学习的效率。

（三）利用多媒体节约上课时间，提高学习效率

在原有的教学中，老师的板书、教具的演示和教学挂图的张贴等往往占用了

课堂上不少的时间。运用多媒体课件动态演示，可以把知识的形成过程直观、生动和便捷地展示在学生的面前。教师通过精心制作的课件，在“超文本”状态下，只要操作鼠标，就可以让学生一边眼看精美的教学图片，一边耳听教师生动的讲解或多媒体播出的声音。动静结合，轻松突破教学重点、难点，学生容易掌握其内在规律，完成知识的构建。通过课件的教学演示，学生很容易理解英语问题，并且也比传统的教学节省了许多时间，从而使课堂中更多的学生有回答问题的机会。同时，教师还可以根据实际情况补充一些教学内容，丰富学生的知识，给学生更多的表现机会，增强学生的学习自信心。

（四）利用多媒体，给学生自主权，促进学生综合性学习的能力

“学生是学习的主体”早已成为广大教育工作者的共识，而运用信息技术，更能体现学生是学习的主体，可以让学生有更多的参与机会和参与行为。综合性学习就给学生提供了这样的平台。在综合学习的过程中，各小组制订学习计划，讨论学习方案，分配学习任务，通过各种媒介如光盘、书籍尤其是网络收集整理资料。例如，某个教师设计了一个与“四季”相关的综合性学习，学生在拥有足够的自主权后，能自己拿出具体的学习目标，学习态度也非常积极，能对学习进行自我调控，还能在教师的帮助指导下，独立地感知、学习、理解和提高，完成综合性学习任务。在汇报综合性学习效果时，学生从网络、书籍中搜集了许多有关四季的谚语、名家短文、歌曲等，这样在无形中既拓宽了学生的英语知识，促进了自身的创新思维能力，又让学生体验到自己学习的快乐，体验到成功的快乐。利用多媒体，让学生自主学习，培养了学生搜集资料、整理信息的能力，培养了团结协作精神，还能通过优势互补促进全体学生智力的发展，真正使学生成为学习的主人。

（五）利用多媒体，激发学生在想象中创新

要培养思维的独创性，首先要培养学生的想象力。教师可以利用现代教育技术的多种手段激发学生丰富的想象力。例如，在新的英语教学内容引入时，可以通过媒体播放生动有趣的生活场景，让学生先想象，各抒己见，给予他们充分的想象空间，最后通过归纳再下结论。教师还可以多角度地培养学生的想象能力，引导学生从各个方面去思考问题。例如，教学七年级“I think line A is longer than line B”一课时，其教学目标是通过学生的观察、理解和判断表达自己的观点：“I think…” “I agree…” “I disagree…” “I don’t know.”，并且是在练习比较内容 longer/bigger…than 或 the same as 的情景下通过自己的观察，表达相同观点和不同观点。在教学过程中需要把长短相同的两条线段按照不同的方式进行摆放，而让很多人看上去会产生错觉。在解决这个问题时，多媒体技术发挥了它的作用。首先，通过多媒体出示这两条线段。其次，在学生观察之后，运用“I think line A is longer than line B.” “I think line B is longer than line A”的句式尽情表达自己的观点，对两条线段进行比较。然后，让学生想象，两条线段重合在一起会是什么样子，使学生进行自由猜测。最后，运用多媒体动画巧妙地将两条线段合并对比，学生见到此情景时恍然大悟。这时，借此呈现新语言“Line A is the same as Line B.”。学生在直观形象的展示中学会了这个句子。学会了这个句子后，再用多媒体向学生展示各种图像，让学生感受不同的效果，创造大量自由发挥的机会，并极大地调动学生观察和表达的欲望，培养学生的创新思维。

由此可见，充分利用多媒体进行教学，学生不仅学到了东西，还锻炼了想象力，让学生在想象中进行创新，提高了学生的自信心，增强了学习的兴趣。

二、运用信息技术进行教学要注意的问题

第一，不应过分强调中看不中用、形式上的东西，如一些不恰当的动画等，其在使用中容易分散学生的注意力，使教学达不到预期的效果。课件的制作和使用应以实现最终教学目的为宗旨，避免出现重形式、轻内容的不良现象。

第二，不应重机器、轻教师，不能不分课程内容，过分依赖媒体技术。不应僵化地使用现代化媒体，忽视教师作为教学活动的主导作用，甚至使教师成为现代媒体课件的播放员，学生成为缺乏活力的观众，课件成了简单的电子讲稿。在整个教学过程中，教师的主导性和学生的主体性地位是不应丧失的。

第三，任何教学手段都不是万能的，它只是教师进行教学活动的一种辅助手段，本身具有一定的局限性。如在教学实践中发现，白天进行多媒体教学的教室环境较暗，学生做课堂笔记困难；课堂信息量大、速度快，基础薄弱的学生学习吃力；若教师教学组织不当，学生会感觉单调、视觉疲劳；等等。

三、运用信息技术进行教学的几点建议

一是教师应尽可能地掌握制作多媒体的技术，这是运用信息技术进行教学的基础。二是教学应遵循学生为主体、教师为主导的原则，应用信息技术教学，其目的就是提高教学效率，提高学生学习效果，所以应以学生为主体。三是必须不断学习新的教学理念，不断提高自身现代化教育素养。四是把优秀课件与传统教学手段合理整合，取其优点，避其不足。五是针对不同的教学内容，采取恰当的现代化教学方式。

第四节　高效英语课堂教学的“五到”

随着国际竞争的日趋激烈、科学技术的迅猛发展，运用英语已成为每位公民的必备技能。目前，英语教育还没有学习英语的良好语言环境，英语的习得主要还是通过基本的英语课堂教学。教师应根据每节课的不同要求，注意课堂的每一个细节，精心设计教学内容，激发学生学习英语的主观能动性，挖掘学生的学习潜力，教活英语，进行高效的英语课堂教学。中国现代无产阶级文学家、思想家、革命家鲁迅先生曾提出著名的学习理论——“五到”：读书要“眼到”“口到”“心到”“手到”和“耳到”。这句话说的是：在读书（不仅是记单词）时，要想深刻理解书本意义，就要一边看，一边大声读出来，一边想，一边用笔记记录，还得用耳朵听自己的朗读。科学研究表明，这种同时调动所有感观的学习方法比五次使用单一感官的效果要好得多。因此，英语的课堂教学也应同时调动学生的“五到”，才能提高效率。

一、英语课堂中“五到”的具体要求

英语是一种语言技能，作为语言，英语本身就离不开听、说、读、写。所以高效的英语课堂教学也必须围绕着如何调动学生进行听、说、读、写的训练来开展。要使学生在课堂教学的过程中做到：“眼到（see）——动眼看，口到（speak）——动口说，耳到（hear）——动耳听，手到（write）——动手写，心到（remember）——

动脑想。”

（一）眼到（see）

要上好英语课，教师首先要成功地吸引学生的视线。只有学生认真地用眼睛看，才能把准确的信息传达到大脑。课堂上，学生要双眼紧随教师，观察教师的动作、口形、表情、板书、绘图、教具展示等。大脑里形成的视觉信息和听觉信息相结合，印象就会更加深刻。学习语法知识技能时，学生必须细心观察，分辨出不同时态、语态和表达方法之间的细微差异，从而掌握正确的语言表达方法。比如，在教授单词时，学生必须清楚教师所教单词的词形：是双音节、单音节还是多音节词。一些读音相同，拼法与词义相异的词，需要细心辨认。例如，sun（太阳）和son（儿子）、see（看见）和sea（海）、flower（花）和flour（面粉）、peace（和平）和piece（片、块）、later（后来）和later（后面的）。而一些读音相近，拼法近似的单词，就更让人感到头痛。如advice和advise、class和glass、full和fool、cook和cock。又如，saw这个词，可以是动词see的过去式，也可以是名词“锯子”，如果把这个词三个字母顺序颠倒过来，就成了was。又如，now是现在的意思，把字母n移到最后，就成了另一个词own“自己的”，如果字母w和n的位置对换一下，就成了win的过去式won“获胜”，如果它前面加上一个字母k，又成了另一个词know。这些，都需要学生用眼睛仔细去观察。

（二）口到（speak）

除了看准，还要读准，这就是“口到”。“口到”主要是拼读、朗读、背诵等基本功。不张嘴、不动口是学不好语言的，学生最大的毛病是读书不出声，害羞不敢张嘴。尤其是在读课文和词汇时，学生只是用眼看或默读，这样就只有视觉信息，而没有听觉信息在大脑里的反馈，当然记忆也就不会太深刻，口部肌肉也得不到锻炼，也就很难练就一口纯正的英语。因此，让学生大胆开口说英语是英语课堂教学中最重要、最关键的一个环节。有些人因为害怕出错，而不敢开口；有的说英语时总是把注意力集中在语言形式上，而无暇顾及意思和内容；有的缺乏口语训练。这样学习者对英语的发音、连读、语速的变化、意群的停顿等就缺乏亲身的体验。要从根本上解决这一问题，就要让学生从课堂上养成开口说英语的习惯。

“口到”的目的是要将无声的材料变成有声的交流，在英语语言交流中去培养语感。不然只能是“哑巴式”英语，达不到交际的目的。

（三）耳到（hear）

学习任何一种语言，开口说之前一定要有听的先导。因此，在课堂上认真听讲是十分必要的，学生不但要专心听教师对知识的讲解，而且要认真听教师说英语的语音、语调、重音、连读、失去爆破、断句等发音要领，以便培养自己纯正地道的英语口语，以适应交际的需要。听见、听懂教师传授的每一个知识点，在头脑里形成反馈以帮助记忆；理解领会教师提出的问题，以便迅速作答；对比同学对问题的回答，以加深对问题的理解，取别人之长补自己之短。有时光是看和读，是分辨不出什么来的，边读边听就不一样了。例如，独词句“Yes?”用升调读，就表达了疑问；“Yes.”用降调读，就表达了肯定。这些都务必要学生仔细地靠听来分辨和吸收。可见，如果耳不到，学生则很难理解对话的意思。

另外，“耳到”可以增强记忆，加深理解。听是一种接受性的技能，在语言学习中，人们正是通过这种能力获得大量的语言材料和对一种新语言的认识，从而促进说、读、写语言技能的发展。

（四）手到（write）

课堂上学英语，一定要做课堂笔记。因为人的记忆力是有限的，人不可能都过目不忘，记忆本身就是不断与遗忘做斗争的过程。常言说“好脑筋不如烂笔头”。教师讲的知识可能在课堂上记住了，可过了一段时间就会忘记，所以做好笔记很有必要。英语知识也是一点点积累起来的，学到的每一个单词、词组及句型结构等都记在笔记本上，甚至是书的空白处或字里行间，这对以后的复习巩固都是非常方便的。

除了记笔记，“手到”的目的不仅是正确地写出字母、单词、句子、标点符号，还要会写作——写作文、写课文概要、写信、写日记等。一般说来，运动记忆给人留下的印象比听觉、视觉等更深刻，而且写作时必然带有读的因素，甚至还有或明显的、或潜在的说或听因素，使写成为综合性的记忆活动。书写美观流畅不但给人美的感受，自己也能得到美的体验。“手到”对学习语言的各个方面都起推动作用。

（五）心到（remember）

“心到”就是要求动脑想，这在学习英语的过程中是很关键的。学生在课堂上应聚精会神，一刻也不能懈怠，大脑要始终处于积极状态，思维要活跃，思路要开阔，心随教师走，听懂每一句话，抓住每一个环节，理解每一个知识点，多联想、多思考，做到心领神会。只有用心分析其结构和意义及发音特点，动脑分析思考，才能真正理解英语读物的内容。要时时刻刻做个有心人，把所学过的英语词、句子、文章牢记在心。

二、课堂教学中如何充分调动学生的“五到”

既然“五到”如此重要，那么英语课堂上如何充分调动学生的“五到”，是英语高效教学课堂的重要保证。

（一）进行生动有趣的课前交际，吸引学生“口到”“耳到”和“心到”

语言是交际工具。进行生动有趣的课前交际，是高效英语教学课堂的一个重要环节。课前交际的形式主要有：自由交谈、自编短剧、课前五分钟演讲、小组合作表演等。这些方法趣味性强，形式活泼，能够大面积地调动、激发学生的参与意识，能够激活学生的思维。让学生通过听别人说，学会自己开口说，集中注意力组织语言去表达自己的观点和意见，提高口语表达能力和思维组织语言的能力，调动学习积极性。

（二）呈现新课时要多样化

要想上好一节高效的英语课，一个吸引学生的好开头是非常重要的。成功的新课导入能先声夺人，吸引学生的注意力，让学生“心到”“眼到”“耳到”，提高学生的学习兴趣。不同的课堂内容，导入新课的方式也不尽相同。

1. 利用图片

教师充分利用每篇课文的漫画、插图和与课文有关的具体实物等，让学生通过仔细观察，认真思考组织语言，开展听说活动，从而引出课文的主题。

2. 设计问题导入

教师可根据文章的内容，提出有关切合学生实际又能体现课文内容的问题，使学生通过回答问题来调动自己的五种感观。

3. 展开想象

教师给出课文标题，让学生展开想象，然后将自己的想象与课文内容相比较。这样既可提高口语表达能力，又可提高学生的想象力。

4. 介绍背景

如果课文是某个故事的简写或片段，那么介绍这个故事的文化背景、主要内容、作者生平就能使学生通过听产生兴趣。

5. 开展游戏

游戏是英语课堂教学行之有效的方法之一。不管什么年龄的学生，游戏总是吸引人的，开展游戏能让学生亲身动手体现语言交际，活跃课堂气氛。

在这一环节中教师要注意综合运用手势和精确的表达，要求学生眼观教师手势，耳听教师表达，脑子理解、记忆教师所表达的内容，要求学生专心看、用心听、张口读、脑子记、动手写。

（三）练习巩固阶段

在练习巩固阶段要求学生背诵本堂课所学内容，在背诵时脑子里要呈现出一幅图，背完之后可用简笔画把所学内容画出来，反过来还可以看着图画把所学内容复述或背诵出来。这样就使学生在听课中做到了“五到”，即“耳到”“眼到”“口到”“手到”“心到”，有效地培养了他们听、说、读、写各方面的能力。

在课堂上教授和记忆单词时，更加要注重同时调动学生的“五到”。教师介绍单词时，学生必须集中注意力去听清发音、音节、重音，观察单词的拼写规律，开口大声跟读，并在跟读的过程中用手在空中虚拟拼写（书空），如此五种感官同时调动，学生掌握单词就会又快又牢。另外，充分利用多媒体课件，通过优美生动的声音、经典的动画、视频和影视作品来吸引学生的注意力，当学生在注意看课件和影视作品时就做到了“眼到”，在一些需要强调注意的部分可以反复播放，让同学们跟着朗读，这就做到了“口到”，在整个授课环节中牢牢抓住学生的注意力就自然达到了“耳到”，然后让学生跟着教师的思路做好课堂笔记就是“手到”，在课程要结束前对整堂课程内容进行总结，强调重点让同学们加深印象就做到了“心到”。运用声光媒体后，教学活动的节奏必然加快，操练密度、广度，尤其是口头操练密度、广度随之加大。这样既缩短了教学时间，又提高了英语课的实践性，还使英语技能得到全面发展，真可谓“一石数鸟”。

高效的英语教学课堂，教师在为学生创设逼真的语言活动环境时，要求学生必须做到“眼到”“耳到”“口到”“手到”“心到”，利用眼、耳、口、手并用实现全身反应，把动觉、视觉、听觉全方位调动起来，一起投入学习。这样的学习是立体化的，学生感知深刻，注意力易于集中或分配，各种记忆力都可已发挥，想象、思维等智力活动的效率也会提高。智力因素的高效活动，反过来又促进兴趣、情感、动力等潜力因素的增强，其结果必然表现为学习积极性、主动性的提高。课堂教学活动也因而事半功倍。

三、优化教学设计，提高英语课堂教学效率

课堂教学是英语教学的主要形式，提高课堂效率是提高教学质量的关键。因此，教师必须认真备课，潜心研究教学方法，优化教学设计，使课堂教学更加成功、高效。

（一）有效课堂教学的界定

1. 教学目标的达成

新课程标准指出，英语课程的目的是发展学生的综合语言运用能力；同时它还指出综合语言运用能力的形成，建立在语言技能、语言知识、情感态度、学习策略和文化意识等方面整体发展的基础上。高效的课堂教学应当任务定位准确、目标具体完整，高效的课堂教学应该使80 %以上的学生达到80 %以上的具体目标，即学生在认知上，从不懂到懂，从少知到多知，从不会到会；在情感上，从不喜欢到喜欢，从不热爱到热爱，从不感兴趣到感兴趣。从学生对课堂教学的参与来看，不管哪一种形式的课堂活动，都不能成为少数学生的表演。

2. 学生的学习愿望能受到持续激发

苏霍姆林斯基说过：“任何一个优秀的教师，他必须是一个善于激起自己课程兴趣，确立自己课程吸引力的教师。”在一堂高效的课堂教学中，学生应积极自主地参与课堂教学，并且在课堂教学活动结束时进一步被激发起继续学习的渴

望。课堂教学有效性的特征有很多，但最核心的一点是看学生是否愿意学、主动学及学得怎么样。

（二）教学设计的不足致使课堂低效的表现

课前的精心预设和课堂高效的生成是辩证统一、互相依存的。如果没有高质量的预设就不可能有精彩的生成，很多课堂因为预设不足而产生了低效的表现。

1. 课堂教学目标重点不够突出

新课标目标下的课堂教学要求学生在知识与技能、过程与方法、情感态度与价值观三者之间做到协调发展，要求教师在课堂目标的预设中必须做到重点突出，不能因偏离主题而浪费时间。阅读课的教学重心在于提高学生用英语获取信息、处理信息的能力，以及对阅读能力的培养。

2. 兴趣激发中“度”的偏离

一堂有效的课需要教师在备课时认真钻研教材，并创设情景以激发学生的兴趣，但在时间和内容的把握上一定要做到合理。有一位教师对堂课的教学设计如下：首先，为了活跃课堂气氛、激发学生的兴趣，他在阅读导入环节给学生播放了三段喜剧和相声片段。其次，安排学生阅读文本和对课文进行梳理（事实上这篇文章的理解并不容易）。最后，给学生布置一个“Make up a short comedy and act it out in class.”的任务。几分钟后，学生被要求表演他们的喜剧，结果很多学生编不出来，会的学生也只编了没几句话，教师只能草草收场。教师不能单纯为了吸引学生的注意、增加教学的“亮点”而创设情景，这堂课表面上生趣盎然，但学生不能很好地静下心来品味和思考所学语言，课堂教学效果很低。

3. 任务活动设计中的不足

新课表提倡任务型教学，要求教师在课堂上通过组织贴近学生生活实际的有意义的活动任务，使学生在“做中学”，以活动为载体学会“用语言做事”，其初衷是让学生“动”起来。但在实际教学中，由于教师对任务设计的不当使课堂活动显得低效，其表现如下。

（1）任务活动在设计上缺乏可操作性

教师常有这样的感慨：在精心设计了一些任务活动后却发现响应者寥寥无几，这些学生通常是班上英语较好的几个“活跃分子”，而相当一部分学生扮演着“沉默的大多数”。

（2）任务设计缺乏探究性

由于受传统教学观念的束缚和大班授课的影响，许多教师担心任务型教学会影响教学计划的顺利完成。因此，设计的不少任务型教学还是教师唱主角，学生被动应付，活动成了学生配合教师完成教学任务的手段。例如，在教学“Nsefc Module 4 Unit 2 Poems”的 speaking 时，教师布置任务“Why would you not like to read a poem?”，随后先与成绩较好的同学做示范对话，然后把已设计好的对话通过 PowerPoint 呈现，最后布置二人小组练习对话，因为有 PowerPoint 上的 example 可模仿，小组对话练习时，很多学生都是在朗读 example 的内容，在某种意义上变成了对句式的操练（drilling）。这样的任务活动表面上学生能参与进来，但在另一方面活动却陷入了低效重复，无法培养学生进行真正意义上的自主、合作、探究。

（三）优化教学设计，构建高效的英语课堂

一堂成功、高效的英语课，首先要求教师在课前做好精心的准备、设计，才能在课堂上激发灵感。

1. 教学设计时要突出重点，做到主次分明

新课标目标下的课堂教学要求学生在知识与技能、过程与方法、情感态度与价值观三者之间（三维目标）进行协调发展。教师要根据学情确定教学目标，教学内容和教学要求要体现循序渐进的原则，应该由易到难、从简单到复杂。在培养学生听说能力的基础上，教师要着重提高学生用英语获取信息和处理信息、分析问题和解决问题的能力，虽然在设计教案时教师也需要考虑所设计的课堂活动是否生动、是否富有情趣和吸引力，但是也不能过度拓展，应该避免重形式、轻内容的倾向。

2. 教学设计要从培养学生的学习兴趣和积极的情感投入出发

新课程标准指出：积极开发和合理利用课程资源是英语课程实施的重要组成部分。其对教材使用的建议是：教师要善于结合教学实际的需要，灵活和有创造性地使用教材。因此，教师在设计教案时应学会对课程资源进行开发。例如，在“Alone in Antarctica”一课中，有有关南极气候、地理、动物等的课外知识，教师如果让学生在课前进行资料的阅读、查找，一方面使学生对课文的背景有了充分的认识，

并为课文的阅读铺平了道路，另一方面也在课堂上为课文的文本教学争取到了宝贵的时间；在情感上，课文主人公在南极克服种种困难最后探险成功的故事对学生进行了积极的思想教育，激发了他们与困难做斗争的勇气和追求科学的精神，使学生在学习语言知识和提高语言应用能力的同时也受到情感的熏陶，进一步懂得成功离不开勤奋和努力。

3. 课堂任务活动在设计上必须具备可操作性

新课程标准明确提出英语教师采用任务型教学模式。教师对课堂任务活动的设计应有利于发挥学生的创造力和想象力，在教学中要增加开放性的任务型活动，使学生有机会表达自己的看法和观点。但在设计任务型活动时教师要考虑到活动的可操作性，要考虑活动的难度和所需要的时间长度。在课堂实践中教师还要根据学生的具体情况灵活机动地调整教学内容。

（1）把握任务型活动的难度，在最近发展区内搭建活动的支架

任务型教学并不意味着给了学生任务，学生就会自然而然地去交际。对于缺乏英语环境、以课堂学习方式为主的学生而言，外语教学应遵循外语学习的认知规律，即以“知”为先、从“知”到“做”的过程。教师必须在教学目标、学生实际水平的基础上，对任务的难度进行预测，确保任务的切实可行。最近发展区是指学生目前已经达到的水平与潜在可能达到的水平之间的距离；支架原指建筑行业中使用的脚手架，是建筑楼房时必需的暂时性支持。学生的学习是不断地、积极地自我建构的过程，教师的教学则是为学生的学习搭建一个必要的支架，支持学生不断建构自己，不断形成新的能力。教师在任务教学中应该以学生的最近发展区作为介入的时空，根据学生的实际需要和能力创设情景，为学生的学习搭建一个必要的脚手架。

（2）设计的任务要有探究性并能激发课堂兴奋点

任务型教学活动应使学生有机会表达自己的看法和观点。在课堂实践中教师要根据学生的具体情况灵活机动地调整策略，做到根据学生实际来实施教学。

（四）加强学法指导，培养学生自主学习的能力

古人云：“授人以鱼，不如授之以渔。”这就是说教师不仅要教会学生知识，更重要的是教会学生获得新知识的方法，这是教学的最高境界。教师的“教是为

了不教”，“不教”是为了激发学生潜在的自学能力。学生自学能力一旦形成，就能够在英语学习中独立自主地学习，就会不断地思考问题，解决问题，就能吸收消化教师所传授的知识。以此为基础，因势利导，使听、说、读、写各种技能得到全面提高，英语教学的质量必然会得到极大的提升。

（五）培养英语学习兴趣，开发学生自主学习潜能

“没有兴趣任务，而被迫进行的学习，会扼杀学生掌握知识的意愿”。著名教育家康斯坦丁·德米特里耶维奇·乌申斯基说的话能使人们深深地体会到：要提高学生学习英语的积极性，应抓好学生学习兴趣的提高，使其学习动机变得强烈，学习态度变得端正，自然学习成绩就会提高。那么，如何在英语教学中贯穿学习的兴趣？就需要教师落实以下几点要求。

1. 要善于营造活跃的课堂情境，开展形式多样、有声有色的英语课内外活动

为了增强学生学习英语的兴趣，给学生更多地运用英语进行交际的机会，教师可以设计和组织多种难易适度的课内外活动。通过活动可以让学生把所学知识运用于实际，增强学生的自信心，增添学习英语的兴趣和乐趣，从“要我学”发展为“我要学”，进而长久地保持其对英语学习的兴趣。教师可以坚持每节课堂上均有“动容”的效果，具体做法是尝试在每一节课的首尾时间，请一名同学用英语讲一个笑话，或者是一个心酸的故事。这样能够产生很好的效果。许多学生因此阅读了大量的课外小故事，阅读面增大了，英语语感也增强了。可以让学生每天进行 3 min 的英语听力和口语轮流训练，不仅提高了听力和口语能力，还强化了自身的心理素质。这样通过每天的轮流训练活动，在很大程度上真正达到了培养兴趣的教学效果。在英语课前或课后，充分利用录音机、计算机等电化教育手段，让学生通过英文歌曲来强化兴趣，也给教师的英语兴趣教学带来很大的启发。

2. 注重师生间的情感交流，培养学生的情感因素

教学中应重视学生情感因素对学生的影响，想方设法让学生保护良好的心境，保护学生的自信心，这对培养和保持学生的学习兴趣有很大的作用。教师要注重对学生的人文关怀和情感交流，帮助学生形成积极健康的情感，陶冶情操，发展健康和谐的人格。学生初学英语时都兴趣盎然，但随着时间的推移、知识容量的增多和学习难度的加大，学习英语的兴趣程度也会因人而异出现变化，有的学生

甚至完全丧失了兴趣。只有当学生喜欢学习，热爱学习，能从学习中得到一种乐趣时，他的学习态度才会积极。课堂上，可以结合教材内容中的重点、难点，给学生布置“每天 3 min 口语训练”的任务。刚开始，由教师根据当天所学内容提炼四到五个具有一定煽动性的英语句子，要求学生熟读达到脱口而出的地步。经过一段时间的引导后，学生产生了浓厚的学习兴趣，他们之间也会互相炫耀自己发现的英语句子。慢慢地学生也因此讲出复杂的、地道的英语。

3. 注重“以人为本”，发挥学生主体性

“教学过程是一种提出问题和解决问题的持续不断的活动”。在英语教学中，教师的侧重点不应是“我们该教些什么”，而应是“我们如何在课堂教学中创造这些条件”。这就要求教师要善于引导学生进行思考、讨论、回答问题，而不是限制学生的思维，被动地跟着老师走。一位老师在教“问路”这节课时，完全可以避开传统的使学生处于被动地位的讲解式，而是采用多媒体呈现迷路、问路的几个现场情景，然后提出问题：假如是你，你将如何问路、指路？然后布置分组活动的工作。只要充分调动了学生的主体性和创造性，就能帮助他们跳出被动灌输的困境。学生的兴趣被充分调动起来，教学效果可想而知。

英语教学应以激趣为主。很难想象学生失去了兴趣之后还能怎样培养交际能力。所以作为英语教师，除了向学生传授语言知识外，更要重视培养和保持学生对这门学科的兴趣，以获得事半功倍的效果。真正使学生的学习态度稳定、积极、学习动机更为强烈。那时英语的学习对于学生来说，不再是负担，而是一种娱乐、一种享受。

（六）培养学生发散思维，提高学生创新思维能力

研究表明，讨论式、质疑式的教学有利于发散思维、创新思维的发展。要让学生丰富想象，积极探索求异，坚持独立见解，这就要求教师要善于挖掘教材中蕴含的创造性因素，通过设疑创设情境，给予每位学生参与的机会。让学生积极运用所学的知识，大胆进行发散创造。例如，在讲解问路、指路知识点时，模拟问路、指路现场，让学生在课堂上分角色模拟训练问路、指路的各种句型。

在课文教学中，教师要善于设计新颖别致、能唤起学生共鸣的问题。让学生在课前独立思考的基础上，再进行小组交流。也可以用所教的知识，让学生自由

地求异发散、编写新的内容。例如，教完“问路”这一话题时，根据问路的几种方式，让学生重编对话，这样使学生相互启发、相互交流，从而以创新意识来灵活运用语言知识。让学生凭借自己的能力解决新问题，掌握新知识。在此过程中，学生的创新实践能力也得以真正提高。

总之，没有所谓最好的教师，只有最适合特定课堂的教师；没有最好的课堂，只有最有效实现特定目标的课堂。教师要从学生的实际出发，合理确定课堂教学目标，并为学生的知识搭建脚手架、激发学生思维的兴奋点，层层诱导，使教师的英语课堂成为学生积极参与的、高效的课堂。

第六章 初中英语有效教学模式

第一节 微课教学模式

一、微课的概念

微课又称“微课程”，即“微型视频网络课程”，主要是将零碎的教学资源用短小的视频来传播知识，课程的内容主要是针对一个明确的知识点，课程的设计也严格按照应有的教学目标来制定。微课包括微教案、微课件、微练习等一系列相关的学习资源，像一条完整的“教学链”，系统化地提升教学效果。

微课总体就是一种通过微型短小视频融入教学要点来实施教学，又能针对个别知识点快速学习的课程。微课是一门集视频资源、声音资源、评价资源于一体的学习资源。在满足教学者结合各种教学模式教学的同时，也满足学生的各种兴趣。

二、微课的特点

微课作为当下各大教育平台的“抢手菜”，最主要的优势就在于它自身一系列的特点上，具体体现在以下六个方面。

第一，最主要也是最受青睐的地方就是它的“短”，这在很多教育研究者的眼里备受关注和争论。因为其好处就是可以在节约时间的前提下完成学习，缺点就是学习内容过于简单，可能会漏掉重要的学习点。

第二，内容简洁，又被称为“精简”，这和第一点中所说的过于简单有些联系。它的精和简是以科学设计为前提，即选取最为重要的东西，通过科学的选择和合理的利用来达到学习的效果。

第三，时间灵活。在学习时间紧迫的现代化学习背景下，它能满足学生课堂内外的学习，利用闲暇时间学习，从而给课堂学习空间留出更多的位置，提高学习效率。

第四，课程内容趣味性强、创新性强。因为制作上的简单、传播上的方便，在学习上普遍做到了每个人都能成为课程的研发者，集广众创新于一体的课程更能引发学习者的兴趣。

第五，课程传播方式多样。因为课程的容量本身较小，加上现在网络的便捷化，有利于传播。

第六，主题明确、针对性强。因为课程在内容选择上的针对性较强，学习者在学习的反馈上会更加精准。

三、初中英语微课实践

（一）课前创设情境

教师在正式开始一堂课的教授之前，要根据教学内容，选择一些与内容相关的微课视频为学生播放。一方面，学生可按照微课的内容进行预习，提前明确学习的重难点；另一方面，通过微课也会营造一种好的学习氛围，提高学习本节课的积极性和主动性，起到事半功倍的作用。例如，教师可制作一些文化背景类的微课让学生提前观看，起到课堂教学引入的作用，提高学生对本节课的兴趣，起到很好的预热作用，学生不仅可以学到很多其他的文化知识，还可提前了解本节课的单词等重点识记内容。

在情境创设的过程中，微课扮演着引导者的作用，不仅辅助教师将本单元的学习课程成功引入，还在很大程度上激起了学生的好奇心、求知欲、学习兴趣等。

在课下，问学生是否喜欢微课，是否愿意在课上经常使用微课，学生都很激动地回答喜欢，并且愿意经常使用。这表明微课用于课前的预习或引入具有一定的效果。此外，在微课的应用过程中，教师应注意微课内容与教材内容的针对性。

（二）课上学习巩固

将微课应用于课上，可辅助英语教师讲解，达到补充和巩固的效果。教师在课堂中使用微课，一方面，改变了以往初中英语课堂上死气沉沉、一味地教师讲解、学生做笔记的状况，使课堂气氛变得轻松活跃；另一方面，学生学习多了一项资源工具，突破了课堂仅有多媒体设备进行教学的局限。

在教学过程中，学生的兴趣都很高涨。在听微课的过程中，每个学生都抬起头来看屏幕。在讲到重点内容时要进行暂停，为学生进行讲解。但是，微课作为辅助课堂教学的一种工具，并不能取代传统的教师教学。

（三）课后复习总结

复习课是针对学生已经掌握的内容，有了一定的学习基础，基于教学大纲中的重点和难点及常考点，需要反复巩固吸收的课程。根据自主学习教学理论，将微课视频用于学生的课后复习。对学生而言，可以根据自己的自身情况，制订自己的学习计划，通过自我监督、自我强化等实现学习目标。同时，要符合复习课自主性和针对性的原则，可查漏补缺，更深入、更系统化地学习，用这种复习方式满足学生的需要，充分调动学生学习的兴趣和自学的积极性。对教师而言，将微课视频用于学生自主学习和复习中，在一定程度上减轻了教师一遍遍讲解的压力，在这一过程中教师也会有所收获，得到专业上的发展。

通过观察微课在复习课中的应用及教师的反馈，可以发现，在微课中所讲解的内容是学生已经学习过的，但在播放的过程中，每个学生都认真听着视频中的讲解，并做好相关的笔记，这与他们初次接触微课有一定的关系。但不可否认的是，一种新鲜的学习资源会激发学生学习的积极性。如果微课的内容足够详细，完全可以在以后的复习课上使用，作为学生复习内容的参考和延伸。

（四）其他拓展补充

微课的内容形式多样，不仅有利于学生对教材的理解和掌握，还为学生提供了一个广阔的发展平台，学生可以在微课中学到许多教师讲授范围之外的知识，甚至体验到与东方文明截然不同的西方文化。《英语课程标准》指出了综合语言运用能力的五个方面的功能及其之间的内在联系：第一，语言知识和语言技能是综合语言运用能力的基础；第二，文化意识是得体运用语言的保证；第三，情感态度是影响学生学习和发展的重要因素；第四，学习策略是提高学习效率的有效手段；第五，这些功能是发展自主学习能力的保证。这五个方面相辅相成，共同促进综合语言运用能力的形成与发展。文化意识是语言学习过程中不可忽视的一环，是综合语言运用能力的五要素之一。新课标要求教师培养学生在学习方面分析和解决问题的能力、语言的实际交流运用能力，而不局限于知识的直接传授，课程资源应超越课本等书面教材，拓展学生的知识层面，让学生进一步了解西方文化，感受中西方文化的差异。在之前的学生访谈中，学生表示教师基本不会讲解其他国家的文化背景知识；而在教师访谈中，有些教师对这一问题予以肯定，认为在平日的课堂教学中，利用多媒体、网络通信等工具为学生扩展西方文化背景的知识是很有必要的。这给教学提供了极大的参考价值。例如，英语国家的概况等文化背景知识被选择性地加进了我国的英语教材中，使学生了解语言背景的同时，也在一定程度上巩固了民族荣誉感，学生的学习氛围正向中西合璧的方向改进和完善。在英语教学材料的选择中，教师应注意遵循文化原则，选择富有代表性的语言材料，培养学生的跨文化意识。在与教师访谈的过程中，有的教师也表示如果将微课用于平日的语言积累、了解英美国家文化等方面，学生会喜欢上课，微课也会被充分地利用。用于拓展补充的微课不局限于课上或课下，也不固定于具体的时间为学生播放，教师可在课前做本节课的预热，也可在课上讲到某一个问题时播放此类微课，使学生有更深层次的理解，学习到更为广泛的知识背景。

对此，教师要多多利用微课资源拓展学生的知识，让学生了解更多的西方文化，感受西方文化和中国文化之间的差异，培养学生的跨文化意识。

第二节　翻转课堂教学模式

一、翻转课堂的概念

我国对于翻转课堂教学模式的研究时间并不长，但是对翻转课堂教学模式的探讨受到教育界广大学者的关注。

翻转课堂是通过信息技术的辅助来实现学生知识的获取，学生知识的内化则通过课内教师的指导和同学的协作互助来实现的教学模式。

翻转课堂教学模式是将传统的“教师白天在教室上课，学生晚上回家完成作业”的教学流程颠倒，变成学生利用课余时间在家自己学习，白天在教室里，在教师的指导和与同学的交流中完成练习。

翻转课堂是教育者借助计算机和网络技术，利用教学视频把知识传授的过程放在教室外，给予学生更多的自由，允许学生选择最适合自己的学习方式接受新知识，确保课前深入学习，而把知识内化的过程放在教室内，以便同学之间、同学和教师之间有更多的沟通和交流，确保课堂上能够真正引发观点的相互碰撞，使问题引向更深层次。

翻转课堂是把传统的课堂讲解新知识的过程放在了课前，学生通过自主学习完成，而把课后知识的吸收、内化放到了课堂上。

从上述翻转课堂的定义中可以发现，我国对翻转课堂的认识主要包含两个层面：一是学习层次层面，翻转课堂是使学生知识的获取与知识的巩固、内化两个层次更合适安排的教学秩序；二是从技术效用层面出发，认为信息技术的辅助是实现翻转课堂教学模式的重要途径。

上述关于翻转课堂教学模式的阐述虽然各有侧重，但实质是相同的，都致力于通过学生知识学习和内化的外部条件变化，进而实现学生更好、更充分地学习。这种教学模式不仅吸取了网络教学的资源和时空便利性优势来帮助学生获取知识，还重视用直观教学的合作、互动、交流等来内化知识的优势，同时还能在一定程度上解决传统的课堂教学，以及单纯的网络教学所存在的不足与弊端。例如，直观教学中班级授课导致的课堂教学时间不足、因个体差异性而造成的课堂教学时间利用率低、学生课业负担沉重等问题，以及网络教学中存在的各种障碍，如选择障碍、信息障碍、情感障碍。

综上所述，翻转课堂教学模式是一种混合式的教学模式，是一种自主接受学习与合作互动学习的混合，也是一种课内与课外教学的混合，它的实质在于借助信息技术实现以学为中心的教学新秩序。翻转课堂教学模式把教学分成了两大环节、两个层次：一是学生在课前进行基础知识、基本概念的理解和认识；二是在课堂上师生通过灵活多样的教学展示和交流等学习活动来实现对课堂教学的内化与巩固的新型教学流程。

二、翻转课堂的特点

（一）师生角色转变

1. 教师的角色转变

在翻转课堂教学模式下，教师的角色发生了实质性的转变。教师从传统的作业安排者和评判者向学习的设计者和引导者转变。与以往的教学模式不同，教师不再在上完课之后给学生布置相应的习题作业，让学生自主完成，布置没有明确指导的预习。在翻转课堂教学模式下，教师会精心地设计好适合学生课前学习的材料，同时在课堂上或是线上交流平台给予学生详尽的指导。此外，课堂不再是教师单向对学生进行知识灌输的场所，而是师生平等展开对话交流、探索知识的场所。教师会通过对学生的课前学习情况分析来制定相应的、有针对性的教案，以适应学生的学习，教师从讲台上的讲授者转变为对学生学习的组织者、管理者和辅导者，真正做到教师由 sage-on-the-stage（讲台上的圣人）移步到 guide-by-the-side（旁边的指导者）。

翻转课堂教学模式下教师的作用更加凸显，虽然学生学习知识可以脱离教师的直接讲授，但学生依旧需要在教师的引导下进行有目标的自主学习。同时，在课堂中，虽然是以学生的合作与展示为主，但是整个课堂的进展与提升在很大程度上需要教师的整体把控与设计。而且，也提供了更多时间，让教师对每个学生进行更加细致的观察与评价，从而为每个学生提供更有针对性的教学辅导。

有效的教学必定是师生共同实现的，教育的目的是对学生学习能力的不断开发与发展，而教育也离不开其社会属性——人与人之间的活动。因此，教师在教育中的角色也是无可替代的，教师是引导学生追求知识与真理的桥梁，翻转课堂只是借用信息技术发展的有利条件来实现教师对学生的更充足和更有效的引导。教师由课前的教案书写者、课堂的知识传授者、学生课后学习的局外者转变为学生学习的指导与设计者、课内外交流互动的组织管理者、学生学后表现的观察与评价者。翻转课堂教学模式把教师从基础知识的讲授中解放出来，让教师有更多的时间去设计多样、有效的教学活动，促进学生的深度、内化学习。

2. 学生的角色转变

翻转课堂教学模式对学生的角色进行了重新定位，教学的进展在很大程度上依靠学生的学习状态，学生成了自主学习的管理者，教学过程中学生的主体地位不断显现。在获取知识方面，学生成了主动的、有目的的探究者。在翻转课堂教学模式下，学生带着学习目标，通过课前自主学习来获取自己所需要的知识，学生的学习权利增强。在课前阶段，学生拥有更多对自己学习支配的权利和机会；在课堂上，学生有更多的时间、机会和知识基础对自己的学习进行有效的展示，并且学生还需要在课堂学习活动中参与学习的合作与讨论，进行更深层次的认识。同时，学生还会作为一个评价者的身份，对同学及自己的学习进行评价和反思，总结出自己对知识的掌握情况，进而内化与巩固学习。翻转教学下的课堂成了构建深度知识的课堂，学生便是这个课堂的主角。总之，翻转课堂教学的整个过程，都显现出学生真正由 passive learner 过渡到 active learner。

（二）教学资源多元化

1. 教学资源的内容更丰富

信息技术的发展、网络资源的共享、教育与信息的进一步融合，使教学资源获取的渠道多样化。在以往的教学模式下，教师只能在课内利用有限的时间、有限的教学资源来让学生进行学习和体验，而在翻转课堂的教学模式下，教师不用受课堂教学条件的限制，可以给学生提供多种学习资源的获取途径，如提供学习网址、学习视频等既方便又实惠的方式来满足学生的学习需求，或者多样化地呈现教学资源方式，如用名师的授课视频、教师自制的视频、户外视频等，并从学生的角度考虑视频的效果，如根据教学内容的特点设计学生的学习材料，根据学生学习的喜好选择学习材料的风格，根据学生的差异性来分层设计练习题，等等。

教学资源灵活化主要是指学生可以根据自身的学习水平和喜好来灵活地调整自己的学习进度，同时学生还可以根据自己对知识的掌握情况灵活地选择和复习自己所需要的知识。例如，在教学视频的使用方面，学生可以根据自己的学习需要实现暂停、回放或快进的功能，有利于学生在学习过程中灵活地调节，又不必担心知识的遗漏，更加有效地记录笔记。

2. 教学时间高效利用

在以往的教学模式下，教师为了让班上大多数学生能够理解、接受教学的内容而对知识进行反复的讲解，这对不同水平学生的学习进度差异有所忽视，也在一定程度上损害了他们的权益。翻转课堂教学模式一方面使教师不用在课堂上给学生进行统一的知识讲授，而是将这一环节转移到课外由学生自定步调进行，这给学生个性化的学习提供了公平的外部机会。对此，学生可以根据自己掌握知识的能力和速度来决定自主学习的时间，使每个学生都有机会在个性化的学习时间中进行有效的学习，而课堂为学生完成学习巩固和内化拓展知识等提供了更充足的时间和机会。另一方面，学生是带着知识和问题进入课堂的，因此学生在课堂上可以进行深层次的学习，并且在教师合理的引导和帮助下进行更有深度的学习和思考。

三、翻转课堂英语教学组织策略

（一）学习材料制作策略

1. 学习材料的制作

课前学习材料包括导学案、自主听力材料、相关小电影、音乐和教师授课。制作学习材料以引导学生独立完成为原则，以激发其学习兴趣为目的，设计形式要新颖、有创意、多样化，以满足不同认知风格的学习者。

（1）导学案

导学案的呈现内容为词汇、语法和句型。导学案制作以问题解决课型为主线，将知识点转变为探索性的问题点、能力点，通过对知识点的设疑，以问题形式设计成题组。

（2）微视频、微电影

微视频、微电影的呈现内容为听力和表达，选择与课程内容相关的微电影或者教师根据要求制作微视频，微视频应突出和强调主题、重点与要点，录制情感丰富、生动活泼的教学视频。

（3）教学呈现

其教学内容为写作。对此，教师应根据选题选择合适的题材，制作写作的授课内容要包含本课的所有词汇、语法和句型。这样，一方面锻炼了学生的写作能力，另一方面对学生课前的自学做检测。

2. 学习任务单

在教学中，教师要提出学习结构图任务，使学生在自主学习中逐步学会提纲挈领，在结构的梳理中有效地从整体上把握学习内容。在设计学习任务单时，要以问题的设计为主，教师要把传统的知识点深挖、掌握，然后根据教学重难点，把知识点转化为一个个问题提出来，使学生在课前学习阶段、在解决问题的过程中，把握教学重难点或其他知识点，培养学生自主学习和运用知识解决问题的能力。同时，制作要求以问题探究式为主。

3. 任务驱动

最受学生欢迎的教学理念是新课程标准中提倡的“玩中学，学中玩”。因此，在课前学习过程中，教师可以根据教学内容采取一些任务驱动的自学方式，如在课前加入制作海报的任务后，学生的自学效果有了明显的提高。另外，其设计要求是根据教学内容制作合适的任务。

（二）QQ 群平台使用策略

QQ 群平台是学生在课前与同学、教师互动的平台，学生在家通过群内的电子邮件、群聊天与私聊工具、视频会话聊天工具、论坛等与教师或同伴进行互动交流，分享自主学习过程中的学习收获，探讨在课前学习及自测卡练习过程中遇到的疑惑，并互相解答。但是，学生在使用过程中出现了不少问题，如有的学生对群平台不是很熟悉，不知道如何操作；有的学生把它当作聊天的工具，而不是用来分享交流成果；等等。这些不仅没有对课前学习起到好的影响，反而制约了学生的课前学习效率。为此，教师应该采取一些相应的措施。首先，技能培训，使每个学生都熟练掌握常用的群技能；其次，在使用过程中教师定期发布消息，组织学生在群内讨论学习；最后，要求学生家长监督学生使用。其使用要求是教师组织引导，学生使用，家长监督。

（三）教学活动组织策略

1. 开展协作式探究讨论

在行动研究的开始阶段，课堂互动实施过程中出现了较多的问题，甚至有时无法进行。通过对出现问题的总结，应根据学生的特点采取异质分组，且在每组中选出一个组长，教师分配给每个小组探究式的题目，小组长负责各小组的探究活动。在此过程中，小组成员要积极地参与到探究活动之中，随时提出自己的观点和想法，通过交流、协作，共同完成学习任务。同时，教师要注意观察每个小组的探究活动，并及时加以指导和点评。随着研究的不断深入，其效果一轮优于一轮。

2. 游戏学习法

在研究的过程中发现，在讨论阶段，由于讨论形式的单一性，在讨论过程中学生出现了注意力不集中的现象。为此，应该探求内容丰富、形式新颖的课堂学习方法。游戏化学习是教师在进行教学设计时融入游戏的设计策略，通过带有游戏性的学习方式，创设轻松、愉快的学习环境，使学习者借助这种游戏化的学习方式完成学习内容，有利于学习者主动性、协作性和创造性的培养。因此，在翻转课堂上可以设计一些游戏，使学生在游戏过程中学习，游戏结束后分组讨论游戏中的一些问题。

第三节　支架式教学模式

一、支架式教学模式的概念

（一）支架

“支架”一词的出现始于1300年的建筑行业，其原意为“脚手架”，即人们在修葺时对建筑物提供支持的暂时性的平台、柱子等。当修建完成后，拆除支架，只留下建筑物屹立于世。支架作为名词时，中国汉语词典释义为“支持物体用的架子”；在英语中，其对应的单词为“scaffolding”。支架作为一种隐喻用于教育领域，描述的是教师或更有学问的同伴所给予的帮助，其来源于1976年伍德（Wood）、布鲁纳等人的研究。此时，学生被比喻成建筑物，学生的“学”就是持续地自主建构的过程；教师和同伴的帮助被比喻成为建筑物提供支架，即为学生的“学”提供支架。支架可以帮助学习者更好地、更容易地建构学习环境，从而实现学习目标，而这些目标仅仅依靠学习者自身的力量是无法实现的；支架可以帮助学生在原有的水平上持续攀升，不断完成自我建构，逐步实现学习目标。当学生的能力达到可以解决所面对的问题时，教师应该及时地拆除支架。在建房时，只有当房子完全建成时，才会撤掉支架；而在学习中，支架是在学习的过程中一步一步逐渐撤销的。而且，因为学生的学习能力是一个动态的发展过程，所以支架也应该进行相应的改变。因此，支架具有渐撤性和动态性的特点。列·符·赞科夫指出，“教学不仅可以跟在发展的后面走，不仅可以和发展齐步并进，而且可以走在发展的前面，推动发展前进，并在它里面引起新的构成物”。维果茨基也认为，教学绝不应该消极地适应儿童智力发展的已有水平，而应当走在发展的前面，不停地把儿童的智力从一个水平引向另一个新的、更高的水平。所以，他提出了“最近发展区”概念，即学习者的实际发展水平和潜在发展水平之间存在差距，学习者只有在一个更高水平者的帮助下，才能进入最近发展区，这也是支架式教学的核心所在，即支架的作用就是帮助学习者有效进入最近发展区，建立与学习者现有水平的联系，实现从现有水平向潜在发展水平的转换，从而获得潜在的发展水平。最近发展区相当于学习者的疑点区域，只不过这个疑点区域是学习者通过外在支持可以触及并解决的。支架就是基于疑点区域的一个个疑点而建立起来的。也就是说，支架必须针对疑点牢牢地建立起来，如果没有具体的着力点，就没有充实的根基，就算砌成了摩天大厦也一样会面临随时崩溃倒塌的危险。所以，在教育学中，可以把支架定义为“在学习者的最近发展区内建立于疑点之上的、合理的、正向的、暂时性的干预或介入”。

（二）支架式教学

支架式教学也被称为“鹰架式教学”或“脚手架式教学”，是建构主义三大教学模式之一。但至今还没有一个统一的概念界定，具体的表述也不尽相同，但大家对它的理解都是建立在建构主义教学理念之上，在实际的运用中也是以建构主义思想为指导，而轻视传统教授式教学模式及其他教学模式。这并不利于支架式教学的持续性发展，以及其在我国的应用。所以，深化对支架式教学的认识是在课堂中更好地运用支架式教学的重要步骤。

作为建构主义的教学模式，首先要看到建构主义的理念和思想，特别是教学过程中教师的引导、辅助作用，以及学生的自主学习、自我建构作用。教师搭建支架，首先要了解学生实际发展水平，介入学生的最近发展区，帮助学生从实际发展水平向潜在发展水平过渡，使学生成为独立自主的学习者之后，再逐渐撤回支架。所以，支架式教学可以定义为“以最近发展区作为介入空间，以疑点作为支撑点，采用各种方式，适时适度地建立支架，对学生进行支持，并逐渐撤销支架，将学习和探索的责任由以教师为主转移到以学生为主，最后学生能独立解决问题，完成自主建构的教学模式”。

支架式教学就是在教学活动过程中，系统有序地使用支架的过程，包括何时建立支架、如何建立支架、怎样运用支架、何时撤销支架等一系列的问题。支架式教学在本质上是一个不断前进的三点式的循环过程。首先，通过检验和考查确定学生的疑点，并把它作为建立支架的支撑点；其次，通过建立支架辅助学生破解疑点、理解知识，并动态地撤销支架，所以学生的领悟点即支架的撤销点。虽然支架撤销了，但是学生的自主生长仍在继续，从这个生长点往后学生自主建构的内容都属于教师考查和检阅的内容，所以生长点即考查点。最后，检查出新疑点开始一个新循环，如此反复，不断向前。值得注意的是，支架式教学的这种迁点式循环不仅可以在微观上针对某个具体的知识点，也可以在宏观上针对某个学科体系，甚至是整个知识网络；不仅可以针对认知，也可以针对学生的情感、元认知或其他方面。也就是说，可以从多角度搭建学习支架。支架的分类是多种多样的，我国最常见的分类是将其分为认知、情感和元认知支架。认知支架是由已知通向未知的桥梁，帮助学生把新知识组织和纳入原有的认知结构中；情感支架是为了将情感带入学生的学习中，降低学生厌学情绪，增加其学习兴趣，从而提高学习效率的支架；元认知是“对思维和学习活动的认知和控制”，元认知支架是让学生形成自我认知、自我调节、自我反思能力的支架。这一分类与我国新课程改革的三维课程目标不谋而合。

二、初中英语课堂支架式教学中存在的问题

（一）以提问，新知输入，提供句型、词汇图表为主，其他支架使用频率低

通过对初中英语课堂的观察和记录，发现提问，新知输入和提供句型、词汇图表这三种教学支架在课堂教学中占主导地位，而其他支架使用频率较低。在这三种教学支架的使用中，又以提问位居首位。Long 和 Sato 认为，“提问对维持课堂互动、检查学生的理解程度、确认信息、澄清知识等意义非凡。”Brown 也总结了提问的功能，如提供学生在课堂上语言输出的机会，引发学生讨论、思考和语言表达，检查学生的理解程度，引导学生发现自己的观点。这说明了提问支架的重要性及其在教学支架中的重要位置。提供词汇、句型图表支架说明语法知识在英语学习中的重要性。教师通过提供词汇、句型图表支架，使学生对语法知识一目了然，便于在课堂上应用语言、操练语言，提高学生的课堂参与度和语言的输出量。以提问、新知输入和提供句型、词汇图表为主的教学支架表现形式表明，在新授课课堂上的主要环节仍然是提问—学生回答遇到困难—新知输入解决困难—提供词汇、句型进行操练的形式，虽然其操作性强且高效，但是流程形式过于单一，使课堂缺乏丰富性和趣味性。

（二）缺乏鼓励性支架

在中学的英语课堂上，教师提出问题，如果学生回答错误或者不清楚如何回答，教师往往给予的口头反馈是“Thank you，sit down，please”，或者是面向全班学生提问“Who can help him/her?”，这对于那些胆小内向的学生来说，无疑是错失了一次语言输出的机会，还打击了他们钻研问题的信心。如果学生回答正确，教师给予的口头反馈是“OK，thank you.”或者是千篇一律的“Good”和“Very good”，不会进一步的鼓励、追问以挖掘更多有用的信息。这样的鼓励性词句被滥用以后仅仅停留在鼓励性的层面，并不会引导学生对问题进行更深入的思考，以至于没有发挥支架的作用。

三、支架式教学理论在初中英语写作教学中的运用

在教学过程中，运用支架式教学理论作为指导，以学生为中心，目的是让学生掌握所学的知识，实现学生知识的建构。

（一）搭建脚手架，对写作进行指导

教师指导学生写作“度假”作文时，在写作导入环节，可以播放度假的图片。这些图片能够唤起学生的兴趣，唤起学生已有的知识。

T：Can you guess where I went on vacation?

S：It is museum. Can you introduce your vacation?

T：The museum is about science and it has a long historys. May you show some vacation of yours?

S1：I visited shanghai last year and this is the photo.

S2：I went to the mountains last week and the scene of the mountain is very beautiful.

头脑风暴的形式使学生能够记忆和复习很多知识，能够为学生的写作奠定基础。在与教师交流的过程中，学生可以学到很多新单词，有助于学生掌握单词的含义及用法。

（二）进入情境，独立探索和交流讨论

在支架式教学模式中，学生是学习的主体，但教师要为学生创设情境，开拓学生的思路。教师与学生之间，学生与学生之间多交流、多互动，要体现以学生为中心，使学生在交流中探讨新知识、理解新知识。在对新知识探索和理解的过程中，学生难免会遇到困难，教师要在互动中及时帮助学生解决困难。

在小组讨论时，有的小组不能完全用问题的方式表达出提纲，但只要意思相近就是很好的提纲，还有的小组并没有归纳出每一段的主旨大意。对此，教师在巡视时可以鼓励这些学生找出每一段的关键句或关键词。在这一过程中，教师鼓励学生去感受作者的想法，感受文章中好的句子、词汇等，这样学生就能深刻理解该篇文章的优点，可以把这些优点用到自己的文章中去。而且，教师应坚持以学生为中心，参与学生的讨论，以此帮助和引导学生。

当再次搭建问题支架时，要求学生独自阅读这篇小课文，然后与小组同学讨

论并完成表格。讨论的目的是让学生继续感受文章，每位学生对同一篇文章感受不尽相同，让学生在讨论中相互了解小组成员的观点和看法，也许能激发其产生更多的看法和观点，有利于培养学生的创造精神。同时，要求各组记下组员的观点或看法，鼓励学生发言，学生所谈看法只要和文章相关即可，不追求最优。随后，把学生的观点板书在黑板上，为下一步学生独立的探索搭好情感支架。

（三）给出作文题目，讨论并列出提纲

在写作背景已经清晰、写作提纲基本完成后，教师给出作文题目和具体的写作要求，要求学生独立思考，完善提纲，进而完成初稿。本课就是学生根据自己对文章的理解，找出自己去过的旅游景点，景点中有什么，哪些是自己印象深刻的，以及自己在旅游之后的感受。在学生完成提纲之后，可以就自己列出的提纲和小组成员进行讨论，学生根据同伴的看法更改自己列出的提纲，教师可以展示学生修改之后的提纲。

（四）根据提纲，独立完成初稿

好的提纲能让学生明确写作的整体框架结构，使文章层次更清楚。学生列好提纲后，就可以在提纲的基础上扩充语言材料。因为学生的学习能力不同、知识储备不同，所以每位学生的思考结果也是不同的。在平时的写作教学中，教师要经常帮助学生总结常用的过渡性、总结性的词汇和语句，以及一些常用的句式、结构，如常用的叙事文连接词。

如表示时间顺序的连词：at first、at last、in the end、then/next/after that…、when/while/as soon as、at the same time、at times、once in a while 等。

并列连词：either…or…、neither…nor…、both…and…、not only…but also…等。

表示递进的连词：besides、what’s worse。

表示原因的连词：because、for、because of。

表示结果的连词：so、as a result、so…that…。

表示目的的连词：so that…、in order that…、（in order）to…、for…。

表示对比的连词：while、each coin has two sides、prefer…to…、prefer doing…to doing。

表示转折的连词：however、but。

表示举例的连词：for example、such as…、like…。

表示总结的连词：in all/short、in a word、last。

表示利弊的连词：be good/bad for sb。

表示喜爱的连词：love/like/enjoy…、be fond of…、be interested in…、show great interest in…、be good at、be poor at、be weak in。

表达个人想法的连词：I think/believe…、in my opinion/view、as a student 等。

还有一些常用的句式和短语，如“It takes sb. + 时间 + to do…”。

在初中阶段，要求学习的词汇、短语及句式结构并不是非常多。对此，教师在平时的写作教学中可以发动学生自己去总结，还可以帮助学生加以总结。

（五）搭建支架，进入评价阶段

初稿完成后就进入写作评价阶段，评价阶段包含学生自评、同伴互评、教师评价。初稿完成后，学生首先自评，自评主要是查找单词、时态、人称、标点符号等最基本的错误。小组内的同伴互评主要是同伴根据中考评分标准，共同讨论、找出作文中存在的问题并进行修改。在小组互评中，还要发现同伴的优点，相互学习，不断构建自己的知识体系。同时，根据同伴提出的修改意见对自己的作文不断修改，使之更加完善。此外，相互评价还可以提高学生的文学欣赏能力，培养学生合作学习的能力。而且，教师在评价阶段也要参与到学生互评中去，以便及时帮助有困难的学生，但不能轻易否决学生的修改意见。如果学生修改的不正确，教师可在教师评价时再对学生评价进行修改。随后，教师对学生修改后的作文再次评判打分，然后下发给学生修改，直至定稿。

第四节　任务型教学模式

一、任务型教学模式的概念

任务型教学法也被称为任务型语言教学法，是20世纪80年代外语教学法研究者和二语习得研究者在大量的研究和实践的基础上提出来的具有重要影响的语言教学理论和方法，是交际教学法的一种发展形态，最早由交际教学倡导者 Prabhu

提出。国外有很多研究者，如 Long、Ellis、Breen、Nunan、Krashen 等人都做过有关任务型教学法的研究。任务型教学法于 20 世纪 80 年代传入我国，并在外语教学中得到迅速的发展。因此，许多教育家、专家和教师纷纷致力于新的教学方法的研究。

目前，关于什么是任务型教学法，国内外较为统一的认识是以学习的具体任务为载体，以完成任务为动力，把知识和技能融为一体，学生通过听、说、读、写等活动，在运用所学语言做事情的过程中发展和完善。简单地说，就是“为用而学、在用中学、学了就用”。

本研究的操作性定义为：它是以任务为中心，为学生提供某种材料，使他们能集中精力投入一项目标或任务的过程中，即把语言运用的基本理念转化为具有实践意义的教学法，更是一种强调“做”的中学教学方法。如同人们每天面临的诸多工作，如沏茶、写文章，或是和某人通话一样。任务型语言教学法通过提供一种任务寻求发展，学生使用第二语言并解决问题。总之，任务型教学法就是以具体的任务为学习的动力或动机，以完成任务的过程为学习的过程，以展示任务成果的方式来体现教学成就的一种教学方式。对此，教师可根据学习内容设计各种学习任务（交际任务），让学生通过完成这些任务来进行学习体验。

二、任务型教学模式的特点

任务型教学法充分体现了以学生为中心，以学生综合语言运用能力的发展为核心的教育理念。其根据学生的不同水平设置不同的任务活动，让学生通过学习、伙伴合作、协商去完成任务。学生在学习的过程中充满反思、顿悟和自省，可以最大限度地调动学生的学习内驱力，从而提高他们发现问题、解决问题的能力，同时也发展了他们的认知策略，培养他们的合作精神和参与意识，并在完成任务的过程中体验成功的喜悦。任务型教学法具有以下基本特点。

（一）任务型教学重视语言的综合运用

任务型教学法强调教学的过程，力图让学生通过完成真实生活任务而参与学习过程，把掌握语法、语言的准确性放在重要的位置，把培养学生的语言流利程度放在首要地位，让学生形成综合运用英语的能力。

（二）提倡开放的、参与性的学习方式

其目的是让学生参与教学活动，教师和学生“一起学习”，学生在寻求答案的过程中融入他们所学的知识，使他们了解更多的知识。

（三）教师角色的转变

实施任务型教学，教师应调整心态，帮助学生在掌握新知识的同时，将新旧知识整合成对他们有意义的知识体系；帮助学生建构组织内容、获取知识和寻求帮助的方法。在此过程中，教师由学习的计划者、组织者转换为学生的指导者、协作者。

（四）评价方式与内容的灵活性

教师和学生都有一个共同的努力目标，而且这个目标非常明确、具体；考查学生实际运用语言的能力，不仅仅停留在语言知识的记忆能力上；教师通过每天上课时学生完成的任务，对学生所学知识的掌握程度进行评价；使学生也参与评价活动，教师不再是唯一的“裁判”。

三、任务型教学模式在初中英语教学中的应用

任务型教学法强调为学生学习语言创造一个真实的语言学习环境，以培养学生的综合语言运用能力为目标，鼓励学生运用目标语言进行真实的交流。虽然这种新型的教学法也是从先前的教学法发展演变而来的，但与以往的教学法相比却更具有现实意义。因为它不仅要求教师熟悉相关的理论基础，而且要从心理上转变角色，既要有较为扎实的基础知识，又要有灵活的教学策略、教学技能。

任务型教学模式在初中英语阅读和听力教学中得到了广泛的应用。对此，教师要多布置相关的任务，使学生在完成任务的同时学到相关的知识。

第一节　课堂管理的概念界定

一、课堂管理

课堂管理，即以课堂为中心，在这个有效的学习环境下进行学习的组织和运作。教育学家埃默·E.（Emmer E.）认为：“以学生和教师行为相结合的一切有利于促进有效学习与有效环境的课堂活动都是课堂管理，而不只是‘课堂纪律’”。因此，课堂秩序、物理环境、学生问题及学生责任感都在其范围内。

与此同时，众多学者也提出了关于课堂管理的多样性理解。比如，学者从教学目标和课堂行为入手，认为课堂管理是以教师为主要的协调媒介，综合各教学要素，实现既定的教学目标。他们认为课堂管理是教师、学生及教室环境的有效结合与利用，实现师生既定的共同目标。通过分析、论证诸多学者关于课堂管理的研究，可以从中寻求其本质内涵。

二、英语课堂管理

英语课堂管理贯穿整个英语教学的过程，在整个英语教学的过程中起着相当重要的作用，并且对英语教学过程的顺利进行起到了保障作用。计划、指挥、组织等要素构成的英语课堂管理活动，既是英语教师协调英语课堂内师生间、学生间关系的过程，又是其实现预定英语教学目标的过程。英语课堂管理的要素有教学活动中的课堂目标、环境、纪律，以及主、客体管理与课堂评价（如学生自评、教师自评、互评）等。英语课堂环境管理包含课堂硬件设施在内的课堂物理环境和典型的师生关系在内的课堂心理环境。

三、对课堂管理失控的分析

课堂管理失控是指在课堂教学中，由于教师主观因素的影响，使教学机制不能正常运行，导致课堂教学不能达到预期的目标。对课堂管理失控的分主要包含以下两个方面的内容。

（一）课堂失控的类型

1. 度与量的失控

度的失控是指教师在课堂教学要求的程度，即在教学速度和训练强度方面引起的教学不足。有时，因教师教学速度太快或太慢，训练的强度太大或太小，使学生无法承受或太轻松，导致学生掌握新知识不扎实，囫囵吞枣，而不能完成教学目标。为了避免度的失控，教师在教学中导入新课要快，讲授新课要慢。在巩固练习的训练阶段，其训练的强度既要能达到符合学生认知规律所能承受的程度，又要不过分超重，根据信息及时反馈的原则，使课堂教学达到有效的控制。

量的失控是指教师在安排课堂教学内容的数量和质量方面，引起教学的不足。在教学中，有时会因教师对教学内容数量安排的密度过大或过小、课堂活动的难度太大或太容易解答，使学生无法解答或感到乏味。这些因素的存在都会影响正常的教学。为了避免量的失控，在备课时，教师要根据本课内容，认真钻研教材，抓住重难点，紧扣教学目标要求，在合理设计教学结构和选择最佳教法的同时，考虑学生的实际情况，使教学内容的数量密度适中，使课堂活动设计有层次和有梯度，使不同层次的学生都有所提高。

2. 教法的失控

教法的失控是指教师在课堂教学中，由于教育教学方法方面的原因，影响教学的正常运行。在教学中，有时会因个别学生违纪、教师教育方法不当，使学生产生消极对抗的情绪，师生矛盾阻碍教学；有时会因教学方法不当，使得学生对新知识掌握不熟；有时会因课堂活动时间过长，影响巩固练习；有时会因课堂讲授单调，使学生厌学；等等。这些因素都会对教学的正常进行产生阻碍。

为了避免教法的失控，在教学中一旦遇到违纪现象，教师要根据实际情况，及时简洁地对学生进行正面教育。更多时候需要教师进行冷处理，即课后解决，以避免教育学生时间过长或师生矛盾激化影响教学。教学设计要真正体现“为了一切学生”的原则，通过先进的教学手段、新颖灵活的课堂形式和多媒体辅助教学的教学形式，使课堂教学丰富多彩。

3. 情绪的失控

情绪的失控是指教师在调控课堂教学情境方面的因素时出现的教学“失态”。在教学中，有时会因教师教法单调、枯燥，缺乏教学艺术、技巧，使学生情绪低沉；有时会因教师课前心情不佳，影响教学气氛，使学生情绪受到极大的压抑，在伴随着“疾风暴雨”随时而来的特定环境中，提心吊胆地度过这“漫长”的一节课；更多时候，是因为个别学生的问题对教师上课心情产生影响，进而造成教师情绪失控。

为了避免情绪的失控，在教学中，教师应有意识地发挥学生非智力因素的潜在功能，让学生口、脑、手等多种感官参与学习，捕捉学生一闪即逝的闪光点或某种良好的学习习惯，并给予及时的鼓励，最大限度地激发学生的求知欲望，使学生始终心情愉快、精神饱满，力争达到教师情绪高涨、学生兴趣盎然、师生情感交融的佳境。

4. 知的失控

知的失控是指教师在传授知识失误方面的因素，引起的教学“脱轨”。在教学中，教师对教学信息加工、处理的失误和教学演示及操作的失误，都会导致课堂教学的严重失控。这类失控对教学的危害极大，后果严重。究其原因，主要是教师对教材理解不透彻，课前准备不充分导致的。为了避免知的失控，教师在课前准备时要吃透教材，注意教材内容同化与建构之间的联系，全面掌握教学教材知识的纵横结构，形成知识网络，真正理解每节课内容的内涵和外延，做到横有广度、纵有深度、成竹在胸，在教学中运用自如、不乱方寸，能驾驭教学。在课前，教师必须熟练掌握要讲授的知识，切不可似懂非懂，全凭临场发挥。教师要真正做到讲授知识准确，教学演示及操作正确熟练。只有这样，教学效果才能得到最佳。

（二）从课堂管理失控看课堂管理目标

课堂失控类型，既有教师教学中度与量的失控，又有教师教学方法、处理课堂问题行为时情绪的失控，还有教学中知的失控。通过对课堂失控类型的分析可以看出，导致教学失控的因素是多方面的。比如，由于教学抓不住重难点而导致的度与量的失控；由于教学经验不足、备课不充分而导致的知的失控；由于教师的应变力不强，使其对教学中节外生枝的课堂问题及行为束手无策；等等。其关键因素是任课教师对课堂管理目标认识的混乱。

目标管理是现代管理理论中一项重要的内容。其基本理论是把组织的目的和任务转化为目标，积极创造条件，对个人的目标与组织及其成员进行管理，进而实现管理与被管理者同心协力的全员管理。在课堂教学中，教师与学生、个人与组织融为一体的教学形式是有目标和有任务的教学活动，它具有目标管理的条件，可以实行课堂目标管理。

目标具有指向作用。在每堂课中，教师要使学生有所得。一堂课有了具体的目标，就等于师生明确了主攻方向，师生就会统一意志、统一步调，教学任务才能完成。此外，目标还具有标准作用，可以用来对质量进行评价和调控。课堂教学效果到底如何，最后要以目标作为检验成效大小、差距多少和质量高低的标准尺度，可见目标不仅是一堂课的出发点，还是判断教与学结果、检验教学成效的标尺。在质量管理过程中，课堂教学的控制是重要的一环。要想达到预定目标，必须明确如何确定课堂教学的目标。只有这样，才能实行更有效的控制。为了预防和减少课堂管理失控现象的出现，任课教师必须明确课堂管理目标，不断提高课堂管理技巧，加强自身在教学中应变能力的培养。

四、课堂目标管理

课堂管理失控会给教学带来严重的影响，并进一步影响课堂管理目标的实现。实际上，在不少情况下，正是由于教师对课堂管理目标认识的混乱，导致课堂管理的失控。因此，明确课堂管理目标，有利于预防和减少课堂管理失控的出现。

一般来说，课堂管理是为了建立课堂秩序。其实，课堂管理秩序本身并不是课堂管理的目标，只是为了使学生保持安静和有序而进行的课堂管理，是极其错误的行为。那么，为什么人们要这么重视课堂管理呢？课堂管理的目标主要有以下三个方面。

（一）争取更多的时间用于学习

课堂管理的一个重要目标是尽量争取时间用于学习。毫无疑问，学生花费的学习时间越多，学习成绩越好。当然，学习的时间资源并不是无限的。一学年有多长，一学期有多少周，一周有多少天，一天有多少时间，有多少课堂时间用于教学，多少时间用于自习，多少时间用于午休、课间操和打扫卫生等，学校都事先做出了明文规定和安排，教师不得随意改动。正是在这个大前提下，探讨在规定的教学时间中，在课堂上为学生争取更多的学习时间。第一，分配时间，就是教师为课程设计的时间。课时一般是由学校教务部门根据课程标准和学校实际情况规定的。第二，教学时间，是在一节课内完成常规管理及管理任务，如记考勤、处理课堂行为问题等之外的用于教学的时间。第三，投入时间，也称为专注于功课的时间，属于教学时间，是学生实际上积极投入学习或专注于学习的时间。第四，学业学习时间，属于投入时间，是指学生以高度的成功率完成学业功课花费的时间。

对于一些学生来说，学业学习时间大大少于分配时间。许多研究表明，学生课堂学习时间的质量，如投入时间和学业学习时间与他们的成绩呈明显的正相关。分配给教学的时间并不如学生投入学习的时间，以及完成学习的成功率那么关键。教师可以让学生投入教学，但如果不学习教学材料，这种投入显然对学习成绩毫无用处。因此，为学生争取更多的学习时间的真正含义就是使学生投入有价值的学习活动，从而提高所用时间的质量。争取更多的时间用于学习，既可以通过直接的方法，又可以通过间接的方法来实现。既然争取时间是课堂管理的首要目标，那么课堂管理的所有措施都可以看作争取学习时间的间接方法。而直接方法则与争取时间直接有关。当然，这些方法也实现了课堂管理的其他目标。至于分配时间，是课表上安排的，很难改变，没有什么方法可言。

从前面定义中可以看出，分配时间是指全班学生参加学习的机会；而投入时间是每个学生实际上花费在学习功课上的时间，它取决于学生对功课的注意和意愿。课堂自习为学生提供了一个最好的个别辅导的机会，但教师不要在个别学生上花费的时间太长，和学生的交流应当尽可能简短。否则，班上的其他学生就可能敷衍了事或者陷入难题之中。学生对课堂自习的投入，与提供功课的多样性和挑战性有关。如果教师只是为了不让学生空闲而布置作业，学生会抵触这个作业。如果教师想让学生长时间认真做作业，这个作业就应当难度水平合适，并且要有趣和多样化。当然，作业不能太难，要让学生能在完成作业中体验到高度的成功感。教师要在挑战性水平和成功可能性之间进行平衡，否则作业虽富于挑战性和多样性，但成功率低，学生也不会好好学习。值得注意的是，在争取更多参与学习时间时，要防止“假参与”的倾向，即不从教学需要出发，而是为了参与而过分强调参与，反而会妨碍学习。如果一味地追求较高水平的专注功课的时间而避免复杂的或不稳定的任务，这种教学策略显然是不好的。维持课堂秩序，虽然是“教”的一个很重要的目标，但是它只是众多目标中的一个。

（二）争取更多的学生投入学习

每一个课堂活动都有参与规则。对于这些参与规则，有些教师会做出明确的表述，但有些教师不会做出明确的表述。教师和学生都没意识到，他们在不同的活动中要遵守不同的规则。这种差异往往是极其细微的。例如，在有些课上，学生要想回答问题，先要举手；而在有些课上，则不需要举手，只要看教师行事就行。这种规定，通常被称为参与结构。它规定学生要成功地参与某一个活动，就必须理解参与结构。但是理解并非易事，参与结构常常是不作表述的。在学校中，有些学生比其他学生的参与性要好。众所周知，学生在家中与家人之间的交往也有一个参与结构，有些学生家中的参与结构和学校活动的参与结构不一致。例如，在有些学生的家中，家人在谈话时，每个家庭成员都可以随时插嘴。然而，在学校的交流中，这会被看作是打断别人的谈话。因此，为了使全体学生都顺利投入学习活动，教师一定要确保每个人都知道如何参与每一个具体的活动，使他们知道这个活动的参与结构。

（三）帮助学生自我管理

管理系统的目标之一，应当是帮助学生能很好地管理自己。当然，鼓励学生自我管理，可能需要额外的时间。教学生如何对自己负责，可能不如教师自己关照所有事情的效率那么高，但是这种努力投资是值得的。那么，如何让学生对自己的课堂行为进行自我管理呢？首先，让学生更多地投入课堂规则的制定中；其次，用较多的时间要求学生反思需要某些规则的原因，以及他们不良行为的原因；再次，应当给学生机会考虑他们将怎么计划、监视和调节自己的行为；最后，让学生回顾一下课堂规则，提出一些必要的修改建议。有人指出："学生对课堂事件有着不同的解释。"因此，任何管理体系都一定要针对不同的学生做出适当的修改。例如，有些学生需要教师对他们不专心的学习提供较多的信号和警示。当然，如果教师承担了所有诸如此类的管理责任，那么学生就不可能学会自我调控和自我控制。

新课标呼唤充满生命活力的课堂，它要求教师明确课堂管理的目标，为学生提供顺利成长与发展的土壤，使教学成为以"学生个性发展"为中心的育人行为，使课堂充满学生情感、智慧和人格成长的阳光雨露，让课堂成为师生生命的"绿洲"。

课堂环境可以分为物理环境和心理环境。物理环境是指教室的布置和课堂座位的调整；心理环境是指课堂规范，以及和谐的课堂氛围。

第二节　课堂管理的问题透视

一、课堂管理定位不准

（一）课堂教学主体定位不准确

在传统的英语教学中，教师站在讲台传授固定的知识，学生坐在位置上听。他们会被教师提问，然后回答教师的问题，但他们绝不会向教师提问。在英语课堂中，学生没有把自己当作真正的主人，在课堂上不会发表自己的见解。同时，教师与学生的互动得不到体现，课堂教学效果不显著。初一学生刚从小学升入初中，仍然活泼好动，喜欢表现自己，对游戏、唱歌、表演等方面比较感兴趣，但是因为参加考试，教师在课堂多是教授教学重难点，学生勾画难点，趣味性的方式较少，学生对英语课堂失去了兴趣。

（二）课堂目标管理缺乏差异性

由于招生体制的改革，学生的来源多样化，所以学生个体的差异较大，并不是每一个学生都能达到教师提出的知识、能力、情感目标要求。

以人教版七年级五单元作为一个参照。

教材分析：这节课主要是让学生学会有关人和物之间的所属关系，让学生学会有关运动的名词，让学生学会询问有无此类物品，并做出相应的回答，让学生学会用 do 和 does 引导的一般疑问句，学会在对话中使用名词复述，学会使用祈使句向对方提建议。

随堂听课片段：教师导入教学内容后，让学生用下面的句型对话，“Do you have a soccer ball/basketball/ping pong ball?”，并且让学生用第三人称单数的变化来进行对话，着重强调第三人称，如“Does he/she have a__? Yes, he does. / No, he doesn't.”。但是在此过程中，只有一半的学生能够进行对话，另一部分的学生对 does 的用法不熟悉。

在这节课中，教师并没有针对不同层次学生的实际情况来设计教学环节。因此，教师应该根据不同学生的实际情况来设计教学内容，给不同学习水平的学生设计不同的学习目标。这样，学习成绩好的学生能得到提高，成绩落后的学生也会积极地超越自己、赶超同学。

（三）课堂纪律管理缺乏灵活性

在班级活动中，课堂纪律是班级管理的核心，课堂纪律管理在课堂教学管理中尤为重要，它是有效课堂的保证。由于英语学科的交际性与实践性，英语课堂纪律容易出现一种看似全员参与、热闹非凡，实则课堂混乱的现象，并且不能达到教学目标。初一学生由于生源不同，个体差异较大，更容易出现课堂纪律涣散、学生注意力不集中的情况。一旦教师不能恰当地处理这些问题，就会使双方关系紧张，无法进行正常的课堂教学活动，甚至可能导致课堂失控。

（四）课堂评价管理缺乏多样性

小学的评价方式多以形成性评价为主，评价主体多元化；但初中的评价多以终结性评价为主，评价主体单一。进入初一后，学生难以适应这样的评价标准。同时，由于升学压力、绩效考核等因素，教师为了完成各种指标，注重学生的成绩，而忽视了对各个学生的形成性评价、全方位评价，没有考虑有针对性的过程性评价。

二、课堂物理环境

（一）教室的布置

环境具有潜移默化的功能。布置一个恰当的英语环境，有利于学生的英语学习，可以提高学生的英语学习兴趣，直接增进学习效果。当然，教室的布置还应考虑到其他学科的教学，随时充实内容、改变形式，以提高学生的学习兴趣和教学效果。

1. 教室布置的内容要素

教室布置的内容要素主要包含五个方面：一是课桌椅的排列；二是班徽和班训等；三是英语墙报和手抄报；四是图书柜和报纸夹；五是班级英语网络日志。

2. 教室布置的方法

教室布置不应为了布置而布置，而是为了配合学生学习的需要。所以教室的布置要发挥出学习效果。第一，事先计划。由师生共同参与全学期各个单元布置内容和预定进度的讨论和决定。第二，分组进行。师生在确定布置的形式之后，将全班分成若干组，每组选一个组长，策划该组的布置工作。在布置之前，组长先将布置构想及所需材料向教师做书面或口头说明。第三，从旁指导。每组在拟定布置内容和选用材料之前，教师应先向学生稍加提示，使其布置内容规范、设计合理。第四，材料来源。教学单元的布置应以实物、模型或图片为主。对于不容易收集的资料，可以由全班学生共同收集，甚至通过家长或社会资源的协助来完成。第五，定期更换布置或不定期更换布置。

（二）课堂座位的调整

课堂座位对学生的课堂行为有较大的影响。坐在前排的学生往往听得最专心。座位靠前的学生往往认为自己更受教师的喜爱，因而更多地参与学习。教师在给学生分配座位时，主要关心的是减少课堂混乱，他们总是试图把爱吵闹的学生分开，让爱吵闹的学生坐在前排，坐到讲台前，这当然有利于教师对其违纪行为的调控，但要使每一个学习小组好、中、差搭配，不同小组内大致平衡，即“组内异质，组间同质”。这样，既有利于小组内生生之间的互相帮助，开展合作学习，又有利于小组间展开公平、合理的竞赛。让文静、内向的学生与活跃、外向的学生坐在一起，能促进学生性格的互补。

个别教师在教室最后一排的角落设置了调皮学生的“专座”。这样极易让学生产生逆反心理，造成师生之间的对立，是不可取的行为。学生的座位不应该是固定不变的，教师要适时改变学生的座位。这样不仅可以促进学生课内交往范围的扩大，有利于维持课堂纪律，促使学生更多地参与课堂学习，而且对学生的视力有好处。古代著名的孟母三迁的故事，说明了环境与行为交互作用对学习的影响。因此，在教学管理中重视教室的布置，是教学管理的第一步。教室是一种教育的环境。学校教学应具有教育上的陶冶作用，透过良好的规划、设计和布置造成的气氛感染产生启示效果，这也是课堂教学管理中的一项重要内容。

三、课堂心理环境

（一）课堂规范

1. 课堂规范制定指南

第一，规则尽可能由课堂成员讨论而成；第二，规则按其重要性排列；第三，规则控制在十项以内；第四，规则应正面陈述且简明扼要；第五，规则要始终一贯的呈现；第六，注重对规则实施的检查。

2. 处理好教学中的“活”与课堂规范的关系

第一，正确认识、弄清课堂上的“活”与课堂常规的统一。课堂规则的主要内容是培养学生具有良好的学习习惯。教师在课堂规则的管理上要做到“管而不死，活而不乱”。对学生“活”的内涵，教师必须有正确的认识，“活”不等于不要课堂规则，它不是指“乱哄哄”，表面上的“热闹”，而是指在课堂上学生对学习内容的兴趣和学生在课堂参与的投入程度，以及学生能主动探索、专注倾听、积极交流和勤于动手等。其实质也正是学生的学习习惯及课堂常规内容，学生的活跃就应该在这里体现。在课堂中，教师必须充分尊重学生，讲究教学民主，为学生营造一种轻松、和谐的氛围。师生亲密无间的课堂气氛能让学生学得生动活泼，轻松愉悦。但要做到活而不乱、动而不滥、乐而不散，教师就要把学生良好学习习惯的培养作为每节课教学的内容之一，贯穿渗透于学习活动之中，贯穿于长期的教育教学活动中，使课堂教学呈现出平等、宽松、和谐和欢乐的学习氛围。

第二，把握尺度，课堂上的“活跃”是有前提的。新课程改革特别强调，教师和学生之间的互动、学生与学生之间的互动，以及学生的自主、参与、合作的学习方法。当前在我国，大多数班级人数在 40 ～ 60 人。这么多的人互动，很少能真正起到自主、参与、合作学习的作用，大多数都是表面热热闹闹，其实连教学目标都没有完成的“假互动”。而有些“活”的教学方法，是要在真正的小班中才能进行的。教师要根据自己班级的实际情况进行“放”与“管”。只有这样，才能让学生真正“活”起来。

3. 课堂规范与惩戒

学生是教师的上帝，骂不得，更碰不得。教师稍微给学生一点“颜色”，就会遭到如体罚、变相体罚、损伤学生心理等言论的攻击，导致当前出现了教师在教育学生时变得畏畏缩缩。表扬固然能对孩子的教育起到很好的作用，但是未必人人有效。教育学上有一条古老的原则——“因材施教”，即针对不同的学生，应有不同的教育方法。其实，表扬与惩罚都是一种教育的手段，本身没有优劣之分。教师在对学生进行赏识教育的同时，惩罚教育也是一种不可缺少的教育手段。惩罚教育不是体罚教育，如果教师能够恰当地发挥它的作用，对学生产生的教育效果将更加完美，教师的教育手段也会进一步完善。课堂规则犹如一国的法律，即使法律制定得再完美，如果没有违法责任的承担方式，也将是一纸空文。试问，没有威慑力的法律，还有谁愿意去遵守？“依法治班”除了要有规则外，还应包含违纪责任。所以针对班级规则，教师还应该制定一些惩戒措施。

（二）和谐的课堂氛围

1. 创建民主、和谐的师生关系

（1）课堂气氛对教学的影响

和谐的课堂气氛有利于学生积极地参与课堂教学活动，使课堂教学生动、活泼地开展；而紧张冷漠的气氛则会大大地抑制学生学习的热情，使课堂教学刻板生硬、死气沉沉。课堂管理是教师的重要教学技能。所谓“亲其师，听其言，效其行”，就说出了建立和谐师生关系的重要性。和谐是师生之间的情感联系。爱是其中的核心要素，爱需要教师对学生倾注相当大的热情，对其各个方面给予关注，对于后进生尤为如此。教师要与学生取得心灵上的沟通，共同分享成功的欢乐，分担挫折的烦恼。和谐的师生关系是促进学生学习的强劲动力，和谐的课堂环境是高质量教学的有力保证。

（2）和谐的课堂气氛与师生关系

和谐的课堂气氛要求建立和谐的师生关系。在英语课堂上的师生关系大致可以分为三种。第一，上下级关系。英语教师高高在上，学生处于从属地位，课堂气氛紧张而缺乏活力。第二，完全“平等型”关系，即师生之间没有什么界限，可称兄道弟。这种关系缺乏教师的权威性，使得有的学生不听英语教师的指挥，影响正常的英语教学；第三，民主、平等与合作关系。在英语课堂教学中，人们提倡师生之间的民主平等与合作。民主平等是师生合作的基础，师生团结合作，教师认真传授，学生积极思考。合作是实现英语课堂教学促进功能的必要条件。这种合作关系可以促进学生智力的发展，使学生学会如何学习，并使课堂气氛和谐友好。在课堂上，尊师爱生是人们提倡的一种师生关系；而师生之间的“敌我”关系，是人们摒弃的师生关系。

2. 如何创建和谐的课堂氛围

（1）建立民主、平等的师生关系

《教育—财富蕴藏其中》一书中曾有这样一段话：“教师和学生要建立一种新的关系，从‘独奏者’的角色过渡到‘伴奏者’的角色，从此不再主要是传授知识，而是帮助学生去发现、组织和管理知识，引导他们而非塑造他们。”教师不应以教育者自居，不应以强制的手段来强迫学生服从教师的意志。强制性的教育不仅容易伤害学生的自信心和自尊心，引起学生对教师的反感甚至恐惧，而且容易扼杀学生对英语学习的兴趣。

在课堂上，教师与学生都是学习与研究的参与者，两者之间的关系是平等的。在课堂规则制定、作业量的控制等方面，教师应该征求学生的意见。在传统的师生关系中，教师总是高高在上的，要求学生尊重教师，却很少注意教师要尊重学生，特别是在对待优等生和后进生的态度上大不相同。此外，在传统的师生关系中，教师是知识的权威者和垄断者，对求知的学生来说，教师就是知识的宝库，没有教师对知识的传授，学生就无法学到知识，学生是被动地接受知识。这种师生关系是不被当前所提倡的。教师应以人为本，平等地对待每一位学生，对每一位学生都应抱着一份良好的期待，尊重学生的人格，培养学生的自尊心和自信心，帮助他们自我实现，发挥他们的潜能和个性。教师应该做到热爱、尊重和关心每一个学生，使每一个学生都能获得在课堂上展示风采的机会。在这个过程中，教师尤其要善待后进生，更不要有男女歧视。

（2）建立合作互动的教学形式

英语教学是英语活动的教学，是师生之间和生生之间交往互动与共同发展的过程。也就是说，教学过程的本质是教师与学生以课堂为主要渠道互动发展的过程。在这个过程中，教师的作用应该是在尊重学生主体性前提下的组织、引导、咨询和促进作用。合作互动的形式可以淡化教师“领导者”的地位，使学生的主动性和主体性在小组内得以最大限度地发挥，从而为实现真正意义上的交往互动奠定基础。师生互动的性质和质量在一定程度上对教学活动效果起着决定性的影响。所以在课堂教学中，应该尽量使每个学生都能参与进来，形成师生互动。

合作互动形式可以分为三种形式。第一，In Pairs，也是最常用的一种，即以同桌为一个合作学习小组。其优点是随机进行，轻巧便于操作。第二，In Groups，由前后座位四人组成。这种形式同样有利于操作，尤其适用于连锁问答。第三，Chain Drill，以桌子的一竖行划分为一组。此形式在单词和句型的复习中更具挑战性和复杂性。此外，还可以是开放式小组，即由学生自由组合的小组。合作互动的师生关系，有利于形成互助、互勉、互爱和互尊的良好人际氛围，培养学生团结协助的精神，发展学生积极向上和民主科学的良好心理品质。

（3）选择多种形式呈现教学内容

充分利用实物、图片及简笔画展示教学内容。图片、模型和实物等直观教具是极好的非条件刺激，而词汇的音形属于信号刺激。在教学中，充分利用这两种刺激对学生产生协同作用，其教学效果是显而易见的。例如，在教英语单词时，让学生眼看图片和词形、耳听音，能有效地提高课堂教学效率。这是因为学生的多种感官都同时参与了学习活动。随着现代信息技术的发展，CAI课件开始在各门学科中广泛使用。传统意义上的教学方式正逐步向现代化多媒体教学发展。多媒体具有图、文、声、像、影合一的特点，能使教学变得更加直观和形象，能明显地提高学生的学习，激发学生的学习积极性。多媒体视听同步的功能，显然超过了任何媒体。而在我国目前的英语课堂教学中，没有母语的学习环境，无疑使多媒体成为最佳的教学辅助手段。

（4）合理地运用歌曲、故事、游戏和歌谣等巩固教学内容

学唱英文歌曲对于学习英语的孩子们来说，是多方受益的学习辅助手段。它可以集英语语言学习与娱乐于一体，既可以调动学生对英语课的学习兴趣，为学生创建轻松愉快的教学氛围，又可以培养学生欣赏音乐的审美情趣，同时还可以辅助英语语言、词汇学习和听力训练。英语故事、游戏与歌谣同样是调节课堂气氛的催化剂。它不仅可以调动各个层次学生的学习热情，还可以调节课堂的紧张气氛，使教与学在积极主动和轻松愉快的过程中完成。

第三节　建立良性的课堂纪律

一、对课堂问题行为的深层分析

（一）课堂问题行为的类型

真正的课堂教学管理应该是教师对课堂学习实施了有规律的控制和操作，因而对促进学生的有效学习和学习取向较为成功。当前的英语课堂教学管理大致可以归结为冷漠型、放任型、权威型。冷漠型是指教师对学生的行为很不在意，不认真备课，也不更新教案，因而课堂纪律涣散，有效学习无法得到保证；放任型是指教师对学生的行为很失控，学生缺乏自律和竞争意识；权威性是指教师能有效地管理课堂，教师对学生行为不仅加以限制和控制，而且激励自立、自信和竞争，但对学习实施“绝对领导”而不是“引导”。

（二）课堂问题行为的产生原因

1. 当前英语课堂教学管理在教师方面存在的问题

第一，在课堂教学管理中，师生之间呈现两种关系：一种是强制关系，强调教师的权威性，让学生绝对地服从教师，结果是事情得不到解决，师生关系处于恶化状态；另一种是朋友关系，教师主动与学生交往，与学生建立起信任关系，

教师英语教学观念有所进步，但课堂教学管理仍然处于徘徊中。在英语课堂上，许多教师能主动意识到在课堂教学中除了学习成绩以外还有更重要的东西，如跨文化教学、交际教学、学生英语兴趣的培养等。在英语教学中，教师应采用多种教学方式和教学活动，淡化语法的重要性，侧重培养学生的英语交际和运用能力。

第二，课堂教学管理中忽视学生个性的发展。许多教师都期望课堂能够保持安静，教师更多地要求学生对权威和规定进行服从，导致课堂教学模式几乎是端坐、静听。整个课堂教学管理更多地倾向于行为控制和程序化问题的解决，所以英语课堂上的英语教学活动、英语情境表演及游戏活动等完全由教师单方面策划、规定和进行。而且，从英语教育教学实际中看，课堂管理中教师的行为是一个非常突出的问题。在课堂上，他们有着统一的学习要求、统一的活动安排、统一的标准答案，甚至统一的上课坐姿等，这些都是教师在课堂教学管理中的要求。这使得这些学生已经习惯了接受他人的观点和结论，没有了好奇心，在面对现实问题时，缺乏积极进取的主动精神。教师统一化的课堂管理规范和传统课堂教学管理的一些弊端压抑了学生个性的发展，课堂活动为了管理上的“统一化”，抑制学生个性的张扬。每个学生作为一个独立的个体，有着不同的兴趣、爱好、性格，以及不同的智力水平、不同的需要等，这些都是学生的个性表现。在这种便于管理、整齐有序的课堂管理的表面下，实际上造成了学生好奇心的丧失，以及想象力和创造性的匮乏。

第三，在英语课堂上，部分教师存在以下问题：一是教师与学生之间缺少足够的交流，教师的“尊严”把学生拒之门外，上课才来，下课即走，这在中学课堂教学中比较常见，这样“点对面”的管理缺乏交往、沟通，彼此很难打开对方的心扉，管理仅停留于外在行为上的被动变化。二是在处理课堂的突发事件中，教师更倾向强制方式解决。三是英语课堂的教学活动和游戏等比其他学科多，虽然看上去课堂气氛很活跃，但往往在课堂上会出现混乱或嘈杂的状态。教师对事态的发展缺少把握，无法解决的时候则用“罢教”的形式进行课堂纪律整顿。对于课堂上的行为问题，更多的教师采用的是处罚、罚站、罚抄、训话等手段，不仅使学生的颜面全无，还伤害了学生的自信心和自尊。

第四，教师没有公平地对待每个学生。在进行课堂教学评价时，评价学生的标准仍然是看学习成绩，成绩好的学生往往在课堂上受到教师的关注和赞扬，而成绩不好的学生则受到更多的批评和指责。值得注意的是，每节课的确有学生起来回答问题，但发现回答问题的学生或上台进行英语口语练习、表演的学生通常就是那几个成绩优秀的或喜欢回答问题的学生，这是所有学校的普遍现象。

2. 当前英语课堂教学管理在学生方面存在的问题

课堂中有许多违规的行为是由学生自身的原因造成的。

（1）学生的生理因素

生理方面的障碍是学生产生课堂违规行为的一个不可忽略的因素。学生有视、听、说方面的障碍就会妨碍其学习活动的正常进行，在课堂上容易出现不敏感、不专心、退缩、低沉，甚至烦躁不安、自行其是等行为，神经发育迟缓或神经功能障碍也会造成学生的“多动症”，心理学家把这种现象称为脑功能轻微失调。这种现象容易导致学生的注意力涣散、过度好动、冲动、任性，并且在课堂上很难控制自己的行为，容易出现话语过多、情绪不稳、怪叫、注意力不集中等多种课堂违规行为。此外，发育期的紧张、疲劳、营养不良等也会引起学生在课堂上的精神不振、神情恍惚等违规行为。

（2）学生的心理因素

焦虑是一种恐惧和不安的情绪体验，学生的焦虑情绪主要是由过重的学习压力和不和谐的人际交往关系所带来的。传统的班级授课制实际上是禁止学生在课上互相交流的，学生虽同处一室，但他们的活动却是各自孤立进行的。在此过程中，只有一个人是施教者，其余的人都是受教者，学生只是领受和“消费”教师所传授的知识。由于受到传统的教育思想的影响，学校教育仍然存在比较严重的重智育，轻德育、美育、体育的情况，许多教师仍然沿袭陈旧的教育教学方法，使学生的课业负担变重。父母望子成龙心切，往往盲目地让孩子参加各种补习班、特长班、训练班，过重的学习压力会使学生情绪压抑、心事重重，早早就失去了童年应有的轻松与快乐。此外，相当一部分教师不能平等地对待学生，缺乏对学生一视同仁的关爱，使一些学业成绩较差的学生不能与教师、同学平等顺畅地交流，进而产生挫败感和失落感。

二、对课堂问题行为的深层分析

（一）课堂问题行为的类型

课堂问题行为是课堂管理的难点，对课堂教学质量起着举足轻重的作用，是广大教师普遍关心的问题。学生的课堂行为有多种表现。从课堂秩序和课堂规范的角度来看，学生的课堂行为可以分为三类，即正当课堂行为、不当课堂行为和违规课堂行为。正当课堂行为是指遵守课堂秩序、合乎课堂规范的行为；不当课堂行为是指不宜在课堂上表现的行为；违规课堂行为是指对课堂秩序和课堂规范有破坏作用的行为。其中，不当课堂行为和违规课堂行为属于学生的课堂问题行为。

在现实课堂教学中，教师对课堂问题行为的判断标准并不统一。不同的教师对学生行为的感受也是不一样的，这直接决定了教师对问题行为的判断标准。一些教师认为，一些学生总是在未经教师允许的情况下就发言，会扰乱正常的课堂秩序，是一种问题行为；而另外一些教师则认为，这是一种情绪激昂、思维敏捷的表现。此外，一些教师会把那些在课堂上总是循规守矩、沉默寡言的学生作为遵守纪律的榜样；而另外一些教师则认为，这是学生思维不活跃、退缩、回避的表现，甚至有精力不集中、“开小差”的嫌疑。

（二）课堂问题行为对课堂的影响

课堂问题产生于课堂，同时又对课堂纪律产生消极影响。不同的课堂问题行为对课堂的影响也各不相同。具体来说，有直接影响和间接影响两种。

1. 直接影响

有些课堂问题行为会直接扰乱课堂秩序。例如，打骂、推撞和追逐等侵犯他人的行为；交头接耳、窃窃私语、擅自换座位和传递纸条等过度亲昵的行为；高声谈笑、口出怪音、敲打作响和做怪异动作等故意惹人注意的行为；故意不遵守规定和不服从指挥等盲目反抗权威的行为。这些课堂问题行为经常会让任课教师头痛不已，使不少教师花费时间和精力来处理。

2. 间接影响

有些课堂问题行为虽不会直接干扰课堂秩序，却会妨碍学生本人的学习，影响课堂教学效果。例如，上课时凝神发呆、胡思乱想、心不在焉和做白日梦等注意涣散行为；胡写乱写和抄袭作业等草率行为；胆小害羞和不与同学交往等退缩行为。这些问题行为就好像河中的暗流，看似风平浪静，潜在的危险却很大。

（三）课堂问题行为产生的原因

在课堂中，课堂问题行为是经常发生的，涉及学生比较广泛，具有普遍性。学生课堂问题行为产生的原因主要有三个方面。

1. 教师因素

课堂问题行为和任教教师的关系就如同上下级的关系。任教教师管理班级有方，课堂纪律就好，整个班的班风就正。

（1）课堂问题行为与班主任

许多教师都会发现，在班级教学中有一种现象——“班如其师”，班主任的个性直接影响班级的风气和纪律。课堂问题行为和任教教师的关系十分密切，尤其是班主任对课堂纪律的影响更大、更直接。经常听到这样的言论：“xx 班课堂纪律真糟糕”“只要是她当班主任，这个班的纪律准成问题”“对，过去的甲班、乙班、丙班，现在的丁班，全是一个样”等。事实确实如此，有些教师虽然从教十几年，但是其带出来的班一直给人松松垮垮和缺少管教的感觉；而有些教师不管接什么班，不出一个学期，就能来个大变样，这个班级给人的感觉是既整齐又懂事，全班基本步调一致。班主任对课堂问题行为的影响是很大的，有时甚至起决定作用。

预防课堂问题行为应该从六个方面做起。第一，在全面了解班级中学生的情况后，对座位进行合理的安排。第二，给每个学生设立行为记录卡，由班长或纪律委员负责填写，每周由班主任进行等级评定。第三，以班规的形式明确奖惩措施，做到奖惩有据、有理和有度，实行民主管理。第四，课后与学生、任课教师多交流，以便及时了解情况。第五，尽量多开展一些有利于增强班级凝聚力的活动。第六，注意教育方法的多样性与教育手段的科学性。

（2）课堂问题行为与任课教师

课堂行为问题与任课教师的关系很容易理解。一方面，任课教师的课上得精彩，学生就爱听。学生的注意力被吸引过去了，问题行为也就少了，课堂纪律自然就好了。另一方面，良好的课堂纪律可以给教师提供一个舒心的外部环境，使教师的水平得到充分发挥，使教师把课上得更加精彩。要想处理好课堂问题行为与任课教师的关系，首先要处理好任课教师和学生的关系。任课教师只有了解学生的想法，才能处理好与学生的关系。如果任课教师与学生关系融洽，学生爱屋及乌，自然就会喜欢任课教师的课。

那么，任课教师应该如何预防课堂问题行为的出现呢？可以从以下五个方面入手：第一，上课力求生动，内容丰富；第二，作业不要太多；第三，对不同程度学生布置不同作业；第四，对所有学生一视同仁，不偏爱、不忽视；第五，要求学生做的，教师首先要以身作则。

2. 学生因素

大量的课堂问题行为与学生的身心状况直接相关，都是由学生自身的因素引起的。即使同一个年龄阶段的学生，其问题行为也会因其身心条件的差异而表现出不同的特征。

（1）学生生理上的障碍

学生视、听、说等方面的障碍会妨碍学习活动的正常进行，使学生在课堂上常常出现不敏感、不专心、退缩、低沉，甚至烦躁不安、自行其是等问题行为。此外，学生发育期的紧张、疲劳和营养不良等，也会引起学生在课堂上出现精神不振、担心害怕和神志恍惚等问题行为。另外，学生的神经发展迟缓或神经功能障碍也会使学生产生“多动症”，导致学生产生注意涣散、活动过度、冲动任性和怪声怪叫等问题行为。

（2）学生的焦虑、挫折和个性等心理因素

学生在课堂上的焦虑，通常是由于过多的压力和不和谐的人际关系，以及其得不到他人的尊重、自尊心受到威胁引起的。由于焦虑，学生不仅会出现灰心丧气、顾虑重重和徘徊不定等退缩性问题行为，而且会出现厌烦、烦躁不安和无理发怒等逆反性问题行为。挫折是在目标或期望受阻而又无法克服时产生的一种紧张状态和情绪反应。挫折会引起学生的情绪波动，使学生产生说谎、欺骗、公开顶撞和故意发泄等攻击性行为，以及压抑、退缩和逃避等行为反应。挫折后的情绪反应在一定条件下会直接转化为课堂问题行为。学生个性方面的差异会影响其在课堂上的问题行为。例如，性格过于内向的学生，往往容易产生抑制和退缩行为；而性格过于外向的学生，往往容易产生攻击性逆反行为。

3. 学生所处的环境

课堂问题行为的产生，除了取决于教师和学生方面的因素外，还与环境影响有关。心理学家库尔特·勒温（Kurt Lewin）关于行为的研究表明，行为是人与环境的函数。这一研究结果揭示了人的行为与环境之间的内在联系。环境影响主要包括家庭、大众媒体和课堂内部环境等方面的影响。

（1）家庭

研究表明，父母离异或不和，以及单亲家庭的学生，在课堂上经常会产生孤僻退缩、烦躁不安，甚至挑衅生事等行为。此外，家长的教育方式也会影响学生课堂上的行为。由于当今的学生都是独生子女，使得不少家长对孩子娇惯溺爱、纵容放任，对孩子的要求百依百顺。这种教养方式容易使学生产生以自我为中心的心理，甚至玩世不恭、放荡不羁。而有的家长在教育孩子时，采取粗暴严厉、动辄打骂的方式。这种方式容易使孩子产生弄虚作假、消极对抗，或冷漠孤僻、情绪异常等行为。

（2）大众媒体

在当今信息化的时代里，社会上的各种信息通过电影、电视、互联网和书刊报纸等多种途径渗透到学校。在大众媒体传播的信息中，并非都是积极、正向的，也有许多诸如暴力、色情、凶杀和追求感官刺激等庸俗、商业性和低级趣味的内容，它们影响着学生的心理发展。受这些内容的影响，学生耳濡目染、潜移默化，甚至盲目模仿和具体尝试其中的动作与行为。这些行为成为课堂问题行为重要、潜在的影响因素。美国帕克（Parke）等人的研究表明，在生活条件相似的情况下，观看暴力电影的学生比其他学生有更多的攻击性行为。此外，这种消极的大众媒体内容还会使得学生产生性格障碍。

（3）课堂内部环境

课堂内的温度、色彩、课堂气氛、课堂座位的编排方式、班级学生规模，以及班风等，都会对学生的课堂行为产生十分明显的影响。如果课堂中的环境温度适宜、色彩明亮、气氛融洽，学生就可能产生一种愉悦的感受和积极的情绪，从而减少课堂问题行为。相反，如果课堂环境恶劣，气氛紧张，学生就可能会产生懒懒散散的消极情绪，从而增加问题行为产生的可能性。此外，如果课堂中的色彩、温度和气氛等趋于定势，学生的问题行为就会形成习惯，成为无意识行为。不仅如此，课堂座位的编排方式也与学生的问题行为有关。英国教育理论家威尔达博士曾对课桌椅的排列方式做过观察实验，结果显示，在“直列式”排列时，学生学习努力的程度是“圆桌式”排列的一倍。

综上所述，学生在课堂中表现出来的问题行为，可能是家庭问题行为或社会问题行为的延伸，也可能是由学生自身的心理和生理引起的，还可能是不良的课堂教学环境或教师的教学失策导致的。它是与学生的学习、生活环境和社会风气等有关因素相互作用的结果，是各种问题的一种综合性反映。

三、课堂纪律的类型与控制

提高英语教学质量最重要的环节是抓好课堂教学。良好的课堂纪律是成功开展课堂教学的保证。由此可见，课堂纪律管理的成败与否，决定着课堂教学的成败和教学质量的高低。为此，对它进行一些尝试性、探索性的研究，就显得尤为重要。

纪律问题历来是教师的一个难题。对于大部分新教师来说，纪律问题更是一个棘手的问题，就是有经验的英语教师也不敢掉以轻心。有时，纪律是教学失败的原因之一。所以抓好了纪律管理，就为抓好英语课堂管理创设了一个重要的前提。课堂纪律控制技巧也成了英语教师课堂管理能力最重要的方面。

（一）课堂纪律的类型

在教育学中对课堂纪律的定义是：“为了维持正常的教学秩序，协调学生的行为，以求课堂目标的最终实现，必然要求学生共同遵守课堂行为规范，从而形成课堂纪律。”具体来讲，课堂纪律有以下四种类型。

1. 教师促成的纪律

教师促成的纪律是指在教师的帮助指导下形成的班级行为规范。学生年龄越小，这种纪律越容易养成。在教师新接一个班级的时候，更要注意这种纪律的培养。但是课堂纪律仅是靠教师促成的，还没有内化为学生的自觉行为，这样的课堂纪律有很大的可变性和不稳定性。有时候看到这样的班级：在班主任的课上，学生的纪律都组织得很“好”。然而，一旦任课教师上课，学生马上就会原形毕露，课堂纪律散漫。所以，教师促成的课堂纪律，仅是对班级管理外部改造的完成，接下来要做的事情还有许多。

2. 集体促成的纪律

集体促成的纪律是教师促成的纪律内化的一种表现形式。当遵守课堂纪律已经成为周围学生的自觉行为时，集体促成的纪律也就形成了。这样的纪律有较强的稳定性，一般不会因为教师的不同或学科的难易产生大的变化和波动。对班级而言，这是比较理想的纪律形式。平时喜欢捣乱的学生如果转学到这样的班中，会发觉自己的行为和周围学生不一样，他的鬼脸和插嘴迎来的不是大笑或呼应，而是鄙夷和愤怒。这时，他们就会静下心来思考，调整自己的行为，让自己和集体步调一致。这样的课堂纪律对个别学生问题行为的改造作用是十分明显的。

3. 任务促成的纪律

任务促成的纪律也是一种比较常见的课堂纪律形式。它的形成和学生面临的任务有直接关系。它有可能随着任务的出现而出现，随着任务的结束而消失，也有可能会持续。学生不仅有很强的好胜心和求知欲，而且有一定的自觉性和可塑性。他们的好胜心一旦被点燃，自觉性一旦被激发，可塑性一旦被利用，班级的潜能就可以被挖掘出来。当任务出现时，人们在思想上和行动上都会特别重视，学生也不例外。只要教师让他们明确任务的重要性和意义，他们也会全力以赴，争取有一个好结果。许多教师都有这样的体会：临近期中或期末考试的时候，课堂纪律明显好了许多，大家对学习变得特别重视。显然，是考试的任务让学生感受到了压力和动力，所以他们的课堂纪律会在短时间内有所好转，但这种好转会随着考试的结束而消失。

4. 自我促成的纪律

自我促成的纪律也就是人们常说的自律。课堂纪律虽然是一种集体行为的表现，但这种集体行为和个体行为有着密切的关系。自觉性强和自律性好的学生，在任何班级中都能认真上课，周围的环境对其影响不大。心理学上认为，一个学生自律性的强弱，不仅与他的性格有关，还与他从小生活的环境，以及所受的各种教育有着更密切的关系。自我促成的教育的形成过程是比较漫长和缓慢的，但一旦形成就能受益终生。

（二）课堂纪律的控制

在英语课堂教学活动中，纪律起着保障的作用。没有纪律，英语课堂教学就无法进行，更谈不上提高英语课堂教学效率。因此，纪律管理是英语课堂管理最重要的环节。

1. 突然发问

当英语教师发现有些学生不专心或捣乱时，可以突然问他一个问题。这个问题可以是教师刚刚讲过的，只要注意听一定会答上来，但也要有一定的难度。这样会引起捣乱的学生的重视，使其不敢再不专心。一般来说，这样的学生常常回答不上来。在学生回答不上来时，教师万不可讽刺挖苦，否则会引起副作用。采取突然发问的方式是为了提醒学生，停止不良行为，认真听讲。

2. 停止讲课

在英语课堂上，如果教师发现有学生捣乱，严重影响课堂纪律，英语教师可立即停止讲课片刻，并注视那位学生。这样不仅会引起全班学生的注意，而且会引起那位捣乱学生的重视。但教师要注意停止讲课的时间不可太长，否则会影响全班学生的学习，引起公愤。当然，如果学生的违纪行为对班级授课没有大的影响，教师就不必使用这种策略。这时，教师可以用表情或动作示意，提醒违纪学生。

3. 适当惩罚

教师要谨记：无论在什么情况下，惩罚一定要适中且不可过火。同时，惩罚一定要尽量少用。例如，如果教师发现一名学生有意将桌椅推翻，这时教师就要采取教学中的惩罚方法。具体来说，可以采取以下两种方法：一是进行心理辅导，做好思想工作，而不是大发雷霆，训斥和责骂学生。二是让这名学生把桌椅重新摆好。这样，违纪学生才会心服口服。相反，如果教师以此为由，将学生赶出教室或请领导、请家长和公开张贴布告等，这样会严重伤害学生的自尊心，从而使他产生“破罐子破摔”的心理，与英语教师走向对立面。过分严厉的惩罚常常会使学生产生不良行为，并招致学生的怨恨和反感，体罚会使学生憎恨教师，并对教师采取对抗态度。好的教师从不体罚学生，但教学效果同样好。有些英语教师认为，违纪学生是“孺子不可教也”。其实不然，这些学生也有思想、有感情，只要教师的心理工作做得好，同样会收到理想效果，英语教师决不能因学生违纪就讽刺、挖苦或瞧不起学生，而应鼓励学生好好学习，要尽量从轻处理学生在课堂上的不良行为，给他们改正的机会，不要“一棍子打死”。

4. 课后处理

有时，有些学生在课堂上捣乱，如果这些行为不足以扰乱教师的讲课，教师可以暂时不予理会。等到下课后，再找学生了解情况，询问原因，对症下药，做好细致的思想工作。这样，教师在课堂上既照顾到了大部分学生的利益，又避免了因学生违纪而影响了教师上课的情绪。对于违犯课堂纪律的学生，无论教师采取什么样的制止措施和方法，也不管学生违犯了什么纪律，在课后，教师一定要找学生本人进行个别谈话。在谈话中，教师应该和学生一起分析发生事件的原因和利害关系，以及它的严重性和危害性，并告诉学生如何纠正这种行为，以使学生今后在课堂上专心听讲。对于课堂纪律中出现的一些现象，英语教师要根据心理学原理，对学生进行认真、细致的思想工作，要动之以情、晓之以理，使他们体会到教师的关心爱护，让他们心服口服，从而决心改正。此外，教师还要做到持之以恒，导之以行，坚持心理辅导，使学生能自觉、认真地学习英语。

第四节　初中英语有效课堂管理的创新策略

一、寓教于乐，寓学于乐，实行多样化的教学手段

利用实物可以引发学生学习的兴趣。当学生看到或者感觉到实物时，就更容易和英语联系起来。例如，人教版第六单元“Do you like bananas?”，这节课主要是让学生谈论水果。因此，在教学时事先准备许多水果，如苹果、梨、桃、杏等，并设计一个小游戏，让学生给这些水果贴上标签。在教学过程中，学生都十分踊跃地参与活动，积极地记忆这些英文单词。

因此，英语教师在教学时，可以多尝试使用多媒体教学，并且把多媒体教学

和英语教学结合在一起。运用PPT使学生直观地了解到教学内容，突出教学的重、难点，使学生身临其境。

而且，教师可以设计多彩的小游戏，在复习单词、短语和句子时，可以运用词语接龙的游戏，在活动之中巩固所学的知识。教师可以创设具体的情境，使学生沉浸在英语情境之中。当谈论生日时，教师可以带领学生唱生日快乐歌，然后引导学生学习具体日期的表达方法，加深学生的印象。

二、尊重个体差异，把控分层目标

由于学生的来源不同，智力发展水平不同，所以能力水平也就不同。针对不同层次的学生，重视差异，因材施教，把控好分层目标。对学生实施个性化教育的前提是尊重学生现有的个性。对此，在教学过程中教师要正视学生的差异，尊重学生的个性，对每个学生设立不同的教学目标。只有在教育中做到有针对性，才能实现学生的个性化发展。个性化教育培养学生的主观能动性，针对不同个性的学生要有目的、有计划地设置培养目标，设计教学内容，改善教学方法，最大限度地开发学生的潜能，发挥学生自主学习的能动性。

（一）学生能力的分层

由于学生生源的多样化，所以学生的英语水平参差不齐。对此，教师可以先对学生进行调查，根据调查结果将学生分为A（excellent）、B（just so so）、C（come on）三个等级。当然，这三个等级的学生并不是固定不变的。当B级学生的听、说、读、写等方面能力达到一定标准后，就可以向A级转变。对此，教师应注重学生自主学习能力和良好学习习惯的培养，鼓励B级学生向A级学生转变，C级学生向B级学生转变，一步一个脚印，踏踏实实完成教学任务。

（二）教学目标的分层

教师在制定教学目标时，需要充分考虑学生的个体差异，根据学生分层，制定有梯度的教学目标，促进每个层次学生的全面发展，保证每位学生在课堂上都能有所收获。根据最近发展区理论，教师对不同阶段的学生提出不同的分层目标。对于后进生而言，分层目标应贴近他们的真实水平，从他们的实际情况出发，采用灵活多样的手段让他们收获知识；对于优等生来说，分层目标可以略高于他们的真实水平，施展自己的个性，爆发自己内心的小宇宙。

以人教版七年级上册的“When is your birthday?”为例，教师可以依据学生的基础把教学目标分为A、B、C三个层次。A层的学生学习成绩比较好，可以制定较高的学习目标；B层的学生要在巩固基础知识的同时，使其表达能力得到提高；C层的学生因为学习基础比较差，所以在设计教学目标时，应该建立其学习的自信心，调动C层学生学习英语的兴趣。

A层教学目标：学生能够模仿课文，能够结合自己的生活分角色表演课文。

B层教学目标：学生能够分角色表演课文中的对话。

C层教学目标：学生能够分角色朗读课文。

经过课堂实践可以发现，C层的学生敢于在同学面前表现自己了；B层的同学在掌握了课文的基础知识之后，可以自己编造对话；A层的学生能用流利的英语表达课文中的内容。基于同一个目标，针对不同层次学生提出不同的目标，能够体现教学的有效性。

（三）课堂活动的分层

基于学生的个体差异设计分层的课堂活动能激发学生英语学习的积极性，主动参与课堂，提高课堂效率，活跃课堂氛围。以人教版七年级上册第六单元“Do you like bananas?”这一课为例。这节课的教学目标是让学生掌握用like询问对方喜欢或不喜欢某样物品，如“Do you like…?Yes, I do. / No, 1 don't.”。同时，引导学生掌握食物的名称，如hamburgers、tomatoes、ice cream等，以及表达自己与他人早、中、晚餐喜欢的食物，如“I like…for breakfast / lunch / dinner.”。为了使学生参与到教学中，设置一个小游戏，学生可以通过肢体语言和面部表情表达出喜欢和不喜欢。C层的学生在看完图片之后做动作，B层的学生猜单词，A层的学生做补充说明。在整个教学活动中，课堂气氛比较活跃，所有的学生都能积极参与进来。

（四）课堂评价的分层

评价学生并不是单单以成绩作为一把衡量的尺子，多一把衡量的尺子，可以培养出更多的好学生。学生存在个体差异性，每个学生都具有自己的特色，有自己的闪光点。对此，教师应多方面地了解学生，根据学生的差异性给出不同的评价，激发学生英语学习的兴趣和积极性。比如，在评价“My teacher”这篇作文时，C层的很多学生不能写出完整的句子，甚至很多单词都不会拼写，但是他能写出“He is tall.” “He is nice.”此类句子。对此，教师应表扬其作文表达出老师的基本特点，激发他们写作的兴趣，而不是再不想提笔。B层学生在表达中容易出现三单形式变化的问题。对此，教师应肯定其优点，指出其不足之处，促使学生不断地完善自己。A层学生可以在肯定其文章，给班上学生做一个表率作用的同时，鼓励其超越自我。这样，每一个学生都能获得英语学习的成就感，加大学习动力，全班学生一起进步。

三、在情景中展开课堂教学

建构主义学习理论指出，学生不是空着脑袋进入教室的，而英语教学的目的是让学生掌握一种交流的工具。因此，在教学过程中，教师应创设逼真的交流情境，引导学生在师生互动、生生互动的过程中真正运用英语进行交流。初中学生的自我意识发展尚未成熟，学习过程中既渴望英语教师的关注，又讨厌被其控制，这种青春期矛盾的状态也会不时凸显在英语教学过程中。情景教学是通过设计真实、具体的生活情形和景象来引导学生触景生情，激发他们用英语表达需求的愿望，从而活化所教的语言知识，帮助学生真正掌握运用语言的技巧。同时，教师可以利用初中学生模仿能力强这样的发展优势，设置情景教学环节，将所教授的语法知识通过情景直观、生动地表现出来。这样，不仅可以调动学生学习的积极性，还为培养学生用英语交流的能力创造了条件。在此过程中，教师需要遵循以下两个原则。

第一，真实性原则。教师创设的情境要和学生的现实生活紧密结合，情境越真实，越能调动学生的愿望和学习动机。在讲解初中七年级第七单元“It’s raining”这节课时，根据外面的天气情况，让学生进行讨论。在练习对话时，还可以引出其他天气情况的英文表达，如snow、wind、blowing等。

第二，互动式原则。在教学时，英语教师要借助多媒体、视频、音频等手段来实现师生之间的互动。对此，教师可以提问学生相应的问题，让学生多思考。同时，教师要注重与学生进行互动交流。因为，英语学科是一门注重沟通和交流的学科，只有沟通和交流多了，学生才能用英语来表达自己的观点。

四、提高课堂管理有效性的建议

（一）善用激励，吸引学生参与课堂

课堂激励就是教师在课堂上为调动学生学习的积极性而采取的语言或行动。从心理学上来说，学习活动主要依靠学生内在动力的驱使，但外在动力机制也是不容忽视的动力因素。激励就是将外在动力因素激发甚至转化为内在动力因素。在课堂教学中，善用激励也就从根本上抓住了调动学生积极性的关键，不仅可以增强学生的荣誉感和自豪感，而且可以活跃课堂气氛，激发学生的学习兴趣，沟通师生的情感交流，增强学生的学习信心，促进学生有意义学习。一个好的教师从不吝啬表扬，且表扬有度，夸奖有理，从不随意批评。清代教育家颜昊先生曾说："教子十过，不如奖子一长。"不论是在家庭教育还是在学校教育中，激励都起着重要的作用。英语教学既是一个认知过程，又是一个情感过程。教师经常鼓励学生和肯定学生，可以增强学生的信心。教师要让学生看到自己的进步，以提高他们的自信心。在学生需要帮助时，教师要多暗示、少直白，多间接示范，少定向指导。只有有了这样的理解"润滑剂"，学生才能有尊严地投入学习活动中。下面，主要介绍几种激励方式。

1. 目标激励

教学目标是课堂教学的出发点和最终归宿，是师生共同活动的指向。明确学习的具体目标，会激发学生主动参与学习的求知欲望。比如，在识记单词时，教师可以让学生比一比，看谁在5分钟内记忆的单词多且准确。由于学生的争胜心都很强，这样他们会积极地投入学习中。学生明确了学习目标，就产生了探求目标的动机与兴趣，这就是教学目标的导向作用和激励作用。此外，在教学过程中，教师要要求学生在达到某一层次的目标后，还要向高一层次的目标冲刺让学生的学习目标始终保持在"最近发展区。这样就能使不同层次的学生在积极的状态下参与学习，使目标起到分层激励的作用，让其潜在的学习能力得到最大的发展。

2. 提问激励

在英语课堂教学中，教师应注意从多角度和多方位出发设计多种思考题，发

展学生的横向、类比、逆向和联想等发散思维，使学生不只停留在理解和掌握所学内容的层面，还能利用现学知识，结合已学知识，去创造、探索和培养发散思维，增强创新意识。比如，在讲授新知识时，教师可以结合教材内容，抓住重点和难点，精心设计一些问题，起到承上启下的作用。只要提出的问题明确，具有一定的针对性，学生就会依据问题顺藤摸瓜，随着教师的引导，顺利地向下一步过渡。此外，在设计这些问题的时候，教师注意问题要难度适中，且提问的学生要有针对性。

3. 竞争激励

心理学研究证明，人脑处于竞争状态时的学习效果，要比平时的学习效果好得多。教师应设法把课堂变为“智力竞技场”，积极创设竞争氛围，在课堂上开展各种自学比赛活动，如速读速记比赛、男女生分组抢答比赛和学习小组竞赛等。各种竞赛活动能使学生对所学知识产生兴趣，变“苦学”为“乐学”，使学生大脑处于高效率的最佳学习状态，有效地提高学习效率，培养现代人需要的竞争意识。

4. 成功激励

人的某种爱好和追求，最初往往是由于受到偶尔成功的欢乐所激发出来的。学生偏爱或长于某一学科，也多是这样。所以，在经常开展的英语竞赛活动中，教师不仅要让优等生和后进生进行比较，更重要的是让学生与自己的前一次成绩进行比较，自我对照，使其体验到成功的快乐。在教学过程中，教师要为学生创造多方面成功的机会，让学生通过努力不断发现新的“自我”，从心理上感受到学习的成功与快乐，从而更加积极地参与学习。

5. 评价激励

每个学生都有进步的内在要求和取得良好成绩的愿望。当学生在学习上遭到失败时，最需要的是鼓励和帮助。如果他遭受到的只是教师的批评、同学的讽刺挖苦，而没有人伸出援助之手，他就会怀疑自己学习的能力，原先心中积极的自我形象就会退化，几经挫折，学生的心灵将会受到严重的创伤，其厌学情绪也会日益加重。所以，在对学生的评价方面，教师要采取积极的评价，哪怕是学生有很微小的进步，教师也要及时给予表扬与鼓励，切忌使用生冷的语言和态度，切忌动辄教训斥责或不予理睬。

实践证明，学生会从教师一句肯定性的语言、一个赞许的微笑、一个满意的手势中，得到激励，体验到成功的喜悦。学生群体对个体学生取得的成绩进行肯定，也能激励其提高。例如，有些教师会带动全班学生为回答问题很好的学生鼓掌，这样会使回答问题的学生产生一种欣慰的感觉。此外，教师诚恳地纠正学生的知识错误、耐心地弥补学生的知识缺漏，能使学生体验到教师对自己的关怀和负责精神。这些都会强化学生的学习动机。所以，教师在英语课堂教学中要抓住适当的机会，最大限度地给予学生鼓励，不断给学生奋发向上的勇气和力量，促使其积极进取，不断提高。

6. 情感激励

情感是智力发展的翅膀。积极的情感是学生英语课堂学习的巨大内驱力。仔细观察不难发现，有些学生对自己感兴趣的内容学起来津津有味，而对那些自感无兴趣的东西则是听而不闻；还有一些学生，不仅会因为对教师的偏见而放弃其所教学的课程，还会出于对教师的感情或敬佩，对教师教学的课程产生一种莫名的学习动力。“亲其师，信其道”说的就是这个道理。由此可以看出，情感是教学不可或缺的中介，是教学效果的制约因素。师生之间只有情感相通、和谐，才能使学生的学习心理处于最佳状态，达到在愉悦的气氛中获取知识的目的。

“高兴的记忆永不忘”，这是至理名言。教师应利用言语和非言语的沟通，影响学生的心理活动，通过与学生的情感交流，感染学生，激起学生的学习热情。为了使学生在愉快的气氛中学习知识、训练技能，在每堂课上教师要让学生有笑声，力求运用幽默风趣的语言去教学。这样不仅能使优等生因成功而笑，还会尽可能使后进生在愉快和谐的气氛中，克服困难，进取学习。此外，在英语课堂教学中，运用现代教学手段，也有利于激发学生的学习兴趣，为教学难点的突破、词语的理解和情境对话，创设极为有利的条件。在课堂教学过程中，教师要最大限度地创设和实施多种激励机制，充分调动全体学生学习的积极性，促进教学目标更快、更好地达成，提高课堂教学效率。

（二）重视差异，实施英语分层教学

1. 实施分层教学的重要性

在面对不同层次的学生进行教学时，如果教师仍按照统一化的标准实施教学，将很难把握课堂教学目标和要求，课堂教学也会难以有效地开展，不能很好地调

动全体学生的学习积极性，甚至部分学生还会容易产生厌烦的情绪，给课堂管理造成消极的影响。此外，统一化的教学不利于基础较好的学生进一步发展，并且对那些本来就基础很差学生也是莫大的打击，会导致这部分学生在英语课堂教学中渐行渐远，这也是加剧学生成绩两极分化的重要原因。

分层教学就是要承认学生的层次差异，根据不同层次的学生因材施教，使各个层次的学生都能在课堂上愉快地学习，解决学习中的问题，激发求知欲。实施分层教学模式的目的就在于全面提高学生学习的自觉性和积极性。对于基础扎实的学生，教师可以适当地引导，为他们进一步探索新知识指明方向，促进他们不断地向新知识领域迈进；对于基础较弱的学生，教师可以从基础教起，减慢学习速度，通过制定合适的学习目标，循序渐进，逐步培育学生学习的自信心，完成教学任务。

2. 实施分层教学的原则

根据学生的知识与技能水平，分成不同的层次，确定不同的教学目标，运用恰当的教学策略，辅以不同的训练和辅导，借助各个层次本身的力量，促进每一个层次的学生都能得到最好的发展。

3. 对学生进行分层

要对学生进行分层教学，教师首先必须对每个学生的学习现状了然于胸。只有这样，教师才能在教学中有的放矢。在接手一个新班的时候，教师可以先用一套难易适中的题目对所教班级进行测验，然后按照学生的测验成绩，将班级的学生按照学习成绩分为 A、B、C 三个学习小组，其中 A 组为最基础的小组，B 组为中等成绩组，C 组为成绩优秀组。为保护学生的自尊心，在分组的过程中，教师要注意避免使用“后进生”这样的词语。随着学生成绩的变动，学生可以按照自己的情况，参加高一级小组的学习。

4. 分层授课

进行分层教学极为重要的一个环节就是对学生实行分层授课。在实际操作过程中，分层授课有些像复式教学。限于客观条件，教师不可能在同一堂课中将不同组的学生带到不同的课室上课。因此，在课堂教学时如何进行分层授课，就是一个现实问题。教师要尽可能做到各个层次学生互不影响，或者尽量少受到彼此的影响。为了做到这些，教师的备课任务比一般教学要大许多。在教学过程中，教师要对不同层次的学生提出不同的具体要求。

5. 分层作业

为了使学生学有所获，教师在对学生实施分层上课后，对学生的作业要求也要有所不同。教师要根据不同层次的学生，布置不同难度的题。实施分层教学模式是提高学生学习兴趣和教学效果，让所有学生学有所得，促进学生成才的有效途径。同时，实施分层教学能促使教师不断探索适应学生实际情况的教学方法，从而提高自身的教研水平和教学能力。

（三）精心设计课堂活动，激发学生的学习动机

英语课堂教学具有高频率的参与性。教师必须组织有明确交际目标的课堂活动，来让学生参与到教学过程中。《英语课程标准》在对教师的教学建议中提出了“鼓励学生通过体验、实践、讨论、合作、探究等方式，发展听、说、读、写的综合语言技能”的要求。英语教学要通过这些活动来培养学生的真实交际能力，要使教师在组织这些课堂活动时，达到动而不乱、活而不杂、学而有序的理想境界，其关键在于教师要把握好活动的组织和有效的调控。

1. 以学生为主体，使课堂活动任务化

教师应依据课程的总体目标，结合教学内容，创造性地设计贴近学生实际的教学活动，吸引和组织学生积极参与。学生通过思考、调查、讨论、交流和合作等方式学习和使用英语，完成学习任务。对于任务型的语言活动有以下四点要求。第一，活动要有明确的目的且具有可操作性；第二，活动要以学生的生活经验和兴趣为出发点，内容和方式要尽量真实；第三，活动要有利于学生学习英语知识，发展语言技能，从而提高实际语言运用能力；第四，教师借助语言、环境、图片或是一些生活中的实物、玩具等，将学生导入活动，使学生产生想参与活动、想用英语来表达的愿望，使学生的情绪进入兴奋状态。然后，教师应让学生明确活动的要求、步骤和规则等。教师的语言应正确，并且能边讲、边做示范，同时观察学生是否明白教师的要求。在开展课堂活动时，教师要留给学生一定的时间，让学生自己动口、动脑，学以致用。

2. 活动设计动静结合

在处理课堂教学内容时，教师应注意动静结合。比如，在设计了“Let's do”等动感较强的活动后，教师应该紧接着设计一些“write”之类较安静的活动，以调节课堂气氛。而当教师发现一些学生坐不住时，又可以紧接着安排“Let's chant”等活动。无论在课堂上设计怎样的活动，教师自己的心中都应该有一杆秤，随时随地称量学生的状态及各种因素，并适时地加以调整，以达到一种总体的平衡状态。其实，教师在课堂上所做的工作，在许多方面都和电视节目主持人有些相似。电视节目能够一直保持较高的收视率，为广大观众喜爱，与节目组的精心准备和主持人的临场发挥是分不开的。同样，在英语课上，要让学生认真听课、喜欢听课，也离不开教师课前的认真备课和课上的临场发挥。

3. 方式多变，扩大交际空间

课堂活动的组织形式有个体活动、小组活动、分班活动等。只有充分利用多变的课堂活动方式，吸引每一个学生充分参与课堂实践，才能体现出语言的交际性，才能实现师生之间和生生之间的互动性。例如，在进行pair work和group work环节时，将优等生和后进生进行适当搭配，充分体现“以帮带学”，也可以弥补大班授课时教师精力的不足，从而提高课堂活动效率。

4. 及时反馈，灵活调控

反馈是对课堂活动进行有效管理的重要手段。在课堂活动中，教师不仅要注意观察学生在活动中的表现，及时发现问题，给予指导，还要重视活动中教师的评价或学生的相互评价。教师应该对活动中表现出色的学生或小组给予肯定和口头表扬；对于完成得不好的学生或小组，给予帮助和鼓励。教师要善于根据学生反馈的具体情况，灵活地调控课堂活动，使课堂教学高效、有序地进行。

总之，课堂活动给课堂管理带来了巨大的挑战。如何引导学生积极地参与课堂活动，使课堂有序调控，是在课堂活动中应引起广大教师注意的问题。精心地设计课堂活动，全方位地调动学生学习英语的兴趣与积极性，是课堂教学成功的基础。

第八章　学生有效学习与教师专业知识拓展

第一节　学生有效学习与教师本体性知识的学习拓展

本体性知识也称学科知识，教师本体性知识是指教师所具备的特定学科知识，被视为“教师职业的身份标志”，是教师胜任教学工作的基础性知识。具有扎实的学科知识，是教师必须具备的专业素养，也是组织和引导学生开展有效学习活动所必须具备的基本条件。有人这样举例说明：教师的本体性知识就好比“给学生一杯水，教师自身要有一桶水”中的“水”。虽然，人们一直重视教师是否拥有“一桶水”，但由于诸多原因，教师的“一桶水”明显偏少或者“水质”偏差。因此，教师学科本体性知识的缺乏是一个必须引起高度重视的问题。

从英语学科教学的角度来讲，英语教师的本体性知识主要由英语学科基础知识、英语学习领域知识、英语课程与教学论知识，以及英语课程资源知识等组成，下面分别展开讨论。

一、学习拓展英语学科基础知识

英语学科的基础知识指的是在英语学习的过程中始终要用到的知识，主要包括语音知识、词汇知识、句子结构等知识。

英语学科基础知识在学习过程中扮演着十分重要的角色。基础知识是学生自主学习能力的基础，只有具备了自主学习的能力，学生才有可能对英语学习产生浓厚的兴趣，从而为以后的真实交际打下坚实的基础，并且即使在没有教师辅导的情况下，也能够进行有效的学习，可以说是终身受益。此外，英语学科基础知识也是教师开展教学活动最重要的前提和基础。教师只有精通自己所教的基础知识，才能准确无误地引领和指导学生学习和理解所学习的英语知识。

英语课堂教学的最大特点是它有许多不确定因素是在动态中生成的。尤其是学生的自主学习积极性得到充分发挥的英语学习课堂，更强调开放性，开放的课堂教学具有更多的不确定性和非预设性的因素，许多问题都无法预料，“节外生枝”是不可避免的。面对许多预料不到的意外，执教者能否随机应变，在短时间内想出对策，巧妙地加以引导，这是对英语教师是否具有扎实的教学功底的考量，而扎实的教学功底，离不开扎实的英语学科基础知识。许多优秀教师在组织和引导学生开展学习活动时遇事不慌，主要是因为心里有底。这个“底”就是教师的底气，有了这种底气，就会充满自信地迎接各种意外情况的挑战。底气来自深厚的学识积累，来自扎实的英语基础知识的支撑。

在动态生成的英语学习课堂中出现的各种“意外”，固然需要教师具有扎实的英语基础知识。但常态的英语学习课堂，同样需要教师具有扎实的英语基础知识，才能引领学生开展有效学习活动。著名认知心理学家 L. B. 雷斯尼克（L. B. Resnik）对阅读有一个堪称经典的定义：“阅读是一种建构过程，在这一过程中，读者的推断能力与他原来的知识起关键性的作用。”学生自主阅读的质量，在某种程度上取决于学生原来的知识结构；教师能否有效地引领学生开展有效的阅读活动，在某种程度上也取决于教师的英语基础知识的功底。

学习评价是学习课堂十分重要的一个教学环节，通过正确有效的学习评价，可以促进学生更有效地学习理解所学习的知识。如果教师英语基础知识功底不够深厚，那么不但无法通过评价促进学生的学习理解，反而会对学生的学习理解产生误导，课堂教学中这类例子不胜枚举。

像其他学科的基础知识一样，英语学科的基础知识随着社会的发展、学科的发展，以及研究的不断深入，也在不断发展更新，许多教师在大学里学习的基础知识已经滞后，这就要不断汲取新知识、新信息，充实自己，这样才能在学生的学习活动中发挥其应有的作用。

学习和拓展英语基础知识，还要注意了解与英语相关学科的知识，尤其是它们之间的相关点、相关性质、逻辑关系，与其他相关学科的知识相互渗透、融合，这样才能更好地发挥其在指导和引领学生有效开展学习活动中的作用。例如，组织和引导学生阅读文本，常常会遇到虚实结合的写作手法，教师不妨把文章学的知识与戏剧艺术中虚与实的知识结合起来，对虚实结合这种写作手法的作用，可以理解得更为深刻、真切些。

二、学习拓展英语学科领域知识

学科领域知识是指关于某个特定学科领域内的所有知识，是学科知识中相关的知识群按照内在的知识联系和使用这些知识的情境联系起来的知识组块，其三维结构不仅涵盖了陈述性知识和程序性知识，也包括在认知操作中具有核心作用的元认知策略成分。

英语学习领域知识是关于英语课程与教学内容的知识，即在英语教学中“应该教什么”“应该学什么”的知识。英语课程内容是英语课程层面的概念，指为了达到英语学科特定的课程目标而选择的知识、技能、策略、态度、价值观等因素；英语教学内容是英语教学层面的概念，是指在教学过程中向学生呈现和传递的一切材料和信息。它不受限于教材内容，而且具有一定的开放性和动态性，是教师根据具体的教学目标和教学情境对教材内容进行教学法处理后的结果。长期以来，教师在英语课堂教学中重视教学方法的研究，即重点放在“怎么教”的研究上，而忽视了教学内容的探究，即没有在“教什么”和“学什么”这两个重要问题上下功夫。众所周知，教学内容是教师和学生进行教学活动的重要依据，是学生认识和掌握的主要对象。没有教学内容，教学活动就无法进行，教学目标就无法实现。选择和确定教学内容，在教学过程中发挥学生的主动性，活化教学内容并使学生有效掌握，是保证高质量人才培养的重要前提。因此，如何根据英语学科特点确定具体的课堂教学内容，构建有效的课堂，是摆在教师面前必须解决的问题。

教师的英语学习领域知识如何，直接关系学生对其所教学科的态度和英语学习的最终效果。教师具有扎实的英语学习领域知识，能够极大地促进学生的有效学习。这种促进不仅是知识学习层面上的，有时更是精神层面上的。例如，学生在做阅读理解题时，感觉对文章大意把握不准，错误率较高，向老师求助。针对这一问题，教师专门上了一节课，分别从以下四方面进行讲解：第一，看文章的标题。标题有时就是文章的主题思想，往往概括性强，语言精练准确。第二，寻找主题句。如果将文章中的某个句子确定为主题句，可以将其变成疑问句，查看通篇文章是否都在回答这个问题。如果答案是"yes"，那么主题句就找对了。第三，寻找疑问句。文章中的特殊疑问句有时可能是文章的主题思想，可以找到以 why、where、when、how 和 what 开头的疑问句来确定主题思想。第四，首尾句。某些处于特殊位置的句子通常起重要作用，文章的主题思想经常包含在文章的第一句或最后一句中。通过传授方法，了解学生的疑惑，使学生感觉概括文章大意有了方向感，目标更加清晰。而教师所掌握的英语文本阅读理解的知识，也正是学生需要学习掌握的英语学习领域知识。

然而，教师也应当看到另外一些情况在中学英语教学中还是存在的，一些学生在英语知识上的缺陷常常源自教师英语学习领域知识上的缺陷。如有些教师把 perfect 的重音放在了第二个音节上，导致所教的学生许多都读错了，听起来很别扭；还有的教师把 nature 和 natural 中"a"音发成了 /eɪ/，教师发音的不规范，导致学生亦如此。

教师要拓展英语学习领域知识，一是要深入理解《英语课程标准》的主要精神，因为《英语课程标准》对学生应该学习掌握的学习领域知识做了明确的规定。例如，《英语课程标准》要求在教学中有计划地进行听、说、读、写四个方面的训练，有效地培养英语的运用能力和交际能力。而教师只有具备扎实的知识基础，才会重视和有效引导学生学习和掌握这些知识。教师要深入钻研教材，从教材中挖掘出对学生学习发展有用的学习领域知识，并根据教学的需要舍弃一些不地道或无意义的知识，拓展或增加新颖的又符合学生需求的知识。而教师只有具备了扎实的学习领域知识，才能达到这一目的。

（一）对教学内容和学习内容的拓展延伸

根据新课标要求，教师要深入研读教材，在教学中根据教材的实际内容和学生的实际水平，对教材进行合理的开发和利用，开阔学生视野，拓展学生思维，以满足不同学生的学习需求。因此，教师在进行教学设计时要有弹性，要凭借自己对学习领域知识的深刻理解，从学生的实际需要出发，基于学生已有的知识水平、认知能力、知识结构，适度拓展、延伸学生的英语学习内容。

教师通过适度的拓展和延伸，使学生对相关知识有了更多的了解，特别是一些“喂不饱”的学生，能够学到更多的知识。但是，拓展延伸不能没有度。而这个度的重要依据，正是教师对英语学习领域知识的理解。学习领域知识告诉教师，课堂拓展与延伸必须立足于教材提供的教学内容之上，教师要始终记住只有教材才是教学之本，才是最好的课程资源。拓展与延伸是为深入理解教学内容服务的，不能让内容为拓展与延伸服务，所以教师在拓展与延伸时首要的就是深挖教材，紧扣教学内容，尊重教材的价值取向。

（二）对语言技能的拓展延伸

语言技能是语言运用能力的重要组成部分，主要包括听、说、读、写等方面的技能，以及对这些技能的综合运用。语言技能也是十分重要的学习领域知识，教师要凭借对这一学习领域知识的理解，引导学生拓展和延伸相关的语言技能知识。

实践证明，教师自身素质是培养学生运用所学语言知识进行听、说、读、写的一个关键因素。这与当前教育教学领域所倡导的“学生中心论”并不矛盾。学生只有英语说得多，才能用得多。只有大量可理解输入和情境的设置才能促成学生大量地运用。因此，只有英语教师自身具备了良好的语言基础知识功底和较强的听、说、读、写能力，并且具备了丰富的教育理论知识，掌握了灵活多样的教学方法，才能有效提高学生的听、说、读、写能力。教师一口流利得体的英语能给学生创造一个良好的学习环境，教师坚持“多信息、高密度、快节奏”的原则能极大地加快学生听、说、读、写整体能力提高的进程。

（三）帮助学生形成良好的学习策略

课程标准把学习策略列为十分重要的学习领域知识。教师如果具备较丰富的学习领域知识，就可以有效地引导学生形成良好的学习策略。

提高阅读理解能力，具体的做法有：第一，先读问题，弄清考查要点，以便能带着问题看文章，这样会做到心中有数，有的放矢。第二，快速浏览全文，掌握全貌，注意发现与问题有关的信息，如果时间紧迫，至少要扫视一下起首段和尾段，再把标题和文章内容结合起来想一想，这样全文大意便清楚了。此时，不要忙于答题。第三，细读原文，捕捉相关信息词，掌握短文细节内容。第四，重读原文，仔细斟酌，核对答案。解完最后一道题后，如果时间允许，再将原文读一遍，用全文的主题思想统率各思考题，研究其内在联系和逻辑关系，目的在于对所做答案进一步审查，推出未解答的题，以便减少失误。

学习完方法，立刻做一篇阅读理解进行实践操作，能明显感觉比之前的做题质量要高。

在通过元认知策略提高学生自主学习能力的过程中，教师凭借自身的元认知策略知识基础，起到脚手架的作用，把课堂作为培养学生学习策略的有效场所。

三、学习拓展英语课程与教学论知识

英语课程与教学论知识，即对英语课程、英语教材、英语教学和英语教学评价的认识。对英语教学来说，这部分知识处在上位，它涉及教育学原理、课程论、教学论、教育评价论等知识。这部分知识也体现着英语课程与教学论研究的智慧，对英语教学有着连续性的引领作用。

比如，英语课程论涉及英语活动与英语学习的关系、英语知识与英语技能的关系、英语课程目标的特点、英语课程目标与课程内容的关系、英语课程内容的构成等；英语教材论涉及英语教材的类型、英语教材内容、英语教材中选文的功能、英语教材使用的原则等；英语教学论涉及教学方法的含义、教学内容与教学方法的关系、教的活动与学的活动的关系、学习状态与学习经验的关系等。正确理解这些内容，合理把握上述种种关系，对英语教学至关重要。

英语教学中之所以出现种种问题，不仅是因为教师对英语教学内容把握不住，还往往是因为教师对英语课程、教材、教学的认识不到位。

新课标要求改善或优化学习方式，改变过于强调接受学习、模仿与记忆、机械训练的学习方式，倡导学生主动参与、乐于探究、勤于动手、搜集和处理信息、分析和解决问题、交流与合作。这样一来，教师也要改进或优化教学方式，改变灌输式、注入式的教学方法，采用启发式、开放式的教学方法，指导学生在学习过程中自觉采用合适的途径、手段、策略、方法提高自己的学习效率。师生合作确立新的教与学的模式，改变“以教师为中心，以课本为中心，以课堂为中心”，实现“超越教师、课本与课堂”的教学模式，使学生逐步成为独立自主的学习者，真正具有终身学习的能力。要说明的是，改善或优化学习方式并不意味着否定传统的学习方式。接受式学习、模仿与记忆等学习方式在整个教学过程中是必不可少的，但仅靠这些方式难以培养出具有创新意识和终身学习能力的人才。

我国著名教育家叶圣陶先生曾说：“教材只能作为新课的依据，要教得好，使学生受益，还要靠老师善于使用教材。”在教学过程中，要从实际出发，既要遵循教材，又不能囿于教材；既要凭借教材，又要跳出教材。只有创造性地开发和使用新教材，才能更好地实现课程目标。教师应该清醒地认识到，再好的教材也不一定完全适用于所有的教师和学生。教师要做教材的主人，要充分发挥对教材的驾驭能力和处理能力，从而使教材最大限度地为教学服务。教师要有意识地在教学过程中渗透科学方法的训练，要对教材的知识体系进行适当的调整和补充，要对不同的知识内容进行不同的教学设计。总之，不管用什么样的教材，教师都要明确自己是教材的主人而不是教材的奴隶，最大限度地激发学生的学习积极性，因材施教，找到激发学生英语学习动机的最佳方法。

那么，作为英语教学活动的引导者和组织者，教师该如何恰当地使用教材，使英语课更好地体现课程标准的精神呢？在对牛津英语教材的使用过程中，教师应多角度地钻研教材，创造性地理解教材，尽可能地由教材的“复制者”转变为教材的“创造者”，根据学生的实际情况和课程标准的要求，对教材做出适当的裁剪，从教教科书向用教科书转变，丰富课程的内涵，拓宽课程的外延，从而达到最好的教学效果。

而现实的情况是，由于对学生主体性认识不足，不少教师常常徘徊于学生与教材之间，指手画脚，说三道四，喋喋不休，学生没有足够的时间去亲近文本，走进课文，仅仅是走马观花般地读一读、看一看。他们自主阅读、熟读深思的时间少得可怜：刚刚接触文本，教师就要求做这做那；刚刚开始朗读课文，教师就要求展开讨论；刚刚开始讨论，教师又要求进行练笔，或者进入另一个话题的学习……学生跟着教师的步伐忙得“不亦乐乎”，缺乏亲身的感受和深切的体悟。学生对文本的理解不是通过自己的思考和感悟获得的，而是靠教师的引导。这样的英语教学，学生甚少自主深入与文本对话，甚少感受英语学习的情趣，甚少体验英语学习的成功。这样的英语教学难以培养学生对英语的兴趣，而学生如果丧失了对英语由衷的热爱，无论怎样高明的教师，都难以让学生学好英语。

正确认识课程标准、教材和教学之间的关系，有助于教师创造性地开展教学活动。只有当教学富有新意、充满激情，并能够真正因材施教时，学生的自主学习能力和创新精神才会得以激发，促进学生的全面发展等素质教育目标才能得以落实。

（一）正确认识英语教材

任何教学活动都是一种再创造。如果说编写者是教材的一次创作者，那么教师就应该是教材的二次创作者。英语教材不是学生唯一的学习资料，教者要打破教材作为唯一课程资源的神话，把教材看作实现课程标准要求的手段，认真地学习教材，准确地加工教材，科学地补充教材。教者可就教材的一些内容进行延伸、修改、重组、再创造，让教材成为学生积极发展的媒介。

教师的问题是针对范例中每段的中心思想设计的，其实就是引导学生在阅读的过程中注意将相关信息放在统一段落中。经过教师对教材的延伸、修改、重组、再创造，教学效果得到了明显提升。这样围绕主题进行教材重组式的教学，就像一曲优美的充满了人文性的旋律，而与之交融一体的工具性，也不再是脆弱的断续的音符，人文性与工具性共同奏出了富有生命激情的英语教学交响曲。

（二）正确认识英语教学的性质和特点

英语教学论明确告诉我们，学生是英语学习的主体，教师是学习活动中的组织者和引导者。英语教学应在师生平等对话的过程中进行。对话的本质是为了促进学生语言和精神的协同发展。教师应当践行教学论的这些基本理论，开展有效的教学活动。

教师一步一步引导学生，让学生慢慢体会间接引语的运用。整个过程不仅让学生理解了从简单句到复合句的演变过程，还激发了学生学习英语的热情，让学生体会到了学习英语的成就感。可见，在语法教学中，教师如能通过诵读体味、潜心涵泳、创设情境、激活想象、切己体察等使学生的感受性学习落到实处，那么学生的有效学习将得到更充分的彰显，教师的教学魅力也将得到彰显。

（三）以教学论的基本理论，优化学生的学习方式

优化学生的学习方式是英语学科教学论对教师提出的一个基本要求。优化学习方式，就是要使学生的学习方式得到最大可能的完善，使其产生最佳效率，有利于学生的发展。因此，要求英语课程的设计和实施必须有利于优化学生的英语学习方式，使他们改变过去传统、被动、机械训练式的学习方式，而采用主动、体验、合作等积极主动的学习方式，充分发挥自己的学习潜能，形成更加有效的学习策略，提高自主学习能力。

（四）以教学论的基本理论优化教师的教学方式

教学论基本理论告诉我们，设计新颖有趣的活动，以活动为载体激发学生的积极学习情感，符合中学生的认识规律和情感规律特点。当然，这些活动的设计要紧扣相应的教学内容，也要符合教学本身的特点，应使认知活动和情感体验同步协调地进行。例如，英语课本中许多内容都是和学生的生活紧密联系的。从语言运用上来看，又都以学生的实际生活需要为出发点。因此，教师可以围绕这些内容设计一些个性化的活动来激发学生的学习热情。

现如今，学生和家长经常抱怨作业太多，但布置作业是教师教学中不可缺少的一个环节。怎样才能让学生既通过练习达到巩固知识的目的，又不是疲于应付，而是乐于完成、积极参与呢？教师可以改变作业形式，让学生通过制作手抄报，实现对英语知识的综合运用。自己来设计版面，给了学生充足的发挥空间。教学实践证明，这种方法很有效，全班同学都积极参与，学习热情不断高涨。

四、学习拓展英语课程资源知识

英语课程资源包括英语教材，以及有利于发展学生综合语言运用能力的其他所有学习材料和辅助设施。英语教材是英语课程资源的核心部分。除英语教材以外，英语课程资源还包括广播影视节目、录音录像资料、网络资源和报纸杂志等。英语课程拥有极为丰富的课程资源，积极开发和合理利用课程资源是英语课程实施的重要组成部分，它体现了课程改革的精神，满足了英语教学的需要，对于转变学生的学习方式和促进教师的专业成长具有重要意义。

英语是一门实践性很强，与生活紧密联系的学科。英语学习的效率依赖于学习者语言输入与输出的质和量。然而，目前仅仅依靠教材所提供的有限的语言输入和语言实践练习，完成新课标提出的中学英语教学的各项目标和要求是不现实的。此外，英语教学强调学习者的个性化学习，由于学生的学习需求存在差异，学习风格、学习策略各不相同，单一的学习资源和学习渠道难以满足学生的学习需求，也不利于发挥学生各自的潜力。

因此，应拓展丰富多样的课程资源，从而保证学生语言输入的质和量，为学生根据自己的学习需求和最适合自己的学习渠道进行选择性的学习创造条件，为英语教学提供富有活力的源泉，使英语教学“活”起来。

拓展英语课程资源有助于教师的专业成长，这也是教师专业成长的一条有效途径。教师要有效地拓展英语课程资源，首先要了解英语课程的目标、内容，分析英语课程资源开发利用与英语课程目标实现的关系，要去认识可以开发利用的英语课程资源的种类、分布，必要时还要设计开发利用的程序和方式，估计开发利用产生的效果等。在课程资源的开发利用过程中，教师的知识结构得到优化，能力得到发展，对教育、教学、课程，特别是对课程资源的认识水平得到提升，最终形成科学有效的课程资源观。

英语课程强调以学生发展为本，强调学生主动参与、主动探究、主动合作、勇于实践，强调培养学生获取新知识、分析和解决问题及交流合作的能力。这就需要教师和学生共同拓展英语课程资源，改变把英语教学仅仅局限于书本、校内的教学模式，使英语课程由窄变宽，由静变动。在这个过程中，学生从被动接受学习变为能主动参与课程资源的开发、探究及实践。这有利于学生学会运用多种媒体和信息资源，拓宽学习渠道，提高自主学习能力，形成具有个性的学习方法和风格。

从事英语教学，教师必须及时了解并能有效运用英语课程资源知识。教师学习拓展英语课程资源知识，有助于改变传统的教学观念，有利于培养学生“自主、合作、探究”的学习方式，转变学生被动的学习地位，有利于素质教育的实现。这就对英语教师提出了更高的要求。然而，目前初中英语教师对课程资源知识运用理念的理解有失偏颇，不太明确英语课的特点及任务，无法有效地运用课程资源，盲目教，随性教。

随着英语课程资源的不断开发，英语课程与教材的内涵与外延将发生越来越大的变化。英语教材中的资源开发和利用不能仅仅局限于英语学科知识，应有利于引导学生利用已有的知识与经验，主动地探索知识的发生与发展，同时应有利于教师创造性地开展教学活动，有利于培养学生的创新精神和实践能力、收集和处理信息的能力、获取新知识的能力、分析和解决问题的能力，以及交流与合作的能力，培养对自然和社会的责任感。所以，英语教师要从学生兴趣与经验出发，尝试以多样、有趣、富有探索性的素材展示教育内容。

例如，教师在对牛津英语九年级上册 Unit 5 Checkout 进行教学过程中，设计了以下环节。学生提出问题，“Eddie wants to be a famous film star. He is working hard. He collects a lot about film stars. Can you tell me who he/she is?”，各小组选派一个代表以抢答的方式说出同学描述的电影明星是谁。用这种猜谜的方式进行教学，能够让学生自主探究，激活学生头脑中存储的语言材料，促使学生创造性地使用语言，有助于学生走出教材，进行发散思维的训练，培养创新能力。然后教师要求学生说出本单元描述赫本优秀品质的词句，并结合实际进行造句，“So if we put our effort into everything we do, we are sure to achieve our final success on our real life stage. You are the superstar, and show yourself to others. Write a short passage on how to become tomorrow’s superstar on our real life stage.”。布置这样的笔头作业旨在真正提高学生综合运用英语的能力，将自主探究从课内延伸到课外。可见，只有执教者充分理解、把握课程资源知识，才能对整个单元的教学目标形成清晰而精准的理解，对各种教学资源进行细致入微的辨析和独到娴熟的运用，从而提高课堂教学效率，使学生能够有效地学习。

（一）立足教学实际，二次开发英语教材

教材的“二次开发”，主要是指教师和学生在实施课程过程中，依据课程标准对既定的教材内容进行适度增删、调整和加工，合理选用和开发其他教学材料，从而使之更好地适应具体的教育教学情境和学生的学习需求。

英语教材是最重要的课程资源。目前，我国使用的中学英语教材是由英语教学专家或有经验的教师依据《英语课程标准》规定的课程目标和教学要求编写或修订的。这些教材有完整的知识和技能体系、先进的教育理念、合理的内容结构和弹性的教学要求，但并不能反映不同地区、不同学校和学生的差异性与多样性。因此，教师既不能把教材当成唯一的课程资源，视若“圣经”，也不能完全抛开教材进行英语课程资源开发利用的实践与研究，舍“本”逐末，舍近求远，而是要结合学生的学习特点，立足于自己学校的教学实际，对教材进行合理的加工和改造，二次开发英语教材。

（二）立足学生实际，开发文学作品资源

文学作品是历代文学大师智慧的结晶，是语言运用的典范，不仅具有多方面的教育意义，而且蕴含美学价值。文学、语言和文化有着密切的关系，文学作品是语言中的精华，是特定时代文化的反映。学习文学作品，不但能学习语言，开阔视野，而且能从作品中感受到人生的美好、社会的复杂，从而提高对生活中真、善、美和假、恶、丑的鉴别能力。

英语课外阅读指导课是名著开发的主要阵地。英语课外阅读指导课的目的是帮助学生“立足文本，超越文本”，激发学生的上进心，使他们产生主动阅读的内驱力，汲取一切有利于自身发展的知识和信息，不断实现心灵的转变和行为方式的变化，促进自我发展。当然，指导中学生开展简易英文名著阅读的途径和方法还有许多。作为英语教学工作者，教师应当在新课标核心理念的指导下，充分挖掘英文名著这种宝贵的辅助课程资源，以帮助学生改善知识结构，扩大语汇范畴，提高英语阅读能力和水平。当然，名著的开发利用离不开教师较强的语言能力和挖掘名著的本领。只有教师站得高，学生才能看得远。

（三）拓展输入渠道，开发广播影视资源

学生的英语语言输入仅仅依靠视觉输入就会显得渠道过分单一，不利于调动学生多重感官参与语言学习，也不利于提高学生的语言学习效率。随着科技的发展，知识的载体发生了很大的变化，各式各样的有声读物、音像材料，以及广播、电视中的英语教学节目和故事片等声形并茂的英语影视资料为教师提供了丰富的英语课程资源。

第二节　学生有效学习与教师条件性知识的学习拓展

条件性知识是一种对具体的本体性知识做出教育学和心理学解释的知识。它涉及如何教知识，即如何将本体性知识以学生容易理解的方式表达、传授给学生，对本体性知识的传授起到一个理论性支撑的作用，将学科知识转化为学生可以理解的知识的过程，是教师成功地进行教育教学的一种必备知识。平时的教学过程就是教师如何把本体性知识转化为学生可理解的知识的过程。

一、学习拓展教育学知识

教育学是研究教育事实和教育问题，揭示教育规律的科学。教育学属于社会科学，着重研究教育现象和规律，探索教育的本质。教育学理论具有广泛性和丰富性，能够推动英语课堂教学良好发展。在高效教育模式下，教师对英语知识的传授和学生的领悟、学习方法、目的、态度和成绩等因素之间，都有着规律的关系。运用教育学实施英语教学的根本目的就是要找出英语课堂教学中各种各样的规律，建立起英语教学的相关知识体系，解决英语课堂教学中出现的问题。

启发式教学方法以辩证唯物主义作为理论基础和指导思想，强调教师的主导作用和学生的主动性、积极性的统一，相信学生有自己的能力，并让学生尽量发挥自学能力，以求将其培养成开拓型、创造型的人才。在课堂教学中运用启发式教学，就是指教师在教学过程中根据教学任务和学习的客观规律，充分发挥自身的主导作用，从学生实际出发，以启发学生思维为核心，采取一切有效的形式和

手段，调动学生学习的积极性和主动性，促进学生积极主动、活泼生动地学习。运用启发式教学，可以有效地培养学生的创造性思维和创新能力。例如，教师在教“Air Pollution”一课时，就放了一段关于污染的视频，那些由污染产生的可怕后果深深地触动了学生，为教师进一步启发学生理解课文发挥了良好的作用。

新课标提出：“学生的发展是英语课程的出发点和归宿，教师要根据学生的具体情况，有创造地设计教学过程，要正确认识学生的个体差异，因材施教，使每个学生都在原有的基础上得到发展。”这个要求落实到课堂教学中，就是要实施个性化教学，即以学生的个性差异为依据，运用个性化的教学方法、策略和技术，促使每名学生都能找到适合自己个性才能发展的独特领域。

在中学英语教学中实施因材施教、分层次教学，是认真贯彻落实新课标中“以人为本”教育思想的一项改革举措，这一教学法在教学应用中取得了较好的效果，学生基本养成了良好的学习习惯，初步培养了听、说、读、写能力，大多数人掌握了发现问题、讨论问题、解决问题的基本学习方法，为他们以后更深层次、更进一步地学习奠定了基础。

兴趣是学习的前提，激发兴趣是英语课程的首要任务。只有激发起学生的兴趣，才能达到学好学透的目的。作为一名英语教师，必须想办法激发学生的兴趣，促使学生发挥学习的积极性和主动性，才能使自己的教学质量获得提高，从而使学生成为真正的受益者。教师在教学中可以采用游戏、歌曲、情境表演、口语演讲比赛等多种形式的活动激发学生的英语学习兴趣，尤其是分组竞赛教学活动，学生对其乐此不疲，能够极大地激发他们的热情，使他们增强学习的自觉性，学习效率也能够得以提高。

开发学生英语学习潜能，其核心就是转变学习方式，即由被动的学习方式转变为主动的学习方式。美国心理学家霍华德·加德纳（Howard Gardner）曾经提出：“人人都有智能的长项，个个都有发展的潜能。”新课标中也表达了这样一种基本理念：教师要重视学生的发展，使教学适应个性的需要，不但要优化教学，优化学生学习形式，提高学生自主学习的能力，更要关心学生的身心发展，使学生得到全面的发展。无论成绩如何，每名学生都有一定的学习能力，并且这一切都是潜在的，需要教师来挖掘和开发。学生的英语学习潜能需要教师的正确引导，但更要关注每个学生个体的发展。教师要大胆实践，不断探索新的方法，努力创新，使每名学生都得以全面发展，在英语教学领域里取得一定的成就。

因此，学习教育学知识对于教师设计课堂教学，发展学生智力，培养学生潜能具有至关重要的作用。

（一）深入领会启发式教学实质，创设智慧的英语课堂

由于没有真正领会启发式教学的实质，或者对启发式教学的方法与技巧运用不当、不熟练，许多教师在课堂上经常会出现“启而不发”的现象。在课堂教学中运用启发式教学，首先，教师要启在关键上，要启在要害上；其次，要及时，尽量避免超前启发和滞后启发；再次，要充分了解教学对象的年龄特征、身心发展规律、已有知识水平、接受能力及性格爱好等，做到讲求实际、讲求实效、启而有发、问而有答、因人而异、因材施教。

教师通过学习教育学理论知识，充分了解学生的心理特征，采用启发式教学，结合学生争强好胜的特性，用渊博的知识和灵活的教学策略来打动和征服他们，不但树立了自身的良好形象，产生了对学生的亲和力，形成了课堂上师生地位平等的关系和轻松和谐的课堂氛围，而且满足了学生的求知欲望，培养了学生对英语的浓厚兴趣。所以，对于每天要面对这些天真可爱的孩子的老师来说，更需要深入学习教育学知识，这样才能更好地掌握课堂，走入学生，创设智慧的英语课堂。

（二）深入领会因材施教、分层次教学等教育学理论，充分发挥学生的才能

分层教学以科学的教育教学理论为基础，具体体现了素质教育、课程改革、生本教育的要求。它立足于学生的客观差异，着眼于学生的个性发展，实现了真正意义上的因材施教。由于这种教学组织形式提供了最适宜学生发展的教学实践，能够实现教学的最大效益，因而被越来越多地应用于课堂中。

教师设计分层问题及练习时做到了问题的难度与学生的层次相一致。设计较容易的问题让英语水平较低的学生回答，使他们体验到成功的愉悦；设计问题较难时，让英语水平较高同学回答，增加了他们的求知欲和挑战欲。作业布置也是如此。总之，只有坚持人本观念，才能充分尊重学生的个性，造就学生的个性。在日常教学中，如果能遵循因材施教的原则，考虑学生之间的差异，考虑学生个

人的强项而不是忽略或否定这些强项，以最大限度的个性化方式来进行教育，那么教育就会产生最大的功效。只有尊重学生的学习个性，才会激起学生的学习热情，只有这种热情得以昂扬，才利于课改的成功进行，才利于素质教育的顺利开展，才利于学生个性的全面发展。

（三）深入领会相关的教育学理论，激发学生英语学习兴趣

新课程标准对于初中英语教学的要求已经不再局限于教师完成课堂教学任务，而是将教学的核心转向学生，要增强学生的英语学习效果，要将学生的内在智能优势挖掘出来，以把握学生的学习兴趣及对英语知识的接受能力为出发点，在尊重学生学习方式的同时，引导学生根据自己的需要，选择适合自己的英语学习方法。

新课标强调，中学英语教学应建立能激发学生学习兴趣，促进自主学习能力发展的评价体系。因此，将竞赛贯穿于教学过程中，对学生的表现进行适时的评价是新课标在英语教学中的体现。新课标把培养学生兴趣看作中学英语教学的第一要务。培养兴趣可以借助玩玩唱唱，但不等于玩玩唱唱。游戏等直观活动只能激发学生一时的外部兴趣，这种兴趣是短暂易逝的。而要培养学生持久的内部兴趣，主要靠学有所得而产生的成就感，这种成就感最好通过比较和竞赛的形式体现出来。

二、学习拓展心理学知识

外语教育心理学是研究外语教育过程中的心理活动规律，即研究在外语教育过程中，外语教育者和受教育者的思想、外语知识、外语技能、个体差异（智力、非智力因素、个体、社会环境等方面），揭示学习过程实质和开发有效教育方法的科学。外语教育过程实际上是学习者在外语教育工作者指导下能动地进行有效外语学习的过程，外语教育者的教就是为了学习者的学。

语言学家和心理学家都认为，语言是后天发展的刺激和反应，是条件反射的结果。语言是行为、习惯和经验，语言又是理性、智慧和天赋。语言是模仿性行为，也是创造性行为。儿童学习说话的实践告诉人们：语言学习就是要进行创造性的模仿。只有在交际中不断运用、锻炼，才能习得，才能提高。为此，在英语教学中，要根据实际条件尽可能地创造英语环境，激发学生的英语学习兴趣，调动他们的主动性

和创造性，逐步使学生在受到鼓励和强化的情境中，由不自主到自主地进行学习。

中学生正处于向青春期转化的特殊时期，随着年龄的增长和学习内容的增加，他们的心理活动也随之变化，性格由外向逐步转为内向，他们对于学习上机械模仿和直观讲解的兴趣逐步减弱。教师在课堂教学中要充分了解不同学生的性格心理反应，指导学生自觉进行有意义的交际性操练，让学生在实践中感知语言材料，并在此基础上进行分析、综合、归纳和对比。为此，每堂英语课都应有一定量的课堂交际活动，其表现方式主要就是以学生为中心，组织一系列精彩的自主学习活动，大量地进行师生之间、学生之间的交流互动。例如：第一，教师课前制作大转盘，上面写上供学生讨论的题目。学生用一个骰子，抛到几，就回答第几个问题，并组织其他学生及时开展激励性评价。第二，英语课堂教学中安排小组活动，要求学生经常更换合作伙伴，鼓励他们自己用英语去问、去找。如你是 Beijing，那你就要找 China；你是 Snow White，那 The Seven Dwarfs 就是你们这个家庭的成员。第三，英语教科书听说教学中，一些插图生动有趣、简明易懂。上课时，教师可先让学生分组看图讨论，猜猜图片表达的意思，然后让他们用英语自由交谈，并分别到讲台上演示。结果是针对一幅图片，学生往往能编出多种对话，这样一来，既满足了学生的求知欲，发挥了学生的想象力，又全面开发了学生的思维潜力，让他们体验到成功的喜悦。

当然，组织好这样的课堂交际活动不是一件容易的事，需要教师在适当的时机，用适当的方法将来自教师的倾听、指导和鼓励尽快反馈给学生，激励学生积极投入、主动参与课堂教学活动，提高他们分析问题、解决问题的能力，最终使学生的情感、意志、兴趣、智慧等心理品质伴随着教学内容、书本知识的深化而得到整体优化。

英语课堂教学是师生之间共同进行的双边活动。教学效果的好坏，在很大程度上取决于能否充分发挥教师的主导作用和学生的主体作用。从心理学角度讲，课堂教学活动不仅是知识的传递过程，还伴随着感情的交流。所以，教师一方面要调动自己积极的情感因素，保持饱满的热情，另一方面要以情动情，感染、激发学生的情绪，使师生之间的感情和谐、协调。其中最主要的一点就是要尊重学生的情感，营造一种宽松、民主、和谐的教学氛围。这就要建立良好的师生关系，而建立良好的师生关系是教师与学生双方的心理需求。师生关系应该是平等民主、尊师爱生的新型人际关系，是最高尚、最健康的人际关系。要建立新型的师生关系，教师要重新审视“师道尊严”的含义，消除“唯我独尊”的心理，尊重学生的人格，给学生以信任和鼓励；要在课堂教学中用幽默的语言、友好的微笑进行情感交流，用自己良好的情绪引导学生的情绪进入最佳状态，营造出轻松愉快、生动活泼的英语氛围。课内外，师生之间应经常用英语会话，见面道一声“Good morning!”，分手时说一声“Good bye!”，教师要通过英语交流来了解和关心学生的思想、学习、生活情况。有时还可以让学生自己组织活动，出英语墙报，举行英语晚会，进行影视剧经典片段表演，优化英语学习环境，丰富校园生活。

总之，教育心理学是英语教学法的理论基础之一，它研究学生如何习得外语知识、技能和发展智能的心理过程、心理机制及其发展规律，英语教学法的各个学派都有自己的心理学依据。作为一名英语教师，要想提高教学效果，一定要进行一些教育心理学的研究，并能够结合自己的教学实际进行恰当的运用，这样才能收到良好的效果，教学水平也会得到进一步提高。这是教学改革对英语教师的要求，因为只有这样才能满足我国现阶段培养应用型英语人才的需要。

（一）通过积极的心理暗示，提高学生的英语学习兴趣

心理学中的“期望效应”，可以这样形象地阐述：“说你行，你不行也行；说你不行，你行也不行。”教师是教育教学的组织者、主导者，教师的一言一行会影响学生一生的成长。要想学生发展得更好，就应该传递积极的期望。积极的期望对于学生有着巨大的影响，积极的期望会促使学生向好的方向发展，消极的期望则会使学生朝着不利的方向发展。

积极的心理暗示对于学生的学习积极性有很大帮助。作为教师，首先要认真学习积极心理学，这样才能发现自身和学生身上的美德、优势。每一位教师都要自信满满地面对学生，用自身的优势和美德去感受生活，积极工作，爱学生，教育学生。对于学习英语有困难的学生尤其如此。当英语教师通过自己的言行、表情传递给学生亲切、鼓励、信任、尊重、平等的情感信息时，学生会逐渐自信起来，不怕出错，乐于学习英语，并开口说英语。

教师要公平对待好学生和差学生，即不偏心。英语学困生同样具有进取心和

自尊心，渴望进步。他们对于自己的表现相当清楚，有“自知之明”；同时，他们也是感情非常脆弱的一个群体，极易受到伤害。

作为英语教师，应该关注这部分学生的学习情况，平等对待学生，让后进生在实际学习过程中意识到自己受到了教师的尊重，对教师产生充分的信赖和期望，从而乐于亲近教师，易于接受教师的暗示，从暗示信息中获得启示，受到感染，并积极主动学习英语。

（二）尊重学生的情感，营造一种宽松、民主、和谐的教学氛围

爱和尊重是建立平等的师生关系，营造宽松、民主、和谐的教学氛围不可缺少的前提条件。学生只有在和蔼可亲的教师面前，在愉悦、平等的教学氛围中，才能缩短与教师的距离，产生情感上的共鸣，从而在课堂上积极参与进来。

课堂上提倡教学民主非常重要，“换位思考”是协调师生关系的关键。教师在教学时应该敞开心扉，以平等的心态去和学生交流，只有走近他们，深入其中，知其所想，给其所需，了解学生的心理需要，站在学生的角度设计他们喜闻乐见的教案，遵循因材施教的原则，采取适合学生心理特点和接受能力的教学方法，才是学生最为欣赏的教师。学生不愿意听就不能强迫他去听，绝对不能不顾学生的感受和心理，强迫他们做他们不愿意做的事，否则会影响教学效果。

（三）重视研究学生的学习心理规律，指导学生的英语学习

学生的好胜心、虚荣心和自尊心都很强，他们有时并不愿意接受老师和父母的安排与指导，甚至产生对抗和叛逆情绪；有的学生往往因为一两次考试成绩不理想而受到老师的批评，甚至可能跟老师发生争执，自己又不能正确对待，久而久之便对英语学习产生反感，对老师和父母的合理要求、批评难以正确听取，从而产生逆反心理。

第三节　学生有效学习与教师实践性知识的学习拓展

教师的专业知识包括通识性知识、本体性知识、条件性知识和实践性知识等，实践性知识是决定教师专业素质的关键；通识性知识、本体性知识和条件性知识

都要通过实践性知识整合、内化为教师自己的专业素质，形成教师完整的知识结构，提高和发展教师的专业素质，促进学生有效学习。教师运用实践性知识对其他三种专业知识加以整合，是长期的、贯穿教师职业生涯始终的，是教师终身学习、终身教育的一项重要内容。

一、积累与拓展实践性知识

教师的实践性知识有五个特点：其一，它是依存于有限情境的经验性知识，比起理论知识及与之相关的知识，缺乏严密性和普遍性，却是一种鲜活的、功能灵活的知识；其二，它是作为一种案例知识被积累并传承的；其三，它是以实践性问题的解决为中心的、综合多学科的知识；其四，它作为一种隐性知识发挥作用；其五，它是一种拥有个性性格的个体性知识。这些知识是通过日常教育实践的创造与反思过程才得以形成的。

实践性知识包括教师在教育教学实践中实际运用、表现出来的知识（包括显性的和隐性的），还包括教师对理论性知识的理解、解释和运用原则，教师内心真正信奉的、在日常工作中实际运用的理论，它支配着教师的思想和行为，并体现在教师的教育教学行动中。由于实践性知识通常呈内隐状态，基于教师的个人经验和个性特征，隐藏在教师日常的教育教学和行动中，呈现出内隐性、非系统性、缄默性的特点，因此很难把握，对其的研究也很少。

我们经常听到老师在抱怨：为什么我同样下了那么多功夫，花了那么多时间，还不受学生的欢迎，而且学生的考试成绩还是不好？同样，为什么每个学年开学前，个别老师的课务安排总会让学校领导头疼？社会上把知识讲不清，形容为“茶壶里煮饺子——倒不出”。事实上，老师都是接受了教育学、心理学的学习，通过专业考试才取得教师资格证的，而这只能说明其具备了当教师的资格，并不能说明他已经会教书了。有的老师需要一到两年，甚至更长的时间，才能完全胜任教师岗位。这是一个较为普遍的问题，无怪乎有不少教育界的领导和专家都表态：教师的教学水平与文凭（接受教育的程度）无关。这一切都说明了实践性知识具有不可替代的重要性。

实践性知识从哪里来？从教师本人平时对于教学实践的积累与拓展中来。

（一）增强积累实践性知识的意识

有没有积累实践性知识的意识，是丰富和拓展实践性知识的重要前提，难以想象一名缺乏积累意识的教师，能够在平时的教学实践中去用心思考和积累自己的教学经验，并将其作为知识储存起来。对于每天上课的教师来说，他们与学生在一起的每一节课，都有可能产生实践性知识。实践性知识具有很强的开放性，是一种与教师决策制定、价值判断相关联的感性、理性认识，它没有固定模式，但具有一定的规则。它是教师个体实践智慧的闪现，是提炼教师日常教学的探究和实践过程。教师的日常教学中存在大量的实践性知识，如有效的教学经验、典型的教学和管理方面的案例，以及对课堂突发事件的处理方法等都属于教师的实践性知识。个体日常教学实践是教师实践性知识的主要来源。教师要增强获取和积累实践性知识的意识，才能在闪现实践性知识的瞬间，将其获取到，从而为自己的专业发展做好实践、理论的准备。

其实课堂上有不少意外，但是很多老师并没有获取实践性知识的意识，因而这些意外都转瞬即逝。教师有着强烈的获取实践性知识的意识，能够用心反思和积累实践性知识，将教学当作艺术来追求。实际上，获取实践性知识的意识，是要在教师教学过程中逐步培养起来的。教师的日常教学中存在着大量的实践性知识，如有效的教学经验、典型的教学和管理方面的案例，以及对课堂突发事件的处理方法等都属于这一范畴。教师个体日常教学实践是实践性知识的主要来源。因此，教师个体要重视培养实践性知识获取的意识，从而为自己的专业发展做好实践、理论的准备。不少学校要求教师在每一节课后都撰写课后感，亦称教学反思，就是为了让教师总结本节课的教学经验，将实践性知识记录下来，推广出去。

（二）掌握积累实践性知识的方法

首先，教师要认真学习现代教育理论，阅读学科专业杂志，丰富教育理论知识，使自己在课堂教学中、课堂教学后进行思考和总结，撰写教学反思，形成实践性知识总结。其次，要充分利用一切机会，丰富自己的教学实践经验，如参加教研活动，听取讲座、研讨沙龙，通过专家引领、同伴互助、师徒结对“传帮带”等方法，掌握获取实践性知识的方法。而积极参与听课、评课也是非常好的积累实践性知识的方法。

教师在听课评课过程中，能发现授课教师的很多“闪光点”，比如一节稀松平常的阅读课，教师感受到了处理文本还可以用另一种方式——问题牵引，来引导学生进行有效的思考；另外，教师发现授课老师处理文本生词的方式也不落俗套，这引起了他极大的兴趣。相信这些在听课评课中积极观察思考得来的实践性知识，会很好地被老师积累下来，并应用在今后的教学工作中，提高学生的学习效率。

（三）拓展获取实践性知识的渠道

实践性知识的获得主要通过教师对自身教育教学实践的反思，由于校本课程是根据学校情况创建的结合学生实际的新型课程，没有课本，没有案例，没有现成的教案、课件、场地，因此开发校本课程本身就为教师实践性知识的获得提供了一个平台。

在开发校本课程过程中，原有的实践性知识在此得到了迁移。首先，原有的实践性知识为课程开发、实施、总结提供了各种可能产生的预想，通过预设，教师灵活自如地控制开发进程，调整开发步骤，使整个开发活动有目的、有计划地进行。同时，教师在校本课程的开发过程中产生新的反思、总结，获得新的、更高层次的实践性知识，从而推进校本课程的进一步开发、完善和实施，使目标、行为、过程、结果达到高度统一。

二、总结与完善实践性知识

实践性知识作为一种知识分类，具有知识的特性，且与人的认知相关。事实上，实践性知识是一种混合知识，它的组成既有显性知识又有隐性知识，既有公共知识又有个人知识，既有经验知识又有理性知识。所以说，教师实践性知识是指教师个人拥有的，在教育教学实践中形成并体现出来的对教育教学的综合认识、行为能力及创造力，并能在实践中不断得到丰富与发展。它源于教师专业化的训练水平和对人生观、价值观等的反思。实践性知识的总结和完善需要教师不断反思自己的教学实践经验，积极进行教学案例研究、教学科研，努力开展跨界学习、交流。

教师实践性知识来源于教师的实践，建立在经验积累的基础上，是对经验的总结、反思与提升，同时教师实践性知识的最终指向亦是实践。实践性知识通过在经验之间建立广泛的联系，形成一个体系，并不断地在实践中加以巩固与深化。总之，教师专业的发展离不开教师对自己实践性知识的不断追求与深刻反思。有专家将教学反思行为分为三个层次：第一层次，反思的重点是教学过程中的专业技能、教学技能和教学管理技能等；第二层次，批判性地分析教育实践过程中一切行为的合理性；第三层次，将课堂与更广泛的生态结构联系起来。现实教学中，教师可以根据自己所处的不同发展阶段把握有关反思知识的侧重点。

教学反思是实践性知识提升与完善的重要途径。反思的能力制约实践性知识获取的效能，严重影响实践性知识的总结和完善。教学反思是一种实践取向的反思，表现为“对实践反思，在实践中反思，为实践而反思”。表面上看，教师工作繁忙，几乎没有反思的时间和机会，但反思是有不同类型的。教师可以用语言描述自己的行为和思考，也可以对自己的经验进行系统梳理，甚至对自己反思的方式进行反思，但他们更经常做的是“在行动中反思，以行促思”。虽然，教师在与学生交往时的瞬间行动通常不是由反思产生的，但这种“冲动”本身就充满了全身心的关注，可以被看作“行动中的反思”。通过对教学行为进行反思，有利于促进教师实践性知识的显性化，优化教师实践性知识结构。特别是在一节课结束后，教师要反思自己在教学活动中充当的角色、教学是否达到了预先设定的目标、引起教学“共振效应”的有效做法、临时应变的措施、德育教育的渗透、教学方法的改革与创新等，并要详细得当地记录下成功之处，供以后的教学参考使用，并在此基础上不断改进、完善。

教师学习和掌握必要的教育理论知识，通过撰写反思札记、教育叙事，进行经验交流等活动对自己的教育实践行为和教育习惯、经验进行剖析，有意识地对隐含于行为和经验之中的实践性知识加以关注，随时捕捉实践性知识的各种信息并进行必要的信息提取，发掘隐藏在其教育行为、教育活动背后的实践性知识，将自己的实践性知识与理论知识加以对照，进行自我分析、自我评价和自我调整，并揭示其蕴含的价值及意义，促使自己形成正确的实践性知识，并使之显性化，即对自己的实践性知识进行有意识的剖析后，将之开发成能够传播的显性知识，在同行之间进行交流和讨论，从而使教师更好地监控其思想、理解其行为。这一过程实际上是实践性知识总结完善的过程，也是教师专业成长的过程。

教学案例研究是凭借扎根于教学实践而获得的实践性知识和临床知识，展开案例分析，观察、记录、描述、说明、概念化这一案例研究的步骤，借助描述的质性研究诊断教师成长的课题，帮助教师专业成长。它突出教育内容的特殊性、教师认识的特殊性、教育实践情境的特殊性，是强调个人体验、深度参与的高层次学习。教师实践性知识是以特定教师、教室、教材、学生为对象而形成的知识，是作为案例知识而积累、传承的。因此，案例研究对于总结和完善实践性知识的形成和发展规律是十分有效的。

跨界交流可以是不同学科之间的交流，也可以是不同专业之间的交流。教师以跨越自身学科、专业界限的知识及思维，多视角、多层面地审视教学问题，采用多样性的知识和技能解决问题，用大视野、超视距的眼光提出教学未来发展方向。跨界交流给无数高科技行业带来了新的活力及希望。同样，跨界交流也可以给教师发展带来启示。跨界交流可以扩大教学研究的范围，如在教研听评课活动中，可以邀请不同学科教学骨干来听课与评课，不同学科的教师关注的角度及问题是不同的，这样可以让听评课活动变得立体，将问题讨论引向深入。跨界交流不仅局限在学校系统，也可以把视角延伸到校外，延伸到更广阔的企业及社会中，可以请教师参观不同的单位，参与企业组织的培训等。跨界交流给教师带来了颠覆性创新思维的空间，给教学带来了技术性革命。

（一）有意识地进行教学反思，提升自己的实践性知识

进行教学反思主要是指教师以自己的课堂教学活动过程为思考对象，对自己做出的某种教学行为、措施，以及由此产生的结果进行认真分析和总结的活动。这是教师提高自己教学水平和专业素质的重要手段和有效途径。因此，新课标要求教师应该不断对自己的教学行为进行反思，努力使自己成为具有创新精神的研究型教师。

教师的教学反思对于提高自身业务水平具有很大的帮助，还能增强学生的学习兴趣和自信心，这样学生的学习成绩自然就会提升。一个教师写一辈子教案不一定成为名师，如果一个教师写三年反思，就有可能成为名师。没有反思的经验，只能是狭隘、片面、肤浅的经验；不会反思的教师，他的教学能力和水平至多只是经验的累积；能够不断反思的教师，他的教育智慧就会随之不断增长。

（二）撰写教学案例，总结和完善实践性知识

英语教学案例是教师对已经发生的英语教学过程或教学实例进行描述，它记叙教学行为和伴随教学行为而产生的思想、情感，以及问题、矛盾、困惑，是课堂教学直接、形象的反应，具有很强的可读性、研讨性，适合一线教师写作。

教学案例研究是教师观察、分析和提炼真实课堂教学的过程，是教师与同事分享知识和经验的过程。它以课例为载体，以改进教学为取向，以教师的集体交流、实践探究、行为反思、教学创新为基本要素，在教学行动中开展专业理论学习和研究，促进教师实践性知识和能力同步增长。它着眼于解决课堂教学存在的问题，提升课堂教学质量，立足于对课堂教学的改进和完善。

（三）适度跨学科教学，丰富教师的实践性知识

英语是一门学科，也是一门语言。语言和文化相辅相成，缺一不可。因此，它必然会涉及政治、经济、历史、地理、文化等其他方面内容。文化背景不同，就产生了文化的差异。这就是说，英语这门学科与其他学科之间有着千丝万缕的联系，而各学科之间既有它自身的纵向紧密联系，又有关联学科的横向联系。因此，跨学科教学是英语教学所固有的特性。

英语跨学科教学根据学科内容互相渗透，对教学内容、教学活动、教学方法等各个要素实行全方位的开放，以学生为中心发展其综合运用知识的能力，培养学生的发散性思维和创造能力。现行英语教材中，有很多内容涉及其他的学科。因此，实行跨学科教学是非常必要的。教学过程中采用多媒体教学，更能简单明了地向学生传授教学内容，以及与之相关的其他学科内容，其覆盖面大，容易收到预期效果，达到教学目的。在新课标理念的指导下，教师应充分利用各种资源，以丰富、灵活、有趣的形式呈现知识，让学生较为轻松地掌握知识并探究、总结知识的规律，培养综合运用知识的能力。

第九章　初中英语学习评价各项功能的充分发挥

学习评价具有诊断与导向、甄别与选拔、反馈与激励等多种功能，其目的是检验和改进学生的学习和教师的教学，优化教学过程。因此，教师在设计和实施评价时，就得特别关注新课程标准突出的学习评价各项功能，全面关注学生的全面发展，有效地发展学生学习英语的能力。为了发挥评价促进学生发展的正向价值，必须避免教师在教学活动中对评价功能的理解产生片面化、绝对性的倾向，处理好各种评价功能之间的辩证关系。

第一节　发挥学习评价的诊断与导向功能

所谓学习评价的诊断功能是指评价能够对学习活动前及学习活动过程中存在的问题进行揭示与分析，找到症结和原因所在，进而提出改进和补救的建议。

学习评价的诊断功能往往体现在教学前评价或前置评价方面。一般是指在某项教学活动开始之前对学生的知识、技能及情感等状况进行的预测。它的理论支持依据是由美国心理学家B. S.布卢姆（B. S. Bloom）提出的“教学评价”理论新教法。布氏教学理论指出："只要提供适当的先前与现实的条件，几乎所有人都能学会一个人在世界上能学会的东西。"诊断性评价可以帮助教师了解学生前一阶段学习中知识储备的数量和质量；学生的性格特征、学习风格、能力倾向及对本学科的态度；学生对学校学习生活的态度、身体状况及家庭教育情况；等等。基于这种了解而得到的诊断性评价使得教师能够对自己的教育对象做到心中有数，对学生的已有知识、道德情感、性格特点等都有所了解，以便于在下一步的教育教学活动中抓住有利的时机，有针对性地、及时准确地对学生的学习行为做出评价，从而收到较为理想的教育教学效果。

科学的诊断评价过程包括评价者利用观察、问卷、测验等手段，搜集被评价者的有关资料并进行严格的分析，它能够根据评价标准做出价值判断，分析或者说出、诊断出学生在学习活动中哪些部分或环节做得好，应加以保持和提高，同时也能指出哪些地方存在问题，找出原因，再针对这些原因提供改进途径和措施。诊断评价过程与看病就医一样，只有经过科学的诊断才能"对症下药"。诊断评价的这一作用使其在提高学习效率和成果上具有特殊重要的作用。

所谓导向功能是指学习评价对实际的学习活动有定向引导的功能。在评价过程中，对任何被评价对象的评价都是根据一定评价目标、评价标准进行的，评价内容决定了需要学习的主要内容，评价标准决定了学习者向什么方向努力，左右学生学习的方向、学习的重点及学习时间的分配等一系列学习活动。

《新课程标准》这样诠释评价的积极导向作用：在课程实施的过程中，评价应起到监督教学过程、反馈教学信息、激励学生学习、促进教师改进教学的作用。在课堂评价中，教师的评价往往引导班上的学生向同一个方向努力，教师评价的标准不同往往会得到不同的效果。例如，一个学生回答英语问题的声音洪亮，这时教师及时加以评价："这个同学回答问题的声音清晰明了，而且洪亮大方。"一句不经意的评价就使学生明白了教师对同学回答问题时声音的要求，于是学生在回答问题时都争先效仿。这时的评价就像一根"指挥棒"，起着导向作用。同样是这种情况，教师并没有刻意评价学生回答问题时的声音，久而久之就会使学生产生一种误区，只要问题回答得正确，声音大小无所谓。因此，教师在评价学生回答问题时一定要重视评价的导向作用，有时一个不经意的评价远比教师一次郑重其事的表扬要效果好得多。

学习评价的导向性是由学生在学习时的表现生成的，考验的是老师灵活机智的教学方法。联系教师平时的教学实践就可以发现，评价的导向功能并非如想象的那么难，只要教师充分了解学生的学习特点，立足于英语教材的特点做一些预设，积累运用教师的教育教学经验，在课前、课上、课后全方位地发挥好导向功能，学习效果就会事半功倍。

在英语教学中渗透价值观，更需要通过导向性评价引导学生明白是非，而这样的评价又能让价值观的奠定教育渗透于无形。教育无痕，当是如此。在评价过程中，一般的做法是把师生的学习活动分解成若干部分，并制定出评价标准。根据这些标准判定师生的学习活动是否偏离了正确的教学轨道，偏离了教育方针和教学目标，有无全面完成各科教学大纲规定的目的和任务，从而保证学习过程始终沿着正确的方向发展。

教师重视发挥评价的导向功能，不应仅注重形式，更应明确评价目标、观察学生和了解学习效果的实效性，并在此过程中给予恰当的评价结论，否则最后的导向无疑将会是盲目或无效的。教师巧妙地运用设计，将评价的导向在教授新单词时发挥得淋漓尽致。

评价的导向功能要建立在对学生学习的过程及其认识的基础上，没有目标的和随意的评价活动无法起到对学生的引导作用，反而有可能对学生产生消极影响，造成学生在学习时没有方向性。因此，教师对学生的评价要关注教学目的的达成，让大多数学生在评价的主线指导下，高效地学习，既要让学生看到自己的努力与进步，又要为他们以后的努力找到方向。

第二节 发挥学习评价的甄别与选拔功能

甄选即甄别选择，即在考查的基础上对评价对象进行不同层次的筛选。学习评价的甄别功能是指通过评价活动对评价对象是否合格或达到某种程度或水平进行区分和判定。通过评价，在一定甄别结果的基础上，进而对符合某种标准要求的对象进行筛选，对不符合的对象进行淘汰，这是评价的选拔功能。

美国著名的教育学家、“课程评价之父”拉尔夫·泰勒（Ralph Tyler）认为：在本质上，评价过程乃是一种测量课程和教育方案在多大程度上达到了教育目标的过程。运用一定的评价方式对学习过程及其结果进行甄别和选拔显然是需要的。它对教育质量的保证作用是不可忽视的。

最能体现评价甄别和选拔功能的评价方式是笔试。笔试是一种古老的学习评价方式，因其体现出的甄别和选拔功能有失偏颇而屡屡遭到批评。笔试虽然有其缺陷，但只要笔试的目标、内容选择组织得好，笔试对学习也能发挥它积极有益的一面。通过笔试可以了解预设的学习目标达成的效益，可以了解教师的教学水平和学生的学习水平与预设水平的差距，能实现评价的甄别功能；它可以甄别出自己更擅长进行哪类学科的学习，而哪类学科比较薄弱，对学习资源进行更合理的配置；还可以衡量教师的教学业绩与学生的学习成就，实现评价的选拔淘汰功能。例如，通过学业质量测试，能够对学生在知识掌握和能力发展的程度上做出区分，从而分出等级，为升留级、选择课程等学习活动提供依据。同时，也是向家长、社会及有关教育部门报告和阐释学生学习状况的重要依据。

传统的中学英语学习评价在应试教育的模式下，过分重视评价的甄别和选拔功能。传统的学习评价以考试分数的高低作为考核学生的唯一依据，在“万般皆下品，唯有读书高”的传统思想观念影响下，学生只讲成绩，老师只看名次，致使学习评价过分强调甄别和选拔，导致其失去应有的意义和功能。曾有人说：“评价好像一个大筛子，学生被放在筛子上筛，筛选的结果是产生了两种人：在筛子上面的是成功者，在筛子下面的是失败者。”这种评价功能甄别化、评价目的功名化、评价内容狭窄化、评价方法分数化、评价主体单一化的传统学习评价给学生身心发展带来很多不利的影响，培养了少数成功者，造就了一批批失败者。这样的评价违背了教育规律和人的身心发展规律。因此，新英语课程改革的一个重要变化就是，淡化评价的甄别和选拔，注重学生学习能力和综合人文素养的发展。

教师实施学习评价，不应只是甄别、选拔学生学习成效的手段，更应该是促进学生发展的有效手段。评价的基本目的不是检查学习成效，给学生下一个较精确的结论，甄别出他们在群体中所处的位置，从而使评价对象之间的差异明确化、凝固化，而是要从这些差异的分析中去判断存在的问题与不足，发掘适合评价对象的学习方法，促进他们的发展和表现，让他们在现有基础上谋求实实在在的发展，逐步达到基础教育培养目标的要求。

实施新课程理念下的学习评价，教师应该为所有学生获得良好的发展而创造平等、公正的机会与条件。评价要立足差异性，从思想上、情感上、行动上接纳智力不同、兴趣爱好不同、个性心理品质不同的学生。教师不再将评价视为筛选淘汰的工具，而是一种积极而及时的诊断问题，总结成绩，改进学习目标，优化教学方案，促进学生发展的有效手段。评价功能从“选拔”走向“发展”，也就意味着由“证明”走向“改进”，即由原来的了解现状、探明价值，转变为不仅要进行事后评价，评价学习结果是否达到目标，更注重发挥评价活动在学习活动之前、之中的导向功能，促使教育活动改进，使教育目标一步一个脚印地达成，使学习者获得发展。

重甄别、轻发展是传统教学评价的一个弊病。在教学评价设计中，教师设计了单一的练习，以此来评价学生对第一课时的学习成果，评价要求过于笼统枯燥，忽视了发展性的评价原则，挫伤了学生的学习积极性。教学评价是为了实现教学目标而服务的，根据学生的认知规律和循序渐进原则，如“现在完成时”第一课时的目标应该设立为理解现在完成时的简单定义、了解现在完成时的构成、能理解各种句式的意思。每节课的学习评价设计应该立足于本节课的特点，增强其针对性，这样才能充分发挥学习评价的甄选与选拔功能。

真正的评价是引领发展和选拔，不是甄别优劣。教师可以通过多样的评价方式，遵循评价标准的发展性原则，达到提高学生实用英语语言能力解决实际问题的目标。

第三节　发挥学习评价的反馈与激励功能

虽然初中英语教学中的学习评价仍处在不断研究、不断发展的阶段，但它在教学过程中起着不可或缺的作用，已被广大教育工作者所认可。

一方面，教师通过实施科学合理的学习评价，判断学生学习的能力，从而激励学生继续学习；另一方面，学生通过学习评价把自己的学情信息及时反馈给教师，有利于教师及时调整教学策略和方法，优化教学质量。

所谓反馈是依据事物原因和结果的内在联系，将事物运动、变化的结果反作用于原因，并对原因进行再调整的过程。教师的教学只有在反馈调节中才能实现预定目标，取得良好的教学效果。

学习评价的反馈调控功能体现在学生学习的信息反馈方面，这种信息可以成为师生调整教与学行为的客观依据。一方面，教师经过学习评价反馈信息的综合与分析，不仅能够比较客观、全面地进行自我评价，而且能针对自己教学工作的薄弱环节进行自我调节，提高教学质量。另一方面，反馈又能反作用于学生。研究表明，学生在追求学习目标、完成学习任务的过程中，如果能及时得到反馈，即让他们及时知道自己的学习结果，能明显地激发他们的学习动机，调动学习的积极性。

学习评价有利于教学过程成为一个随时得到反馈调节的可控系统，使教学效果越来越接近预期的目标。新课程教学评价强调及时反馈，有利于及时发现、弥补、矫正学生的知识缺陷和认知错误，及时调整教学进度，改进教学方法，提高教学效能。反馈过程是师生双方在教学过程中进行信息获取、处理和输出的动态过程。教师要在教学中为学生营造自我反馈环境，进行自我反馈训练，帮助他们掌握自我评价、自我调节的方法，要逐步提高他们分析、解决问题的能力，为自我矫正打下坚实的基础。

所谓激励是指激发人们从事某种活动的动机，并积极付诸行动，努力实现预定目标的一种手段。

一、学习评价的激励功能主要体现在对教学过程的监督和控制作用方面

研究表明，在一定时间限度内，教师经常进行记录成绩的测验对学生的学习动机具有很大的激发作用。当学习评价结果比较好时，可以使教师和学生在心理上和精神上得到鼓舞，可以激发他们向更高目标努力的积极性；即使评价结果不

尽如人意时，也能催人深思，激起师生共同奋进的情绪，从而起到推动和督促的作用。课堂教学中运用激励性评价是评价改革的一项重要内容。激励性评价具有激发学生学习兴趣、营造和谐融洽的师生关系、创造宽松愉悦的教学氛围、增强学生学习信心等作用。但课堂评价的目的不仅仅是激励，更重要的是指导和促进，要有助于学生认识和改进自己的问题和不足，切实促进学生的全面发展。激励性评价要正确、恰当，要和教师的指导紧密结合。

二、学习评价的激励功能体现在教学过程的各个环节中，不局限于时间和形式

作为第二语言习得的英语，在学习过程中，如果学生没有浓厚的学习兴趣和欲望，没有满满的自信心和良好的学习品质，是很难取得预期的学习效果的。学习好的要鼓励，有差距的也可以换一个角度激励。只要用好评价，就会起到很好的作用。受到鼓励的同学，会以更高的热情参与课堂活动，给其他同学树立一个榜样，而对于另外一些同学，就是一种鞭策。对那些发表不同意见或见解错误的同学，老师要宽容对待，以委婉的语气进行评价，帮助其分析，肯定其优点和长处，引导学生自己找出错误，最大限度地保护其自尊心。所以，教师要在教学中很好地诱导、启发、激励学生，努力培养学生的自信心、进取心，培养他们良好的意志品格、积极健康的情感，从而促进学生非智力因素的发挥。

三、激励性的学习评价要与学习指导相辅相成

学习指导包含指导学生学习的方方面面，包含指导学生如何掌握知识，包括对学生学习习惯、兴趣、态度、情感等非智力因素的培养，包含指导学生掌握语言等技能领域的学习，包括对学生实践能力、合作能力形成过程中的指导和培养等诸多方面。学习评价应与学习指导紧密结合。教师要通过具有针对性、导向性、启发性的激励性评价，对学生的学习进行随时随地的点拨、引导，使学生了解自己的学习状况，不断调整自己的学习，改进自己的学习，要通过评价使被评价者有所感悟，使其他同学有所收益。

四、使用激励性评价要注意培养学生的发展和创新能力

《新课程标准》倡导培养学生的创新意识，鼓励学生全面发展，培养学生的人生观和价值观。这要求教师在平时的课堂教学中善于发现学生的个性特点，以此激励学生。有的学生具有语言表达天赋，教师应赞扬并鼓励其经常参加一些英语演讲、口语竞赛等活动；有的学生在小组活动中表现积极，老师在组织课堂活动时可适当分配其重要角色，配合老师完成课堂活动，然后给以好的评价；有的同学善于绘画和设计，教师可以在task的海报设计环节中让他展示自己的一技之长。总之，教师要善于利用教学评价的激励作用，培养学生的综合素质能力。

不知从什么时候起，英语课堂掀起一种表扬之风，教师在课堂上几乎是清一色的表扬、赞美之词，即使学生犯了明显的错误，也听不到教师一句批评，认为批评会挫伤学生的积极性，而这种表扬却又是极其简单的肯定词语，如教师在课堂上大量使用“good”“excellent”“great”等赞词。这些赞词偶尔为之也许能鼓励学生，但过度使用只能形成一个空虚的符号。长此以往，这种缺乏实际有效的激励评价，只会误导学生以为自己真的很好而为此沾沾自喜，学生只是盲目乐观，不知道如何进一步发展，甚至还可能出现浅尝辄止、不再探究的错误习惯。

新课标倡导尊重、赏识，保护了学生的自信心，激发了学生的上进心。但是，强调对学生的尊重、赏识并不意味着对学生的评价模糊标准，一味肯定。其实，用好否定性评价，能及时诊断出学生学习中存在的偏误及问题，能为后续学习指明方向。学生能轻而易举回答的问题，教师也着力表扬，但却误以为激励就是表扬，以至于表扬泛滥，受到表扬的学生反而不以为然。滥用表扬根本起不到评价的正向激励作用，还会降低学生的学习动机，因此要注意使用的分寸。

此外，课堂上的激励评价单一机械。课堂上的掌声不应该是刻意的和频繁的，而应是顺其自然的，是发自内心的。在常规课堂活动中，偶尔为之可能有一定的激励效果，但如果机械地、一成不变地搬用，肯定会令人生厌。厌倦的情绪会直接影响评价的质量，因为厌倦的学生不会耐心、真实地反思自己。

当学生进行侧重语言流利性的练习时，在不影响意义表达的情况下，只要学生能连贯说话，完整表达自己的想法与意见，教师就不宜打断学生的话语，对其进行纠错。这时教师应推迟评价，用正确的表达或把学生的话重复一遍，并让其重复正

确的语言表达形式就可以了。教师也可以要求其他学生给予帮助，以吸引学生的注意力，培养互助、协作能力，或用鼓励性的话语让学生再尝试一次，如用“Good，but…”“Can you say it again?”或“Say after me，please.”等进行鼓励和纠正，从而让学生自然地接受教师的纠正。在对待学生犯的错误时，教师要尊重并理解学生，营造一种民主和谐的课堂氛围，宽容对待他们的错误，给他们提供时间与空间认识错误并改正错误，他们才能正确地面对自己的错误与不足，反思自己的学习。教师要注重具体引导，应更多地从内容、方法等方面去点拨和启发，激励学生有效学习。

评价要实事求是，一分为二。对于学生学习活动中正确的部分和积极的因素要热情鼓励；对于问题要及时指出，予以点拨指正。教师既对学生进行了激励，鼓励学生开动脑筋仔细答题，又要做到引导，趁机指导学习方法和习惯，帮助学生积累知识。

在具体评价操作中，教师可以参照以下做法：第一，态度要友善，而不是发泄情绪，不能只是指出问题，还要肯定学生的成绩，要让学生感觉到教师是善意的。教师既要使学生明确不足，还不能使学生产生挫败感。第二，评价时要体现平等、尊重，使学生易于接受，不要伤及学生的自尊心和自信心。第三，评价时要实事求是，要准确、富有针对性，不能为了指出问题而指出问题。指出问题时要点拨、引导，要为学生的学习查漏补缺、改进方法等指明方向。如果积极评价需要科学性，那么消极评价更加需要艺术性。

言出于心，教师只要真心真意尊重每一个学生，就会创造出各种生动、赞赏性或鼓励性的语言。这些话就像“兴奋剂”一样使学生精神振奋、信心高涨；也像一股暖流，让他们感受到教师的温情，满足他们的成就感，使课堂气氛更热烈。在课堂上，教师评价如果注重学法指导，就能发挥激励和导向的最大功能，以自己积极的行动评价来唤醒学生积极的学习探究状态。

不难发现，教师首先对学生的想法进行肯定性的评价，在增强学生自信心的同时，又要非常有针对性地引导学生发现自己思维的疏漏，一步步优化自己的答案。在这种交互式的评价中，不仅回答问题的学生得到了思维启迪，其他学生一样受益匪浅。在评价过程中，教师要以鼓励为主，辅以启发诱导，使学生深切体会到教师对自己的耐心和责任心。

第四节　有效分析和使用形成性评价资料

无论是形成性评价还是终结性评价，无论是质性评价还是量化评价，都会有一个可供评价者利用的结果，可以把它称为评价资料。评价资料可以为教师的教学决策提供事实依据与理论参考。如果教师能够科学地分析各种评价，合理地利用评价反馈信息，就对“教”与“学”工作起到了很大的帮助。从学生的发展层面来看，评价资料可以较为准确地诊断学生整体存在的学习问题，也可以诊断学生个体存在的学习问题。从教师发展层面来看，评价资料可以诊断教师自身存在的问题，促进反思，进而调整思路，改进方法，优化设计，促进教师的可持续发展。对评价反馈信息的利用程度与方法直接影响到教学评价效能和教学的质量与效果。

但是，在教学评价实践中有部分教师存在以下误区：第一，重评价，轻反馈；第二，重评价的形式创新，轻评价结果的有效利用；第三，重利用评价对学生进行甄别选拔，轻对自身教学进行反思、改进等现象。部分教师有利用评价资料的意识，但由于对评价资料分析不到位，或者对评价资料使用不得当，导致评价资料无法发挥最大价值，服务于教学工作。

形成性评价是在教学过程中对学生的知识掌握和能力发展的评价，是为引导教学过程正确、完善地前进而对学生学习结果和教师教学效果采取的评价。形成性评价的主要目的是发现每个学生的潜质，强化改进学生的学习，并为教师提供反馈信息。心理学的研究成果和教育实践经验表明，经常向教师和学生提供有关教学进程的信息，可以使学生和教师有效地利用这些信息，按照需要采取适当的修正措施，使教学成为一个“自我纠正系统”。

一般来说，课堂教学中对于形成性评价分即时分析与延缓分析两种。

什么是即时分析呢？在课堂教学中，所有学科在教学中都会布置一定的学习任务，用以考查和巩固对所学知识的掌握，或者是课堂习题，或者是课堂提问，或者是课堂训练，等等。一旦判断学生的学习出现问题（如回答不出问题或者答案出现意想不到的错误等），教师马上分析其原因，这就是即时分析。按理说，教师发现问题后应该及时做出调整。譬如，教师可以考虑换一种更加能够帮助学生理解的教学方法，或者对学生进行学习方法等方面的指导。有些教师对学生的完成任务情况及时做出诊断性评价，评价其学习中存在的问题，但很少对这一评价结果所反映的问题做出分析并据此（也就是使用这一评价中获取的信息）对学生进行进一步的引导，往往只是另外请其他同学发言或解答问题，直至解答正确，这就失去了即时分析的价值。

延缓分析主要指课后，许多老师会写教后感或教学反思，总结这一节课的得失。其实教学反思的依据就是对课堂上学生学习情况的评价。通过这样的评价分析，或者感悟到教学成功之处，或者反思教学的不足，最终目的是不断改进教学、提升教学质量。但有时学生在课堂上的学习出现了一些问题，教师没有引起重视，下一次在其他班级上同样的课，学生学习又出现同样的问题，这说明该教师在本节课的教学过程中对学生学习评价所获得的信息，课后没有进行分析和反思，也没有以此改进下一节课的教学。可见延缓分析对于教师优化自己的后续教学意义重大。

除了要认真进行即时分析和延缓分析之外，英语教师在进行反馈信息分析时，还应该多从学生学习的角度来考虑，照顾到学生的个性差异，这样教师才能充分利用形成性评价资料，使教学更有针对性，学生的学习方法也能更好地优化。

对于课堂中和课堂后的形成性评价，部分教师对评价反馈信息的分析利用不够及时，或对评价结果利用方法不当，或对评价反馈信息的分析利用偏重于班级集体，忽略个别差异，等等。这些情况使教师无法充分利用评价资料，错失了优化“教”与“学”活动的最佳契机。

一、对即时评价反馈信息的分析利用不够及时

即时分析之所以重要，是因为在课堂教学中，如果教师能够及时收集反映学生学习过程和学习结果的有关信息，并认真分析收集到的信息，然后根据分析出来的结果，及时调整教学策略，就可以明确学生学习的方向并予以实施。教师应该扮演一个“公正法官”的角色，对其积极主动的行为进行表扬激励，还应该及时对学生的错误给予精辟恰当的“裁判”，从而使学生能对自己的学习效果和能力有一个科学的、正确的估计，进而明确自己的不足，找准努力的方向。然而，

教师仅进行了形式上的表扬，没有注意或忽略了学生在对话中所犯的错误，没有及时对反馈信息进行分析，更谈不上对评价信息进行有效利用。

在实际教学过程中，往往出现两种对评价反馈信息的分析利用不够及时的现象：第一，教师不能及时收集和分析反馈信息，不能及时掌握学生的学习情况；第二，教师在相当长一段时间后才进行收集和分析评价反馈信息。无论是哪一种情况，都不利于教师和学生及时改进自己的不足。所以，教师在处理课堂中的即时评价中，一定要做到及时发现、及时分析、及时加以利用。

二、教师对即时评价结果利用方法不当

部分教师在课堂活动中能够敏感地发现学生错误的信息反馈，而且能够及时地利用评价反馈。但是由于反馈的方法不恰当，导致效果不是很好。教师对评价结果利用方法的不当可以分很多种情况，如有时教师注意到学生的错误，其严厉批评的成分大于帮助的成分，使学生不敢表达自己的真实想法等。有的教师很重视学生反馈的信息（对话中出现的语法错误），而且在努力地纠正学生的错误，引导学生正确地表达。然而，教师一直打断并纠正学生，并且直接告诉其正确答案。这种方式把学生开口的勇气打磨得一干二净，学生觉得自己好像一无是处，很难自信地继续进行表述。而且，学生在教师的提醒下，只知道应该怎么说才是符合要求的，并不知道为什么，没有达到知其然，知其所以然的效果。

在教学过程中，学生的思维发生偏差乃至错误都是极其正常的现象，这种信息反馈正是教师发挥主导作用和启发点拨的最佳平台。教师对学习结果的正确与否，要适当地点拨，留些时间让学生重新感悟，引起其深入思考，让学生在不断的思辨中明确认识，经历一个自悟自得的创新过程。

三、对于信息反馈止于“就事论事”，缺乏系统性指导

在课堂中出现的即时评价是教师了解学生掌握知识情况、优化教学行为的最佳切入点。学生上课回答问题时出现明显的错误，教师应该及时分析其错误产生的原因（这就是对评价资料的分析），对学生的学习做进一步引导。但部分教师在对学生进行评价反馈信息分析时，往往就事论事，目的止于让学生知道具体答

案；部分教师零散地针对个性问题进行纠错，没有引导学生根据这些信息来反思自己学习的不足，进而进行系统性的指导。这就使得学生当时明白了老师的点拨，但换了新的情景，依然会出现使用上的错误。

在英语教学中，发现错误不予纠正等于默认它的正确性。如果教师对学生的错误听之任之，忽略不管，学生会误以为这种表达方式就是正确的。这些错误又可能出现石化现象（fossilization），然后反复出现。有些教师会认为如果对错误有错必纠，势必会打击学生交流的积极性，伤害他们的自尊心，并影响其表达的流利性。教师在教学实践中应该树立这样的理念：发现学生的错误要进行即时分析，及时加以利用，但也要注意方法与技巧，不要频繁地打断或者严厉地指责。

四、有效利用即时评价资料

对于学生在课堂活动中所犯的错误，教师不仅要进行即时分析，还要有效地加以利用。教师的分析不能止于对错，应该透过学生的错误，分析出问题的根源，最好能将知识点延展开来，抽象出一个规律性的东西供学生思考，达到即时反馈资料的价值最大化。

对于学生犯的错误，教师应做出几个值得广大教师学习的举措：第一，肯定学生答案中正确的部分；第二，引导学生思考答句中自相矛盾的部分；第三，引导学生得出正确结论（如学生回忆知识，得出应该将 has started 改为 has lasted）；第四，将全班带入思考情景，总结规律（如发动班级同学思考与 since、for、how long 等表示时间段的状语连用时要注意什么）；第五，呈现其他的可能性情况，将学生总结出来的规律科学化（如短暂性动词的否定式也可以和表示时间段的状语连用）。

经过这几个举措，教师很好地利用了即时评价资料，以点带面，带领学生全面系统地攻克难点。

第五节 终结性评价资料的分析与使用

新课标指出："在英语教学过程中应以形成性评价为主。"许多教师对这句话产生了误读，他们认为在英语教学中形成性评价比终结性评价更为重要，甚至有些教师一味指责终结性评价。其实终结性评价是教学过程中非常重要的组成部分，它是在教学活动结束后进行的评价，是对最终学习结果的检测。

对于初中英语教学来说，终结性评价是一个对教师和学生的阶段性总结，也是一个阶段性的反思，所以对于终结性评价的质量分析是必然的、不可或缺的过程。通过质量分析，教师可以对一个阶段以来学生的学习状态、学习效果做一个深入全面的了解，也可以对自己的工作做出客观的评价，从而总结教学工作中的得与失。此外，教师还可以根据试卷中反馈出的信息及时调整自己的教学方法、教学手段，不断提高教学质量。目前，初中阶段的终结性评价主要有统考、教师自己出卷和各种阶段性检测等。不管是什么形式的测试，学生的答卷汇总必定含有丰富的与教及学相关的信息，学生答题过程中留下来的文字表达是学生思维和思想的轨迹见证，是学生学习个性的集中体现，也是教师教学策略实施效果的真实反映。

为了使终结性评价资料发挥其应有的价值，教师在阶段性测试后都会进行质量分析。然而部分教师误解了质量分析的含义，把质量分析等同于试卷分析。他们罗列一些数据，如优良率、及格率、不合格率、得分率等，再稍加分析判断，指出试卷中反映的教学上的不足之处，得出以后的努力方向，就认为自己完成了质量分析。实际上，质量分析不等同于试卷分析。试卷分析仅仅是从某份测试卷的角度来分析问题，这是比较片面的，不符合促进学生全面发展的要求。对于终结性评价资料的分析与使用不仅包括试卷分析，还必须以此为基点，对某一阶段教师的教学工作和学生的学习过程进行全程的分析。

要想使终结性评价发挥其最大的价值，教师就要对测试成绩、试卷情况和课程内容进行科学合理的分析。然而这些还远远不够。在进行试卷分析后，教师还要认真归纳总结，将所感所得体现在课堂中的试卷讲评当中。在试卷讲评过程中，教师也要改变以往着重"对答案"的做法，要帮助学生分析学习的得与失，总结学习的方法与规律，提高学习效果。

纵观当前初中英语教师对待终结性评价的分析和使用情况，往往会出现如下几个误区：质量分析不到位或有局限；教师成为分析主题，忽略学生的反思功能；讲评中缺乏针对性和归纳演绎；讲评后后续跟进措施不得力；等等。

因此，如何对终结性评价进行质量分析，找出教与学中的成功与不足，发现提高教学质量的途径和方法，减少教学的盲目性，是值得大家关注的问题。

一、质量分析不到位，流于形式

每次在阶段性考试结束、成绩出来后，教师就要填写一份试卷分析表。从形式来看，这份终结性的评价资料涵盖了很多内容：在客观数据方面，设计者考虑到了平均分、优秀率、及格率的统计；在内容分析方面，设计者考虑到试卷内容和学生答题情况；在分析的指导意义方面，设计者还要求教师通过分析总结出不足之处，并据此策划出改进措施。

然而，现实中的普遍情况是大部分教师在分析后一般都不会对这种评价资料进行再使用，只是作为一份资料上交学校教导处。造成这种现象的原因有：一是这种形式的质量分析有些流于形式，缺乏针对失分原因、共性问题的深入剖析；二是试卷分析只是教师个人的行为，没有学生的互动。由此，这样教师个人进行的笼统的、表面性的质量分析，不能起到教学的效果反馈与改进功能。

事实上，考试是教学过程中的一个重要环节，考试的检测与反馈功能是教育目标管理的主要手段。对于促进教师教学水平发展来说，考试提供的信息比考试成绩还要重要，试卷分析本身就是教学工作的一部分。进行质量分析，主要为了掌握本学科的教学动态，从中发现教学与考核评价过程中存在的问题，总结经验，探究对策，为今后指导教学、教学评价及科学管理提供可靠的依据。因此，做好总结性评价分析是很有必要的。

二、将质量分析等同于试卷分析，忽略学生学习层面的分析

其实英语测试的目的就是全面了解学生英语知识、能力、习惯、态度等方面的基础和发展状况，以把握学生的学习起点，恰当地确定教学目标，选择教学策略。

通过终结性测试，教师还可以获得有关学生英语学习情况的评价信息，了解学生英语学习目标的达成情况和他们在英语学习中出现的问题和困难，并进行科学的分析和研究；了解不同学生的学习类型，以及他们的学习行为特性和不同认知结构缺陷所在，以便有针对性地提出适应整体和个别需要的教学策略和措施，达到因材施教的目的，提高学生的学习效果。教师还可以通过考试命题和考试质量分析，深化对教学内容及相关知识点、能力点的把握和理解，提高对考试的理性认识，自觉做好考试评价工作，使考试发挥更大的功用。同时，教师可以通过考试中学生行为的反馈信息，检查自己在教学上的缺失，判别教学方法的有效性，进而合理调节和改进自己的教学过程，实现英语教学的最优化。

若要使终结性评价的使用价值最大化，在质量分析中仅进行试卷分析是不够的，学生层面的分析也必不可少。

三、试卷讲评缺乏针对性和归纳演绎

（一）讲评之前缺乏分析和准备

教师没有以终结性质量分析作为指导，没有站在学生的角度作深层的分析思考。由于缺乏全面准备，教师在讲评试卷过程中会进入主观偏见和妄自下错题定论的误区中，自认为学生哪里会有问题，自认为学生哪些应该掌握得很好。这在心理学范畴中称之为“确信偏见”，“指自觉或不自觉地过滤大量支持或反对的各种理论与假设证据，从而使那些支持自己已然相信的理论或假设的证据更强有力，或者比否定它们的证据更明显，更进一步，很少注意甚至根本不注意那些否定性的证据，而是将注意力几乎全部集中在那些支持自己早先已经确信的看法的证据上”。

（二）讲评过程中无激励、无学生

一些教师“急于求成，试卷讲评课成了批评课、抱怨课，甚至是发泄课”。譬如，有些教师对于在宾语从句这一知识点上犯错的同学进行批评，就表达了教育者对学生犯错误的不满意。还有的教师在试卷讲评课中容易产生“一言堂”式的霸权主义，缺少学生的主体性。这种填鸭式的旧有教学模式在试卷讲评课上依然成为主流，最终导致即使走入“确信偏见”的误区，学生也没有时间提出异议，甚至无法及时反应。

（三）讲评内容无针对性，无归纳演绎

一张综合性英语试卷的讲解内容应该包括知识讲解、语言运用、技巧点拨、策略渗透等。然而部分教师在讲解试卷时不能全面把握试题类型的分布情况，很多教师只是一味讲解知识点，忽略其他题目类型；有些教师试图在短短一节课的时间内将所有类型讲解到位，这些都使试卷讲评课变得低效，容易使教师在讲解时没有侧重点，变得毫无章法或者以偏概全，甚至挂一漏万、得不偿失。

如果教师在试卷讲评课上踏入了这些误区，那么可想而知，试卷讲评课就变成了一节无效的课。

四、试卷讲评后续跟进措施不得力

很多教师误以为一堂讲评课的结束就意味着试题讲解的终结，即讲评结束，试卷的价值也就体现完了。但根据中学生的认知规律，学生对于知识的积累往往是螺旋式上升的，不可能一蹴而就；而且教师经验和能力的差异也无法保证每节讲评课都是全面而到位的，仅仅靠课堂上教师的讲解与学生的互动，是无法确保学生完全听懂、理解并能正确运用英语语言的。

为了使学生真正理解并灵活运用知识，教师除了认真上好试卷讲评课之外，还应该针对学生的错误和薄弱点设计反馈练习，让学生课后进行再巩固、再运用。反馈之后的再反馈就是巩固的强有力的模式系统，教师不懂得运用就很可能意味着事倍功半甚至功败垂成。

一般情况下，学生试卷出现的错误基本上都是以前学过、教师强调过的知识。他们错的原因可能是粗心、做题考虑不全面导致的，也有可能是以前学得不扎实。在这种情况下，学生往往更愿意听他们的同伴讲解语言知识。在同学讲的时候，他们往往听得非常认真，而且他们还在思考同学讲得对不对。老师讲的时候，学生的注意力就未必那么集中了。

第十章 初中英语教学评价

第一节 初中英语教学评价的功能和特点

一、英语教学评价的内涵

教育评价包含测量和评价两方面。测量是指以心理学、教育学及统计学为基础，对心理和教育的过程和结果进行科学、有效、合理的测量，研究者关注测量的工具、方法和手段的设计，以及对测量结果的描述和解释；而评价则是教育领域的价值判断活动，即对教育活动满足社会和个人需要的程度进行判断，包括对教育活动的现实和潜在的价值所做出的判断。可以看出，测量是对学生各方面的发展从量的规定性上予以确定和描述的过程，侧重于量化描述；而评价则是按照一定的价值标准和教育目标，利用测量和非测量的种种方法系统地收集资料信息，对学生发展变化及影响学生发展变化的各种要素进行价值分析和价值判断，并为教育决策提供依据的过程，是一种质性分析。测量通过定量描述提供信息，评价根据信息做出价值判断。因此，N. E. 格朗兰德（N. E. Gronlund）将评价归纳为：评价 = 测量（定量描述）+ 非测量（非定量描述）+价值判断。

教学指教师的教与学生的学统一的过程。教学评价就是对整个教学活动过程及其效果的一种价值测评，是课程目标得以实现的保障，对教学与学习起着导向、诊断、激励、监控、促进的功能。教师如何教与学生如何学是教学评价关注的两个基本主体，对教学进行评价就意味着不仅要评价学生学的过程，还要评价教师教的过程。此外，教学活动的实施还涉及教学大纲或课程标准的编制、教材的编制与选择等问题。因此，教学评价就必然涉及评价教学大纲，即评价课程标准和教材。

在语言教学中，测试与评估是其重要的组成部分。R. 卡普兰（R. Kaplan）和R. 巴尔多夫（R. Baldauf）曾指出测试和评估这一环节对整个教育体系的评估是非常必要的，如教学方法是否合理有效、教学材料是否适合学生、教学项目是否有效、教学成果是否能满足社会需求等。具体来说，评价学生是为了检测他们是否达到了预期的目标；评价教师是为了测验他们是否掌握了必要的语言技巧并按要求授课；评估整个教育系统是为了评价他们所设定的教学目标是否与学生的需要、能力、愿望相一致。总而言之，教师依据测试、考试或测量的结果，开展教学评价活动并进行教学决策，这对教学项目、教学机构或学习者个体，包括教学目标设定、课程设置、教材编写、教学任务安排、学习进度和重点的调整等都将产生影响，而且评价内容也可能产生非预期的或未知的后果。因此，语言教学评价应包括语言教学活动的全部过程和结果，其重点是学生的语言学习过程和结果，以及教师的教学过程和结果，而不仅仅是对学生语言能力进行测试。

事实上，现代外语教学评价的发展趋势至少可以归纳为两点：一是更注重通过学习者语言行为的表现，即根据语言运用程度来对学习者进行评价。二是强调形成性评价与终结性评价并重。

二、英语教学评价功能

教育评价是英语教育的重要组成部分。随着对教育评价目标和功能认识的不断深化，外语教学评价日渐趋同于主流教学评价的发展，表现为对教师教学不仅要评价教学效果，也要评价教学过程；对学生的评价既要评价学生在知识、技能、智力和能力等方面的认知因素，还要评价情感、意志、个性、人格等非认知因素的发展，既关注过程又关注学习结果。多元化教学评价体系取代以往的单一评价方式。

（一）导向功能，即推动教学目标的实现

教学评价的功能之一，就是为教学提供参照依据及目标，并以此推动教学活动的实施。按“当代教育评价之父”拉尔夫·W. 泰勒（Ralph W. Tyler）提出的理论来说，教育评价的本质是检验“课程实施实际上实现教育目标的程度”，课程评价要以课程编制（课程方案和课程标准）为依据，并根据评价的结果对课程和教育过程加以修正。

英语课程教学评价导向功能中的“导”，体现为“恰当使用评价工具并得出准确且有意义的评价信息”。教学评价依据教学的目标衡量教学过程及其结果，其评价标准对整个教育教学活动具有一种导向或指导作用，如同“指挥棒”一样支配或引导教学工作中各环节的展开，包括课程目标的制定、教学内容的选择、教学方法的使用及教学过程的展开等。因此，教学评价的导向功能不仅表现为评价目标和方向与课程目标的一致，还体现为对评价方式使用的指导与建议。

教学评价标准在某种程度上左右着教师的日常教学内容和形式，以及学生学习的动机及信心。《英语课程标准》提出的“采用形成性评价与终结性评价相结合的方式，增加评价的维度，关注学习过程和学习结果”的多元化多维度评价体系则在一定程度上纠正了以往教育评价中存在的过分强调评价的甄别与选拔功能、评价维度单一、过于重视终结性评价、过于注重纸笔测验与自上而下的评价等问题。因此，教师在进行评价的过程中，要充分发挥评价的导向功能，即在制定评价目标或标准时要切合《英语课程标准》所制定的目标，同时教师还应理解不同的评价工具、评价手段的特点和应用范围，做到教学目标与教学手段的一致。

（二）诊断功能，即发现教学中现实的和潜在的问题

通常情形下，教师利用考试来检查教与学的效果，诊断学生的学习困难及教学上存在的问题。英语教学评价的诊断功能，就是发现学生在学习过程中遇到的问题，了解学生目前知识和技能的掌握状况，从而合理调整和设计后续教学的重点、难点。通过教学评价，能使教师和学生知道教学过程的结果，及时地提供反馈信

息并进行评价，使教师明确教学目标的实现程度，明确在教学活动中所采取的形式和方法是否有利于促进教学目标的实现，并针对存在的问题采取相应的措施，重组教学设计，改进教学方法，最大限度地提高教学效益。

（三）激励和强化功能，促进学生学习

英语教学评价是以激励学生和促进学习为目的，对教师和学生具有监督和强化作用。通过进行一定的考试与评价，有助于对学生进行管理，将其精力和关注点集中在学习和准备接受测试及评价的任务上。如果没有考试与评价制度，学生则缺乏学习目标和压力，教师也无从判断学生发展的个体差异性。

对学生而言，教师的表扬和鼓励、学习成绩的测验等，可以提高学习的积极性和学习效果，帮助学生记忆，促进正迁移，同时学会独立地评价自己的学习结果，即自我评价。经验和研究都表明，在一定程度内，经常进行记录成绩的测验对学生的学习动机具有很大的激发作用，可以有效地推动课堂学习。

评价还能使教师发现和发展学生多方面的潜能，了解学生在发展中的需求，帮助学生认识自我、建立自信。教师在教学中应该通过评价，使学生在英语课程的学习过程中不断体验进步与成功，正面促进学生综合语言运用能力的全面发展。并以此为依据，建立各环节的评价方案，对英语教学实施科学的评价，促进英语教育教学改革，使学生学习英语的过程成为其健康成长的过程。

（四）区分选拔功能

人的能力存在个别差异，学生在考试上的表现也可能因人而异。教师通过标准化测试中的统一评分标准对学生的考试成绩进行评分，通过分数判断被试者的水平，使考试起着区分和筛选的作用。正因为如此，人们常常利用考试来给学生排序分等、选拔分流等，为升留级、选择课程、指导学生职业定向提供依据，为选拔、分配、使用人才提供参考，为向家长、社会、有关部门报告和阐释学生学习状况提供依据。此外，由于考试结果的类比性是客观存在的，教师往往会通过学生的学习成果评价，将任课教师、学生、班级、学科之间进行横向比较，了解自己在总体中的相对地位，从而改进和提高教学水平。

尽管评价所具备的选拔与评比作用不可否认，但从现代教育评价的发展趋势

来看，重视评价的发展性价值，淡化评比与选拔作用的趋势愈发明显。

（五）反拨功能

英语教学评价的反拨功能体现在教学的各个环节和层面，如教学内容、方法、教材编写等，正面、负面影响兼而有之。任何考试的设计者都必须考虑测试的反拨效应，因此外语教师也应具备一定的评价素养，了解相关语言测试的理论并具备基本的实践能力。美国教师协会制定的《教师开展学生教育测试的能力标准》规定教师必须具备以下能力：选择和开发适合于教学决策的测试手段，实施和评价外部考试及内部测评并解释考试和测评结果，依据测试结果评价学生、规划教学、改进课程和教学方法，开发、使用和评价有效的学生自我评价体系，与学生、教学政策制定者和其他利益相关者沟通和解释考试结果，辨别不道德、不合法及其他不恰当的测试方法和测试结果，避免使用。英语教师应合理利用评价的反拨功能，提高教学效率。

总之，教学评价具有上述正面积极的功能，但这些功能的发挥有赖于科学评价标准的制定，以及恰当评价工具或方法的选择使用，使教育评价真正起到发挥评价学生发展、提高教师教学实践的功能。

三、英语教学评价的特点

从教学评价发展历程来看，早期教学评价注重终结性评价，即注重对活动结果的评价，强调评价的鉴定性、证明性，注重听取管理者及评价者的意见。现代教学评价则更注重形成性评价，注重评价者和被评价者在评价的整个过程中的对话，相互修正评价观点，使评价结论尽可能取得一致。

外语教学的特点决定了教学与评价必须有机地结合在一起，关注学生学习过程中的成长。评价标准的制定与实施运用的话语权应该由学校、教师和家长共同掌握，从而为学生提供一个开放的学习成长环境。

（一）评价标准多元化

教学评价标准的多元化表现在许多层面上。从宏观上讲，一个国家可以根据各地经济、教育发展水平的不同而采用不同的评价方式，各学校可以根据各自办学条件、培养目标等的不同而在评价方式上有所差异。从微观上讲，教师可以针对每个学生的特殊情况，确立不同的发展目标和相应的评价标准。

从英语课堂教学来看，评价标准包含评价教师的教与学生的学两方面。对教师教学评价要关注教学设计和课堂组织环节、教学设计和教学对象的契合度、根据教学对象的水平和需求设定合理的教学目标、确定教学内容和重点、组织教学活动，并运用教学手段和方法实现既定目标等；对学生评价则侧重评价学生对教学内容是否有兴趣、是否能理解并主动配合各种活动、是否能有意识地运用学习策略、是否能学以致用（输入和输出之间有相应的联系和衔接）等。

（二）评价内容多维化

无论是对学生发展进行评价，还是对教师教学进行评价，确定“评什么”是首要的。评价内容应该与教学的总目标相吻合。本杰明·布鲁姆（Benjamin Bloom）将教育目标划分为知识、情感、动作技能三大领域。要对学生进行全面、综合的评价，就必须关注包含知识领域和社会情感方面的共同发展。《英语课程标准》也指出，“基础教育阶段英语课程的总体目标是培养学生的综合语言运用能力。综合语言运用能力的形成建立在语言技能、语言知识、情感态度、学习策略和文化意识等素养整体发展的基础上”。这五个方面的课程内容为英语教学评价提供了多维的评价标准，它不再限于考查学生语言知识与技能，还重视学生知情意的个体差异性，同时考查学生自我学习和“用语言做事”的能力。

（三）评价主体的多元化

在以往的教育评价活动中，评价主体主要是学校管理人员或教育行政部门，是一种单一性的他人评价，作为评价对象的教师和学生则完全处于被动的地位，没有任何主动选择的余地。而《英语课程标准》指导下英语教学评价的一个重要特点就是评价主体的多元化，即评价主体不再是单纯的教育行政部门，而是采取学生自我评价、学生互评、教师评价、家长评价等形式进行评价。评价主体的多元化，一方面可以从多个方面、多个角度对教育活动进行更全面、更客观、更科学的评价，另一方面，由原先的评价对象成为评价主体的教师和学生，在进行评价的过程中，也不再处于过去的被动状态，而是处于一种主动的积极参与状态，有利于教师、学生不断地对自己的教育活动和学习活动进行反思，从而不断提高教育的质量和效率。

（四）评价方法及评价工具的多样化

以往的教学评价方式单一，评价者采用纸笔测试形式的终结性评价对学生知识能力掌握的状况进行评判，注重考试结果。这类评价通常采用大规模的测试形式，如学校的期末考试或学年升学考试，学生往往“一考定终身”。而现在，以表现性评价和档案袋评价（portfolio assessment）为代表的形成性评价成为主要评价方式之一。教师通过课堂观察、问卷调查、访谈、口头报告等方法对学生的日常学习成长状况进行评价，或采用课堂观察明细条目的质性评价方法对课堂授课状况进行测评。

在对评价方法的选择中，应将定性方法与定量方法，自评与他评，结果评价与过程评价，诊断性评价、形成性评价与终结性评价相结合，这样既可以充分发挥各种评价方法的优势和特长，又可以互相弥补缺陷和不足，从而使评价的结果更加客观、公正。其中形成性评价与终结性评价是日常教学中的主要评价工具，两者的侧重点各有不同：前者注重考查学生的综合语言运用能力，后者应有利于监控和促进教与学的过程。

（五）评价方法的合理化

根据教学目标和评价目标选用具体的方式和评价工具，应考虑其应用的合理性。不能只为测试的便利，而不考虑测试的目的，滥用评价工具。从义务教育英语课程实施的不同阶段来看，小学英语学习的目标应有利于学生提高兴趣，增强自信心，有利于语感的形成，因此小学英语的评价应采用贴近课程实践、贴近生活语言使用的表现性、合作性为主要评价方式，让评价成为激励学习、展示自我、提升自信心的手段。初中阶段的语言学习内容有了较大的拓展，学生逐渐开始对语言内涵的产生规律性认识，因此评价的方式和手段也应反映语言学习的深入和学生认识能力的变化。

多元性和多样性是语言评价发展的方向和必然结果。现代外语教学评价的特征将其归纳为评价标准、评价主体、评价对象、评价方式、评价形式多元化。义务教育英语课程改革对评价体系的改革，也体现出内容的多维化、评价机制的多元化及评价方法的多样化等特征。不难看出，英语教学评价的发展与现代教育评价的发展一脉相承。

第二节　初中英语课程评价

课程指有目标、有计划、有组织的教育活动及其进程。课程评价是指研究课程价值的过程，是由判断课程在改进学生学习方面价值的活动构成的。教师根据教育目标，把课程方案、教学内容作用于学生身上，得到预期效果之后，对效果进行测量评估，并对它的价值进行分析和判断，把从中获得的信息反馈给教育者、学习者及教育决策者，以便改进教育的方案和策略，从而更有效地实现教育目标，这一系列的活动就是课程评价的过程。

科学的评价体系是课程标准和新培养模式有效实施的重要保证。《英语课程标准》提出了优化评价方式的评价理念，强调评价应采用形成性评价与终结性评价相结合的方式，增加评价的维度，既关注学习过程，又关注学习结果，体现“以人为本”，培养具有社会适应力和跨文化人才的核心理念。

《英语课程标准》之下的优化评价方式理念，其评价内容和目标着眼于促进学生综合语言运用能力的发展，强调评价要有利于促进学生构建扎实的语言基础，有利于学生发展综合语言运用能力，并使学生在学习过程中发展积极的学习情感态度、有效的学习策略和跨文化交际的意识。只有采取科学、有效合理的评价方式方法，对教学过程和结构进行及时、有效的监控，才能使评价对教学起到促进作用。

一、课程评价的理论基础：泰勒原理

只要有课程存在，就必然要进行课程编制和课程评价。课程评价回答了两个主要问题：第一，课程是否健全？是否合乎教育的目的和内容？第二，对于包含教学目标和预期效果的课程，是否有一种教学方法，这种方法能把该课程指导下

的学生教育成功？其功能在于控制课程质量。

上述两个问题与泰勒原理对课程编制和评价的论述不谋而合。泰勒早在1944年出版的《课程与教学的基本原理》一书中，就课程编制及评价提出了以下四个基本问题：学校应该达到哪些教育目标？提供哪些教育经验才能实现这些目标？怎样才能有效地组织这些教育经验？我们怎么才能确定这些目标正在得到实现？

泰勒所提出的四个问题，包含了课程编制与评价中的四个关键要素，即课程目标的确定、课程内容的选择与组织、课程实施与课程评价。在泰勒看来，课程编制的首要任务是制定教育目标，而目标的制定应源自对学生的研究与分析、对学生所处的当代社会生活的研究，以及专家学者的建议。

在确定目标内容之后，目标还需正确的表述。泰勒指出对教育目标的表述可以分解为行为和内容两方面，提出最有效的表达方式是“既指出要使学生养成的那种行为；又言明这种行为所能运用的生活领域内容”。语言教学目标的描述也应如此。罗伯特·梅格（Robert Mager）曾指出语言行为目标的三个特点：第一，它们必须毫不含混地描述应表现出来的行为；第二，它们需描述这种行为应在何种条件和环境下表现出来；第三，它们应当对可接受的表现标准进行说明。

泰勒认为“教育评价本质上是确定课程和教学大纲在实际上实现教育目标程度的过程”，提出课程编制与评价应遵循“确定多元需要的教育目标—用行为表述教育目标—构建合宜的教育情境—选择多种评价手段—对达标程度做出判断—对学生行为优缺点进行系统分析并提出改进措施—修改教育方案”的路径。在回答“如何确定这些目标得以实现”的课程评价时，泰勒认为“评价就是检查课程的实际效果与预期教育目标之间的差距”，并提出了课程评价程序，即确立评价目标、确定评价情境、设计评价手段、利用评价结果。其中就确立评价目标这一环节，泰勒反复强调评价的目的在于了解事先确定的课程目标实现如何，所以评价目标就是最初确定的教育目标。

泰勒原理给予人们的重要启示在于，课程评价要以课程方案和课程标准设立的目标为依据，从行为及内容两方面对学生进行评价，并根据评价的结果改进课程实施和教学活动。这意味着课程标准本身的目标、理念、级别划分等将成为教师进行教学和评价学生学业的重要参照。

二、义务教育阶段英语课程标准和评价

（一）《英语课程标准》的特点

所谓课程标准，就是对学生在经过一段时间的学习后应该知道什么和能做什么（what students should know and be able to do）的界定和表述。课程标准通常包括了几种具有内在关联的标准，主要有内容标准（划定学习领域）和表现标准（规定学生在某领域应达到的水平）。国家课程标准是教材编写、教学、评估和考试命题的依据，是国家管理和评价课程的基础，应体现国家对不同阶段的学生在知识与技能、过程与方法、情感态度与价值观等方面的基本要求，规定各门课程的性质、目标、内容框架，提出教学和评价建议。

21世纪初，《国务院关于基础教育改革与发展的决定》（国发〔2001〕21号）明确了"加快构建符合素质教育要求的基础教育课程体系"的任务。在此基础上，教育部制定了《基础教育课程改革纲要（试行）》（以下简称《纲要》），并研制了各门课程的课程标准或指导纲要。英语学科经过几年的实践和讨论后于2011年重新修订并颁布《义务教育英语课程标准（2011年版）》，其中就课程目标和课程评价分别提出了"整体设计目标，充分考虑语言学习的渐进性和应用性"及"优化评价方式，着重评价学生的综合语言运用能力"的理念。这种遵循语言学习规律、符合语言学习特点的目标设计和科学合理的评价理念，为教师在日常教学中有效实现英语课程目标奠定了基础。修订后的课程标准具有以下特点：

第一，突出英语课程工具性和人文性的双重特性，更符合社会外语人才培养的需求，强调语言学习的渐进性和持续性，更符合外语学习的内在规律。

第二，明确了小学词汇和语法教学的范围，二级词汇表使小学阶段的教学目标、教学内容和教学要求更加详细具体，针对性更强，便于教师更好地把握教学目标。

第三，将义务教育阶段学科课程的终结性目标转化为学科不同年级和单元的过程性目标；将课程标准规定的课程目标，细化为教学和评价中的可操作目标，包括了学习内容、评价标准（评价要点、水平达标要求等）、评价方式、评价示例等内容。其核心部分是评价标准，它按照学习过程逐个编写学习内容，并且尽可能采用可操作的行为动词表述。因此，课程标准既是学业质量测试命题和学生

学业成就评价的依据，又为教师教学和学生学习提供指导。

（二）课程标准评价建议

课程评价要求教师将评价理念和手段有效地运用到日常教学当中，从而帮助学生认识自己、改进学习，同时提高教师教学效率与管理水平。就此，课程标准提出了以下评价建议：一是充分发挥评价的积极导向作用；二是体现学生在评价中的主体地位；三是依据课程目标要求确定评价内容与标准；四是注意评价方法的合理性与多样性；五是形成性评价要有利于监控和促进教与学的过程；六是终结性评价要注意考查学生的综合语言运用能力；七是注意处理教学与评价的关系；八是小学的评价应以激励学生学习为主；九是合理设计和实施初中毕业学业考试。

课程评价改革是一个关系到整个课程改革系统的问题。当前教师在依据课程标准进行评价时，碰到的突出问题是课程标准提出的教学要求与现实考试评价的实际操作尚不能很好地协调一致。在以往的以终结性考试成绩为评价标准的理念当中，教学的主要内容侧重于语言知识及结构，学生缺乏实际运用语言的能力。以教师为中心的课堂充斥着大量冗长重复的机械操练，学生学习英语的积极性不高，也不具备语言学习所应有的学习策略和文化意识。长此以往，语言学习的社会文化特征、实践性特征等被忽略，语言学习对学生综合人文素养和良好个性品格及价值观发展的促进作用无法得到体现。

上述情况的出现在某种程度上也对语言教师的职业素养提出了挑战。有研究发现，社会发展的实际水平是选择适切性课程评价的客观条件，而教师素质状况则是选择适切性课程评价的主观条件。因此，教师需要学习了解评价改革的理念，学习和使用各种评价方式及评价工具，同时关注课程标准评价方式及其带来的中高考评价内容和形式的新变化。此外，研制义务教育阶段各学科的学业评价标准，同时加快和深化中高考改革，也是改变理想与实践不能相互关照困境的出路之一。

第三节　初中英语教材评价

教材的定义有广义和狭义之分。广义的教材是指有关教授内容的材料，它包括参考书、讲义、图片、教学课件等印刷和多媒体资源。英语教学的文献中，materials 就是指广义的教材，任何有目的的用来提高学生的知识和经验的输入材料都可以叫 materials。

狭义的教材就是人们常说的课本、教科书，英文里就是 textbook 或 course book。英语教材一般是指依据教育行政部门颁布的《英语教学大纲》或《英语课程标准》的目标要求，针对特定学生群体的需要而编写，供学校师生实施课堂教学使用的英语教学用书，也称作英语教科书。英语教材除了包含学生课堂用书以外，一般还配有教师用书、练习册、活动册、挂图、卡片、音像带、多媒体光盘、配套读物等。教材是一个课程的核心教学材料。

教材对于外语学习者来说尤为重要：一方面，它提供了大量的语言素材；另一方面，它包含了许多有关语言的系统知识，如语音、语法、词汇、交际功能等语言知识，以及听、说、读、写等语言技能。教材使学生复习和准备课程成为可能，编写符合新课标理念的教材是实施英语课程的重要环节。

一、教材评价的原则

教材是将课程理念转化为课堂学习内容及学习活动的重要媒介，体系完整、结构合理的教材有利于学生系统地学习英语语言知识和发展语言技能。内容丰富的教材在提供语言材料的同时，也向学生介绍其他国家的文化，有利于学生了解世界、发展跨文化意识和跨文化交际能力。活动灵活多样的教材还有利于教师在教学中创造性地使用教材。

教材评价的实质是通过特定的方法和途径对教材作为教学的媒介、工具和资源的有效性、可靠性、可行性、导向性和使用效果进行分析，并通过一定的方式对分析结果加以综合概括，得出对教材价值的总体认识。教师通过评价对教材存在的问题进行诊断，促进对教材编写制作过程的反思，教师还可以根据学生的实际情况对教材的内容进行选取和剪裁，以便满足不同学习者的需要。因此，教材的评价标准应该包括教材使用情况的反馈，教材中的内容选择、编写思路和编写方法是否恰当，以及它们在多大范围内使用等。

教材编制与评价应遵循以下原则。

（一）科学性原则

英语教材内容的选择应能反映最新的语言教学发展趋势。自 1978 年以来，我国英语教材的发展经历了三个阶段，教材的开发分别体现了结构主义语言教学理论、结构—功能主义语言观，以及以“培养学生的综合语言运用能力”为核心思想，中学的教材编写呈现出多样化的趋势。教材内容从注重听说领先、强调句法练习发展到注重“培养学生的交际能力”，以及课程标准所强调培养学生“用英语做事的能力”。

英语教材编写是否具有科学性，关键在于教材是否符合英语学习和英语教学的客观规律。教材编制通常有两种思路：一是直接呈现语言现象，讲解语言规则，解释语言运用；二是在教材中编入大量的活动与讨论，让学生在用的过程中接触、理解和掌握语言。教材的编制应结合两种思路，既注重语言形式又注重语言意义。从学生学习心理角度来讲，在早期语言学习阶段开始探究式学习，能增强兴趣和信心，由此获得的语言意识，有助于语言习得。

再者，教材编写应该考虑到教学的积极因素，教学的效果通常有滞后性，因此教材中应该有不断复现（recycle）所学的知识点。教材编写者应认真研读课程标准及教材，合理把握教学的要求，对教材中出现生词的教学要有所侧重。新教材编写在强调语言素材真实性和时代性的同时，要避免出现各类生词较多给学生带来新的学业困难问题。

（二）真实性原则

《英语课程标准》指出“教材应尽可能选择真实、地道和典型的语言素材”，提出以真实生活主题为主线，以真实生活表达为目的，以真实生活实践需求为线索，以“用英语做事情”为途径，以“做事”的效果为标准，检验知识运用的水平和等级的要求。教材编制通过以“用英语做事”为核心创意、以“话题”为结构主线来确定语言知识项目的筛选、分类、编组，从而引领教学指导过程、学生认知内化过程和技能熟练过程。

作为教材的编制与评价者而言，应该认识到语言输入的真实性是一个相对概念，应结合语言材料的具体使用来谈真实性。教材所呈现的语言材料应与材料使用者（即学生）的认知水平和语言能力相近，否则再真实的材料对学习者来说也是没有意义的，以致出现“不适合学习者的真实材料会被学习者所异化”的结局。而真实的语言材料如果以非真实的方式使用，以注重语言形式的机械操练、回答问题为中心练习，其真实性也会大打折扣。

对教材是否真实的衡量指标是看学习内容的编排是否以学生感兴趣的真实生活话题为主，词汇语法等语言知识的学习是否在话题引导下的真实语境中习得，最终的评价标准以学生能否用语言进行交流或做事为准则，而不再是单纯检验语言形式如词汇的多少或语法的正确与否。教材的选材应尽可能取自英语国家真实使用的语言，如图书、报纸杂志、电台、影视、网络、广告等语言媒介中所使用的材料。

（三）系统性原则

教材编制的系统性表现为教材应涵盖系统的语言知识。哈钦生（Hutchinson）和瓦特斯（Waters）曾从教材实际编写角度明确了教材应该包括不同方面的英语语言知识，包括生动有趣的课文、愉快的活动、语言学习策略、新的教学技巧和语言运用的正确范例等。

多元教学大纲是体现教材编制系统性原则的设计思路之一。大纲的核心思想是在课程设计和教材编写过程中，综合考虑语法、词汇、功能—意念、话题、情景、任务等与语言学习有关的要素，并使这些要素彼此建立联系，如语法知识与技能相结合、任务与功能和话题相结合等，在安排教学内容时往往以一两种元素（如话题和功能）为主要线索，兼顾其他元素。课程的不同阶段有不同的侧重点，如在初级阶段以功能为主要线索，根据功能线索选择相应的语法项目；而在相对高级的阶段则以话题和任务为主要线索，并根据话题和任务的需要来安排其他方面的内容。

此外，教材的系统性还体现为教材的组成部分是否构成完整的体系，是否由学生用书、教师用书、练习册、卡片、挂图、录音录像带、多媒体光盘等组成立体化教材，教材媒介的形式、篇幅长短、版面安排、图文形式色彩等是否有利于课堂教学和学生自学。

（四）趣味性原则

对于语言学习材料的选择，应符合学生的心理需求，能激发他们学习英语的兴趣。恰当地选编生动有趣、富有内涵的故事，会使学生在语言和心智两方面都得到发展。趣味性的教学材料应根据课程教学内容和教学目标，创设真实情境，编排游戏教学活动内容。教师则根据趣味性的教学材料内容创设最有利于调动学生全身心力量的情境，如学生购物、问路、观察风向、预报天气等活动，使学生在参与教学活动的过程中，尽显他们在认知与技能、情感与态度、过程与结果等多方面的学习表现。

教材内容的趣味化还能为学生提供合作学习和间接学习的活动情境。在趣味化的学习活动中，活动场所是开放的，活动项目是多样的，学生在完成活动的过程中互相观摩、团队合作，从而实现间接学习与合作学习。

（五）发展性原则

学习者因素是英语语言教学中关注的一个焦点，这些因素主要有学习者的学习经验、现有语言水平、兴趣、动机、学习风格和学习策略等。奥尔赖特（Allwright）认为，教材应该教会学生学习，应该为思想提供资源，为学习提供活动，为教师的课堂行为提供依据。坎宁斯韦斯（Cunningsworth）也提出教材应能反映学习者对所学语言的应用，选择那些有助于学生为自己的意图而有效地使用语言的教材。因此，英语教材的编写应该有利于学生的全面发展和长远发展，培养学生独立和自主学习的能力及创新精神和实践能力。

此外，教材在促进学生发展的同时，也应考虑教材对教师教学和职业发展的影响。斯特雷文斯（Strevens）认为，“教材除了具有提供教学任务的作用外，在某些情况下，它起到教师培训的作用”。哈钦生和托里斯（Torres）则指出教材创新对教师教育的补充作用，并强调职业发展中二者之间是相得益彰的关系。

二、教材评价程序

根据新课标的精神，学校可以选用国家或地方教育行政部门审定的英语教材。学校及教师在选定教材之前，应对教材进行全面、系统的评价。新课标对教材评价内容提出了几方面的建议。

（一）评价教材的教学指导思想

教材的教学指导思想指教材编写者所持有的语言观、语言学习观，以及基于两者之上的语言教学观。教材编写者的观点对教材的编写有着很大的影响，他们的语言观会以不同的角度体现在教材的内容中，包含教材的编写形式及教材内容的选择。理想的教材应该是科学的、先进的语言观的反映。

（二）评价教材采用的教学方法

教材的教学方法是指教材在内容选择、内容安排和教学活动设计等方面的具体依据和参照，每一本都能体现某种外语教学的流派或方法。教材的编写应体现先进的外语教学法，而当今强调以学生为主体的发展学生综合语言运用能力的教学方法是教材编制的主流，对于其他教学方法应当兼容并用。

（三）评价教材内容的选择和安排

选择和安排教学内容的依据是确定教材使用对象的需要。外语教学的根本目标是发展学生的综合语言运用能力，因此教材内容的选择和安排也应以此为准。对教材内容的安排参照两个依据：语言学习过程的客观规律和语言学习的实际使用情况。语言知识与技能的难易程度和学生学习的多样性及不同需求，增加了教师合理安排教学内容的难度。

（四）评价教材中的语言素材

语言教学的根本目的是使学习者能够使用所学语言进行交际。因此，英语教材中选用的素材应该与现实生活中使用的语言保持一致，涉及的语言现象应该是真实的、地道的。随着网络的普及化，真实语言素材的选取途径越来越广泛，在素材的选取上就应重视语言质量问题，选取的语言素材应具有准确性、当代性、真实性、明晰性和可读性的特征，不断增强学生学习的兴趣。

（五）评价教材的组成部分及设计

现代英语教材开发的特征之一是形成了立体化教材体系，教材不再是单一的课本，而是包括了学生用书、教师用书、练习手册、卡片、挂图、音像资料及多媒体光盘等。这使学生可以从不同角度凭借不同媒介进行学习，有利于发挥不同学生的学习潜能。与此同时，教材篇幅、版面等在设计时也应图文并茂，以满足学生的心理特征。因此，在评价教材组成部分时应考虑以下几点：各个组成部分是否构成一个有机整体；各个组成部分是否各有侧重、优势互补；各个组成部分是否具有灵活的可选性；是否经济可行；等等。

第四节　初中英语教学评价

课堂教学评价是对教师课堂教学工作及其质量的事实描述，以及据此做出价值判断或改善课堂教学的专业活动。在以学评教为核心的课堂教学评价体系构建中，主要通过不同的评价主体包括学校教学督导、专家、同行及学生对教师课堂教学的状况进行评价，并由此改进教师教学或对学生提出有针对性的学习建议。

一、英语教学评价范畴

一般而言，教学评价可以依据评价范畴的大小分为课堂教学评价、教学工作评价和教师评价。其中，课堂教学评价的范围最小，主要包含课堂内部教师教学的评价标准，如教学目标、教学内容、学科素养、导入技能、讲解技能、提问技能、板书技能、演示技能、反馈技能、互动技能、活动技能、结课技能等。

教学工作评价的范围较大，不仅包含课堂内部教师教学的评价标准，而且包含课堂外部教师教学工作的评价标准，如上课以前的备课，下课以后的辅导学生、批改作业、命题出试卷等。

二、英语课堂教学评价理念

新课程标准指导下的课堂教学评价的理念力求体现“以人为本”的评价观，强调在教学中既关注学生学习结果，又关注学习过程，教师教学应有利于促进学生综合语言运用能力的发展，有利于促进教师的发展。

（一）关注学生发展

要实现促进学生综合语言运用能力的发展，教师教学首先要重视英语教学目标的导向作用，体现学生作为学习主体的意义。在日常教学中教师不仅要围绕英语课程标准、教学内容展开有序教学，完成语言知识、技能目标，还应注意运用正确恰当的课堂教学策略，培养学生语言学习兴趣，开展各类语言交际活动，让学生学会用语言做事。

（二）重视以学论教

课堂教学提出“以学论教”，主要从学生的情绪状态、注意状态、参与状态、交往状态、思维状态、生成状态等方面进行考查，为评价教师课堂教学提供了评价维度。对课堂教学的评价可以从几方面出发：教学是否能使学生产生浓厚兴趣，对语言学习是否具有好奇心与求知欲；教学能否吸引学生关注讨论话题，能否促使学生积极参与课堂教学活动；教学设计能否营造有利于学生进行语言交际的课堂情境或气氛；学生最终能否掌握应学的语言课堂知识，是否具有初步的语言交际技能，是否对未来的语言学习充满信心；等等。

（三）关注教师发展

教学是一种以教与学为主要内容的师生互动活动，教师在促进学生学习的同时，学生的反馈也促使教师不断反思教学、改进教学，从而获得专业发展。

教学反思是指教师客观思考与评价个人的教学过程，提高教学领悟力及教学质量的一种能力，是教师改进课堂教学实践的一种途径。教学反思是教学的重要组成部分，教师通过教学反思，能够重新观察与审视课堂教学状况，对自己课堂的教学设计、教学行为、教学方法、教学活动、教学效果等以批判性的态度重新思考，在反思中不断发现问题和解决问题，同时理解与修正对教学的理解及教学实践，提高自身职业水平。

三、英语教学评价目标及内容

英语教学评价通常围绕如何进行和达到有效课堂教学而展开，其评价内容细节往往根据不同评价者的切入点而有所不一。一般而言，可以分为重视过程的评价、重视教学目标的评价，以及重视教师综合素质的评价。

在对教师的教学过程进行评价时，应评价教学质量、课程安排、内容呈现方式、对学生需求的应对、教材的适应性等。评价手段包括档案袋式评价、需求互动分析、教学效果分析、教学过程评价、教师观察等。从中可以看出，此种评价侧重于教学过程评价，在评价策略上往往采用以课堂观察为主的形成性评价。但是，这种基于课堂观察的教学过程评估手段在效度、信度、成绩加权和调整等方面仍有许多关键问题需要解决。

英语课堂教学要有明确的目标。评价一堂课可以从结构、内容、效果三方面入手，着重评价课堂教学的效果，或者评价目标的实现情况。具体来说，一看目标本身的适切性，二看目标实现路径的适切性，三看目标实现的程度。课堂教学的效果应该体现为是否激发了学生学习的积极性和主动性，是否向学生提供了合适的学习资源和机会，是否培养了学生的学习策略，是否解决了学生的学习困难，是否向学生提供了展示学习成果的机会，等等。

四、英语课堂教学评价指标体系设计

课堂教学评价能否对教师教学起到促进作用，与课堂教学评价指标体系的设计有很大关系。现行教师课堂教学评价指标体系主要沿用要素分解法，其评价标准都是采取自上而下的演绎方法。从一堂好课的顶层标准出发，逐步分解成二级指标或三级指标，即从课堂教学的全部属性或相关属性出发，寻找影响课堂教学的各个因素，把因素群作为相关指标，最终形成课堂教学评价的指标体系。这种方法的优点是各指标之间具有较强的独立性，从总体上看，各指标也易于形成一个完整的系统，易于理解，便于操作。

对英语课堂教学的评价涉及课堂教学的目标、内容、方法和效果等，主要包含以下五个方面：教学目标（包括目标的设立、教学重点的确定、难点的阐释等）、教学设计（包括一堂课的起承转合、重点性和完整性）、教学方法和手段（包括课堂讲解、问题解答、是否根据学生情况调整授课方式、是否合理使用多媒体技术进行教学等）、教学效果（包括教学目的是否实现、学生能力是否得到提高等）、综合素质（包括语言能力、应变能力等）。

此外，对课堂教学评价还可以从教材和教学资料的准备、内容的选择、教学任务设计是否有利于学生参与、课程设计是否具有创新性、课堂教学内容是否具有拓展性等方面考虑。

也有学者认为，外语课堂教学有效性的评价应主要考察以下五个方面的指标：第一，学生是否主动参与学习并形成对知识真正的理解和运用。第二，师生之间、生生之间是否保持有效互动。第三，学生是否获得积极的情感体验。第四，学生的自我监控和反思能力是否得到培养。第五，教师专业化水平是否得到提高。

此外，就教学评价设计提出建议，认为评价应包括以下具体内容：一是课堂质量（lesson quality）、二是课堂组织（organization）、三是教学内容和教材的适宜性（appropriateness of content and materials）、四是教材内容的进度安排（arrangement progress of content）、五是课堂讲解和例句的使用（use of illustrations and examples）、六是教学目标是否明显（clarity of objectives）、七是学生是否有练习机会（opportunity for student practice）、八是评价是否公平适当（fairness and adequacy of evaluation）、九是教学辅助材料使用是否恰当（appropriate use of media）、十是教师性格特征（teacher characteristics）。

评价者在运用要素分析进行评价体系设计时，要注意到由于这种评价方式是建立在评价者立场之上的外在评价，因而缺乏对课堂教学整体的把握，缺少对学生自主思考、探究学习，以及学生在情感、态度、价值观等方面的心理建构过程的测量与评价，对教师与学生发展评价的关注也稍显不足。鉴于此，有学者提出构建发展性课堂教学评价指标体系的建议：以教学目标为核心的课堂教学评价指标及适用于解决问题（有利于学生发展的教学任务）为核心的课堂教学，强调课堂教学是以促进学生发展为本的教学，学生在知识技能学习的过程中发展能力、增强兴趣、陶冶情操，实现知识技能学习的主体发展价值。

五、英语课堂教学评价方式

课堂教学评价的组织形式一般包括专家评价、同行评价、学生评价及教师自评。课堂评价的方式包括课堂观察、教师学生访谈、问卷调查、教师成长记录袋等。

（一）课堂观察

课堂观察指研究者或评价者带着明确的目的，凭借自身感官及相关辅助工具（如教学评价、录音录像设备等），直接或间接地从课堂情景中收集资料，并依据资料做相应研究的一种研究方法。课堂观察可以采用定性观察工具或定量观察工具。定性观察工具一般可以着重观察课堂教学的某个方面，如教师指令、提问方式、课堂互动、课堂教学环节衔接等。同行间的听课也是课堂观察的一种形式。

定量观量工具主要指各类课堂教学评价表，评价者在听课过程中通过记录评价表中各项指标的实施情况并给出相应分数，由此判断课堂教学情况。

在进行英语课堂教学评价表的设计时应遵循以下两个原则：一是评价标准及评价指标符合英语教学规律、英语课堂教学的特点，并为全体英语教师所接受；二是坚持实事求是的态度，确保评价过程和评价结论的客观和准确。

（二）师生访谈

在对课堂教学进行观察并根据课堂教学评价表对教师教学进行评价的同时，还可以利用师生访谈了解课堂观察中所不能得到的信息。需注意的是，访谈一般都应事先拟定访谈提纲，访谈内容应有针对性，具体而不空泛。

（三）教师成长记录袋

档案袋评价方式通常作为展示学生努力、进步、成绩和自我反思的一种方式，在语言教学中一直用在作文教学中，后来发展到阅读教学、口语教学、教师培训中，设立教师（主要是青年教师）成长记录袋就是这一评价方式在教师发展中的体现。教师本人或评价者通过收集教师外语专业学习的成就和进步的材料，包括个人基本信息（个人资料、个性特长、个人发展计划、实施计划等）、个人记录（教学日记、教案、论文、反思等）、领导及同伴寄语等方面的内容，真实反映教师专业成长的历程。通过学生和同行评价，诊断教师课堂教学的优势与不足，并提供改进意见，注重对教师进行全面的、动态的评价。在评价方法上，采用以质性为主、量化为辅的综合评价法，强调人性化的评价。

第五节　初中英语学业评价

学业评价是指对学生课程学业所取得的发展进步进行考核评价。科学、恰当地评价学生学业发展，对于发现和发展学生潜能，帮助学生认识自我、建立自信、促进学生积极主动学习，具有重要的实践意义。

对学生进行学业评价是教学活动过程中的重要内容。学业评价的功能体现在以下几方面：第一，合理的学业评价制度为学生发展提供较明确的目标和努力的方向。第二，合理的学业评价有助于评价学生的发展、进步，从而对教与学双方的活动起控制、调节和促进作用。第三，学业评价为学生心理发展和学习进步创造必要的背景和空间，诱发学生的学习动机和自主发展的动力。

近年来，国内外学业评价改革的呼声日益高涨，并呈现出以下特点：第一，考试次数减少，强化课程作业，将形成性评价与终结性评价相结合。第二，学业评价方法多元化，教学与评价整合化，表现性评价（performance assessment）和侧重实践技能的考试受到重视并被广泛采用。第三，对学生学业成绩和素质的评价大量使用观察日常课堂表现的等级评价量表，以及学生参与评价并记录其发展历程的多功能学习成绩报告单。第四，考试评价结合学生年龄特征和学习内容等特点，采用游戏化、活动化、动态化的评价方式。由此看出，建立以学生为主体的多元化评价方式、注重过程评价等评价理念得以普及。

《义务教育英语课程标准（2011 年版）》强调，“形成性评价可采用与课堂教学活动接近的形式，以及平时测验、学习档案、问卷调查、访谈等形式”“形成性评价要有利于监控和促进教和学的过程”“其首要目的是促进学生学习，核心是通过不同形式的反馈给学生提供具体的帮助和指导”。因此，在课堂教学实践中，教师应根据学生的语言学习特点与心理特征，选择适合外语教学及有利于培养学生综合语言运用技能的评价方式，建立发展性评价、水平性评价和选拔性评价相结合的学业评价体系，注重在教学中以评价促进学生发展。

一、学业评价的主要方式

根据不同的评价角度，学业评价的方式有不同的分类。从评价的目的考察，可以分为诊断性评价（diagnosis assessment）、选拔性评价（selective assessment）等；从对评价结果的解释出发，又可分为标准参照评价（criterion-referenced assessment）和常模参照评价（norm-referenced assessment）；根据评价过程的不同，还可以分为形成性评价（formative assessment）和终结性评价（summative assessment）等。上述评价方式在内涵上互有交叉。

教师对评价方式的选择往往与教学需要有很大关系，评价方式取决于不同的评价目的。在英语课堂教学中，教师主要采取终结性评价与形成性评价两种方式评价学生学业状况，前者着眼于学生学业结果，后者重视学生学习过程。新颁布的英语课程教学要求强调在终结性评价的同时重视采用过程性评价，并且规定过程性评价包括学生自我评价、学生相互间的评价、教师对学生的评价、教务部门对学生的评价等。教师通过课堂活动和课外活动的记录、网上自学记录、学习档案记录、访谈和座谈等形式对学生的学习过程进行观察、评估和监督，促进学生有效地学习。因此，可以形象地说，形成性评价回答“How are you doing and how can you be doing better?”，而终结性评价则反映“How well did you do?”。

二、形成性评价

形成性评价由美国著名评价学专家 M. 斯克里芬（M. Scriven）于 1976 年提出，指在教学过程中为了获得有关学习的反馈信息，对学生所学知识的掌握程度进行系统评价，是一种针对学生的学习行为与能力发展所进行的过程性评价，其重点在于反馈、调节和诊断。一般采用描述性评价（定性分析）、等级评定或评分等评价记录方式。形成性评价一个最典型的特点就是注重过程，关注于在评价过程中运用多种手段，进行持续有效的评价。

形成性评价是对学生日常学习过程中的表现、所取得的成绩，以及所反映的情感、态度、学习策略、参与情况、合作意识等各个方面进行评判，呈现出全面性、多元性、人文性、开放性、综合性等特点。在英语教学过程中教师主要采用的方式有测验、课堂观察、学生阅读文档、写作文档、各项作业、任务、访谈和问卷等。进行课堂观察、建立学生文档、设计问卷、访谈是为了指导和计划教学进度；观察是评价教学行为和技巧的基础；学生文档、各项作业和任务是给学生提供自我评价的机会；测试、问卷是用来收集教学过程和语言水平的信息，以达到对学生的英语学习进行持续有效评价的目的。

形成性评价的有效性取决于所提供信息的可靠性，与正在进行的教学课程的联系程度、及时性、经常性等。因此，英语教学中形成性评价的运用应以知识的运用为目的，通过学生完成真实任务的表现来检查学生语言知识的掌握、情感态度的发展及文化意识、策略意识等。形成性评价的优势在于能较为全面地衡量与评价学生学习状况，但其效度、信度、分数评判及加权、成绩记录仍需进一步研究，在实践中有时难以取得应有的效果，学生对评价手段认可程度亦有所不同。

形成性评价的评价方法有以下几种。

（一）形成性测验或诊断性测验

形成性测验（formative test）也称诊断性测验（diagnostic test），主要用于发现学生学习中的优势与不足，了解尚未达成的目标，辨认造成学生学习困难的原因，并在教学进程和内容方面做出适当的调整。教师主要通过教学进程中实施不同形式的简短测验进行判断，如简短的口头陈述或卷面测验等。这种测验经常紧密配合教学，检查教学效果，形式灵活多样，随时可用，一般随堂进行，时间可长可短。

（二）评价量表

评价量表（rating scales）指通过量化观察获得印象的一种测量工具。它既可以用于现场观察的直接记录与评价，也可用于经过较长时间的纵向观察印象为基础的综合评价。由于学生学业成绩往往通过行为表现出来，因此评价量表尤其适用于书面材料无法体现的能力或技能，如评价学生英语口语能力等表现性行为，是表现性评价的主要方式之一。

（三）课堂观察

课堂观察（classroom observation）指教师通过观察学生的课堂行为表现、态度变化、参与情况、任务完成情况的过程与质量，分析学生课堂上的各种行为，为教师反思教学效果、完善教学设计提供依据。在英语课堂评价中，教师主要观察学生交际语言运用的能力，结合学生的课堂行为表现、小组活动记录等得到学生参与语言实践活动的效果，从而形成对学生的课堂评价。教师在进行课堂观察之前，应该进行仔细的设计，根据观察目的选择观测点，选择适合的记录方式。对学生进行系统的观察应注意以下几点：第一，了解学生是否取得预期的进步。第二，及时发现某些学生的问题并制定恰当的计划以提供帮助。第三，学生对课堂教学的看法，学生是否觉得生动有趣、有价值、有用。第四，所采用教学技巧或活动能否重复使用。第五，教材是否合适、实用。

（四）表现性评价

表现性评价（performance assessment）指以学生在真实生活中的语言知识技能运用表现作为评价标准，也称真实性评价。这种不同于客观测验的评价方式的特点在于：它以行动、作品、表演、展示、操作、写作、制作档案资料等真实表现来展示学生口头表达能力、文字表达能力、思考能力、随机应变能力、想象力、创造力等认知实践能力及学习成果与过程，运用在语言教学评价中则能充分考查学生在真实情景中“用语言做事”所具备的知识与技能。

（五）档案袋评价

档案袋评价（portfolio assessment）是指搜集和评价学生在一段时间内的作品样本。教师可以通过收集学生的作文、研究设计以作为评价学生学习进步程度的依据。教师在使用这种评价时通常与其他标准化测试的评价标准结合，尊重学生个体差异，才能做到真实和全面地衡量学生的学业状况。

档案袋评价可以分为两种：一种是成果型档案袋，主要记录学生的优秀作品，作为终结性评价的参考。另一种是过程型档案袋，通常包括学生的问题、说明、草案、日记、读书报告、论文修改稿及学生的自我评价等，如参与课堂活动的情况记录、读过的英语知识及英语小故事，以及自己设计的英语漫画、自办的英语小报等内容。学生档案袋的形成过程就是学生对学习进行总结与反思的过程。

学习档案作为形成性评价的一种工具，对于学习者的自我计划、监控与评估起着非常重要的作用，对培养学生的自主学习具有非常重要的作用。加德纳（Gardner）和米勒（Miller）就曾建议将学习档案作为培养学生学习自主性的理想工具。档案袋评价在教学中应用的作用体现在以下几方面：第一，使学生增加学习成就感；第二，促进学生提高元认知技能，学生通过反思学会分析自己的学习模式与学习进展；第三，促进学生承担学习责任；第四，帮助学生获得了良好的学习策略。

（六）自我评价

自我评价（self-assessment）是指设计自我记录卡让学生对其学习行为表现进行动态观察记录的一种方式。教师可指导学生设计自我评价量表。如在进行英语书面表达训练时，可要求学生自我检查、自我评价或相互评价反馈，将书面表达中所犯错误填入“书面表达课堂形成性评价记录卡”，并对错误进行自我订正或互相订正，自查原因或互查原因，这样不仅有利于学生通过独立思考分析并改正错误，也有利于教师进行督导。以此类推，这样的自评卡还可以扩展为口语、阅读、听力、提问等课堂形成性评价记录卡。

除上述评价概念外，也有学者提出真实性评价（authentic assessment）、过程性评价（process-oriented assessment）、动态评价（dynamic assessment）等概念。这些评价方式的特点都是将学生学业成就的发展与其日常的学习行为表现联系起来，以全面、综合、客观评价学生学业进步状况。

三、终结性评价

终结性评价（summative assessment）通常指学习过程结束后对学生的学习成果的测量，其目的表现为在一段相对完整的教学阶段结束后，对先前设定的教学目标实现程度进行检测与评价，属于结果性评价，它所传递的信息被看作是学生个体发展、升学、奖励的凭证。

英语课程终结性评价的主要形式是测验或考试，旨在检测学生综合语言运用能力的发展程度，衡量教学效果和学校办学质量，并对完善后续课程教学提供信息。英语课程终结性评价通常包括口试、听力考试和笔试等形式，测试内容涉及词汇、语法等，能力涉及听、说、读、写和语言综合应用，具体测试题型分为听、说、读、写四大板块。中考和高考均属终结性评价。

在学业评价过程中，考试与测验是教师教学过程中经常采用的教学评价方式之一，但对考试、测量、测验等术语，教育学与语言学的解释存在一定的差异。在语言学领域，测试（assessment）、考试（test）和测量（measurement）都可用来指对学习者语言能力的考核，其中考试更多用于指大规模的终结性考核。

《语言测试词典》中将学业水平考试（achievement/attainment test）定义为“通常指正规的考试，在学年末或课程结束时举行，一般由外部专门的考试机构命题”。学业水平考试衡量考生是否掌握了教学大纲规定的内容，因此考试内容必须覆盖或选择教学大纲限定的内容范围。学业水平考试的目的在于了解学生是否达到了教学大纲规定的能力要求，以便于决定学生具体的能力等级，如通过或不通过、是否发给毕业证书等。

利用考试数据开展教学评价是提高整体效度的一个重要方面，因为教学评价是考试数据的应用方式，如果评价手段、方法、内容等恰当，可以对教学产生正面的效果。教师应努力寻求考试与评价之间的最佳结合点，利用评价的观念和方法改造考试，利用考试的数据开展评价工作。

从考核目的、参照标准及考试结果解释等角度出发，通常可以把考试分为目标参照测验和常模参照测验。

（一）目标参照测验

目标参照测验（criterion-referenced test）是将考生的行为与预先设定的能力、目标或技能标准做比较，从而确定考生的表现是否达到某种标准，而不是对考生之间的成绩做比较。学业水平考试属于标准参照性考试。

目标参照测验的关键步骤是制定考试的内容范围和细则，即制定要求考生达到的、详细的、具体的标准，其作用主要体现在以下几方面：第一，给命题者编写试题提供内容准则和技术指标；第二，给审题者审核试卷所覆盖的内容范围和测试目标提供明白无误的内容说明；第三，解释被试个体即考生的能力水平；第四，给用人单位详细提供考生所拥有的具体能力或技能的内容和范围。

目标参照测验的优点在于：一是根据人们所能做到的高度，制定有意义的标准，而且标准并不因人而异；二是能激励学生争取达到这些标准。

（二）常模参照测验

与目标参照测验不同，常模参照测验（norm-referenced test）用于将某一个学生的行为（通常用分数表示），与参加同一次考试或者同一种类型考试的其他学生做比较。在小规模考试中，常模指同一组学生的平均分数；在大规模的标准化考试中，常模代表不同地区、不同时间参加同一种类型考试（不一定是同一份试卷）的学生的平均水平。由于考生人数多，他们的成绩往往呈正态分布，一般用倒U形曲线表示。选拔考试（如高考）属于常模性参照考试。

目标参照测验和常模参照测验之间存在诸多不同。首先，两者测试目的不同。目标参照测验试将考生的水平与课程目标规定的标准做比较，以描述考生的行为，决定考生是否达标；而常模参照测验的目的是将考生与考生做比较，以区分每个考生成绩的高低和好坏。其次，两者对描述内容领域规范的详略有所不同。目标参照测验比常模参照测验的内容细则更详细、更明确。再次，两者对测验同一学习任务或目标所用的试题质量不同。目标参照测验的试题舍取以是否违背内容细则和命题标准为原则，试题统计仅用于比较两份平行的目标参照测验试卷，题目与学习结果直接关联，不强调试题的鉴别力，测验信度不适合用统计方法；相反，常模参照测验的选题标准往往取于试题的统计数据，强调难易适中，试题具有鉴别力。最后，对考试分数的解释不一样。常模参照测验解释考分的基础是常模，成绩只是考生在考试中相对位置的体现；而目标参照测验以考生完成题目数量的百分比来考查学生的学习效果，教学目标是解释分数的标准。教师应了解上述两种考试的异同，以便根据不同评价目的选用恰当的评价工具并对其结果做出解释说明。

四、考试试题编制及评定

《英语课程标准》提出的终结性评价方法之一是“通过理解与表达的任务来检测学生运用语言知识的能力”。因此，教师在进行试卷的设计时，应在试卷的结构和内容及形式和评分标准上体现“考查学生的综合语言运用能力”这一理念。语言知识的考查应尽量涵盖语音、语法、词汇、话题和交际功能等方面，题型和题目设计注重创设语境，在语境中考查语言知识，同时也应关注学生语言学习策略的掌握程度和跨文化交际意识及能力的考查。

（一）编制原则

格隆兰德（Gronlund）提出了六项考试题型编制的原则：第一，考试内容应与课程目标相一致；第二，考试内容应能反映学生学习内容；第三，考试应选用不同题目类型检测学生学习结果；第四，考试结果应满足测验结果特点用途的需求；第五，考试应尽可能保证信度并谨慎解释测验分数；第六，考试应有利于学生改进学习。

在试题编制理论中，对题型的设计可分为选择—反应测验题目（selected-response test items）和论文写作题目（essay writing item）。其中选择—反应测验题目主要用于检测学生，其题目类型包括多项选择题、正误判断题、配对题和论文写作题。

1. 多项选择题

多项选择题通常由一个题干与四或五个选项组成，其中一个正确选项，其他的则为干扰项。编写原则为：一是注意题目要有鉴别度，能使有能力的学生选出正确答案；二是干扰项应是一个貌似合理的选项，其用词或形式不易被轻易识别为错误选项，以避免出现学生靠猜测选对答案的可能；三是应避免使正确选项成为唯一有限定条件的选项（如包含 If 条件从句），另外正确选项也不应被设置为所有选项中最长或最短的句子。

2. 正误判断题

正误判断题可以看作是多项选择题的一种形式。由于此种题型答题的准确概率为 50 %，因此应慎重使用。

3. 配对题

配对题一般用来检测学生对众多概念的理解。题目编制人通常设置 AB 两栏相对应的概念及其解释供学生进行搭配。为避免出现学生猜测答案的现象，教师可以在 B 栏中提供多于 A 组题目数量的选项或要求学生重复使用 B 栏内容。

4. 编写和评价论文题目

论文写作题考查学生的分析、综合及评价等语言综合运用能力，这类题目具有答案多元、方法多样等特点，能对学生高层次的思维能力和问题解决能力进行有效评价，并能对学生的情感、态度和价值观进行考察。这类题型编制的重点在于确立评分标准。

基本要素特征分析法（primary trait analysis，PTA）是进行论文写作题型编制的一种有效工具。PTA 具有高度清晰的标准参照，其等级的划分根据试题的类型、内容、评分的可操作性等综合权衡，分为三、四、五、六等不同等级。根据这一要求，作文写作的基本要素可分为词汇、语法、句法结构、中心思想、连贯性、逻辑性、清晰性、创新性等。

（二）分数等级的确定

对于学生学业成绩评定有不同的方法，较常用的有以下几种。

1. 运用字母等级（assigning letter grades）

运用字母等级对学生学业成绩进行评定是常见的一种方法。一般分为A到F级体系，每一等级代表一种评价。如果在各个等级之后设定加减符号，那么学生的成绩就可分为13个等级，即：A+、A、A-、B+、B、B-、C+、C、C-、D+、D、D-、F。针对少数学业成绩落后的学生，教师也可能使用P/F（及格/不及格）及M/NI（掌握/需要改进）等字母符号以评定学生是否达到课程标准。

A=superior，exceptional，outstanding attainment；

B=very good，but not superior，above average；

C=competent，but not remarkable work or performance，average；

D=minimum passing，but serious weakness are indicated，below average；

F=failure to pass，serious weaknesses demonstrate。

2. 运用数字评分（assigning figure grades）

数字评分体系一般有两种数字符号体系，一个是0～100的等级，即百分制；另一个是平均等级分数。百分制是教师对等级体系中的所有组成部分按100评分，60分以下通常被视为不及格。而平均学分绩点（grade point average，GPA）其实是给字母分数赋予数值，即A=4、B=3、C=2、D=1、F=0。

3. 表现性评分

传统的评分方式尽管提供了与他人相比自己做得如何的相关信息，但单纯的分数无法反映学生学业的真实表现，也不能为学生提供如何改进的信息。因此，教师在对学生学业状况进行评价时，应综合考虑学生的日常学习行为表现及考试成绩等。

参考文献

[1] 崔晶．初中英语课堂有效教学的着力点 [M]．长春：吉林人民出版社，2020.

[2] 赵尚华．初中英语课堂教学关键问题研究 [M]．上海：上海教育出版社，2020.

[3] 曹广涛，车贵成．初中英语教学探索与实践 [M]．沈阳：万卷出版公司，2020.

[4] 黄宇明．初中英语教学与备课策略研究 [M]．长春：吉林人民出版社，2019.

[5] 钟炳芳，李玲．初中英语新课程教学设计与案例分析 [M]．重庆：重庆大学出版社，2020.

[6] 李保康．初中英语课堂教学活动微环节设计 [M]．上海：上海教育出版社，2020.

[7] 闫志洁，杜俊秀，谯菊梅．初中英语词汇学教学策略探讨 [M]．长春：吉林人民出版社，2019.

[8] 骆凤娟，莫海文．农村初中新任英语教师学科教学知识发展研究 [M]．广州：华南理工大学出版社，2019.

[9] 于文．初中英语教学模式实践研究 [M]．北京：北京工业大学出版社，2021.

[10] 孙淑霞．初中英语教学多维视角研究 [M]．延吉：延边大学出版社，2019.

[11] 陈彩云．初中英语教学形成性评价案例研究 [M]．广州：广东经济出版社，2019.

[12] 李红燕．多视角下的初中英语教学方法研究 [M]．中国原子能出版社，2019.

[13] 巫伟民．因地制宜，适切教研：核心素养视角下的初中英语教学策略 [M]．长春：吉林人民出版社，2019.

[14] 陈文英．初中英语课堂游戏设计与实践：基于人教版教材 Go for it！的英语游戏教学活动 [M]．广州：华南理工大学出版社，2018.

[15] 王淑文．初中英语教学研究 [M]．海口：南海出版公司，2018.

[16] 江红．初中英语教学设计 [M]．哈尔滨：黑龙江教育出版社，2018.

[17] 白莹．初中英语教学实践 [M]．北京：现代出版社，2018.

[18] 王红，张加国．初中英语教学策略探索 [M]．北京：团结出版社，2018.

[19] 毛凤岚，杨洪艳，陈文焱．初中英语教学模式与策略研究 [M]．长春：吉林大学出版社，2018.

[20] 刘丽健．翻转课堂在初中英语教学中的实践与研究 [M]．沈阳：沈阳出版社，2018.

[21] 车向军．基于思维发展的初中英语教学设计与实施 [M]．北京：北京出版社，2017.

[22] 杨淑英．初中英语语法教学研究 [M]．长春：吉林人民出版社，2017.

[23] 刘健，施志红．初中英语写作教学活动设计 [M]．上海：上海教育出版社，2017.

[24] 杨海春. 学生发展核心素养视域下的课堂教学指南初中英语 [M]. 长春: 东北师范大学出版社，2017.

[25] 王丽．初中英语教学 [M]．沈阳：沈阳出版社，2017.

[26] 周慧申．初中英语教学研究 [M]．北京：北京燕山出版社，2017.

[27] 王忠．初中英语教学研究 [M]．北京：团结出版社，2017.

[28] 薛翠红．初中英语教学研究与实践 [M]．北京：团结出版社，2017.

[29] 张德平．初中英语教学与管理艺术研究 [M]．长春：吉林美术出版社，2017.

[30] 李敬谊．初中英语教学与高效课堂结构 [M]．昆明：云南科技出版社，2018.

[31] 高峰．初中英语教学策略 [M]．北京：中国书籍出版社，2016.

[32] 郭爱玲．初中英语语法教学反思 [M]．成都：电子科技大学出版社，2016.

[33] 滕家庆．初中英语课堂教学的 20 个细节 [M]．南京：南京师范大学出版社，2016.

[34] 徐宝菊．初中英语教学 [M]．北京：现代出版社，2016.

[35] 于洋．初中英语教学研究 [M]．长春：吉林大学出版社，2016.

[36] 韩修江．初中英语教学实践 [M]．北京：现代出版社，2016.

[37] 孙晓玲．初中英语教学方法与指导 [M]．沈阳：白山出版社，2016.

[38] 丁瑞萍．初中英语教学策略分析 [M]．北京：现代出版社，2016.

[39] 林立．初中英语有效教学研究 [M]．北京：北京师范大学出版社，2016.

[40] 庄海滨，曹志希．初中英语单元话题写作教学 [M]．长沙：中南大学出版社，2016.

[41] 李贺玲．初中英语教学 20 讲 [M]．杭州：浙江大学出版社，2015.

[42] 武斌斌．初中英语学科知识与教学能力 [M]．济南：山东教育出版社，2015.

[43] 王国艳，蒋峰．一线英语教师教学能力提升系列丛书 初中英语优秀课例解析 [M]．成都：西南交通大学出版社，2015.

[44] 赵尚华. 初中英语教学关键问题指导 [M]. 北京：高等教育出版社，2015.
[45] 韩颖. 初中英语教学与学生学习兴趣的研究 [M]. 北京：中国言实出版社，2015.
[46] 王琪，喻红，黄燕青. 2014 新课程改革：初中英语教学研究论文集 [M]. 武汉：武汉大学出版社，2014.
[47] 唐晓艳. 初中英语教学中融入英美文化的实践与探索 [M]. 上海：华东师范大学出版社，2015.
[48] 王茗玉. 翻转课堂在初中英语教学中的应用研究 [M]，2015.
[49] 刘博. 信息技术环境下初中英语教学模式研究 [M]，2015.
[50] 王海娉. 英语歌曲辅助初中英语词汇教学的应用探析 [M]. 上海：华东师范大学出版社，2015.